beck'sche reihe

«Machst du rote Ampel.» «Danach ich ruf dich an.» «Gibs auch 'ne Abkürzung.» – Kiezdeutsch-Sätze wie diese sind keine «Kanak Sprak» und nicht Horte von Sprachfehlern, sondern haben grammatische Eigenarten, wie sie für Dialekte typisch sind. Entwicklungen wie in Kiezdeutsch finden sich deswegen nicht nur dort, sondern auch in anderen Bereichen unserer Umgangssprache. Charlotte Roche, Iris Radisch und Thilo Sarrazin verwenden zum Beispiel ähnliche sprachliche Elemente. Heike Wiese hört genau hin und analysiert, vor allem den Sprachgebrauch von Berliner Jugendlichen. Ihre Forschungen zeigen, mit welcher grammatikalischen Logik und sprachlichen Kreativität in Kreuzberg und anderen Kiezen Deutsch gesprochen wird – allen sozialpolitischen Vor- und Fehlurteilen zum Trotz.

Heike Wiese ist Professorin für Deutsche Sprache der Gegenwart an der Universität Potsdam und Sprecherin des dortigen Zentrums «Sprache, Variation und Migration».

Heike Wiese

Kiezdeutsch

Ein neuer Dialekt entsteht

Verlag C.H.Beck

Gewidmet den Informanten und Informantinnen in unseren Kiezdeutsch-Studien: den Jugendlichen, die so großzügig ihr sprachliches Wissen mit uns geteilt und uns oft mit ihrer Kreativität beeindruckt haben.

Originalausgabe

© Verlag C.H.Beck oHG, München 2012
Satz, Druck u. Bindung: Druckerei C.H.Beck, Nördlingen
Umschlagentwurf: malsyteufel, Willich
Printed in Germany
ISBN 978 3 406 63034 7

www.beck.de

Inhalt

1 Kiezdeutsch – keine «Kanak Sprak» 9

Teil 1

**Was ist Kiezdeutsch?
Eine sprachwissenschaftliche Betrachtung** 27

2 Kiezdeutsch hat viele Väter:
Die Dynamik des mehrsprachigen Kontexts 29
   2.1 Deutsch als lebendige Sprache 30
   2.2 Mehrsprachige Einflüsse in Kiezdeutsch 36
   2.3 Kiezdeutsch ist keine Mischsprache 41
   2.4 Die besondere Dynamik von Kiezdeutsch 45

3 Kiezdeutsch ist typisch deutsch:
Grammatische Innovationen und ihre Basis 48
   3.1 Grammatische Innovationen in Kiezdeutsch 49
   3.2 Was heißt überhaupt «typisch deutsch»? 50
   3.3 «Wir gehen Görlitzer Park.» – Neue Ortsangaben 53
   3.4 «Ich frag mein Schwester.» – Neue Verkürzungen 59
   3.5 «Lassma», «musstu», «ischwör» und «gibs» –
Neue Aufforderungswörter und Partikeln 63
   3.6 «Machst du rote Ampel!» –
Neue Funktionsverbgefüge 76
   3.7 «Danach ich ruf dich an.» –
Neue Wortstellungsoptionen 81
   3.8 «Zu Hause red ich mehr so deutsch so.» –
Neue Aufgaben für *so* 92
   3.9 Kiezdeutsch als Neuzugang zum Deutschen 104

4 Kiezdeutsch ist nicht allein:
  Jugendsprachen im urbanen Europa 109
  4.1 Forschung zu neuen Jugendsprachen in Europa 110
  4.2 Wer spricht diese neuen Jugendsprachen? 114
  4.3 Jugendsprachen und Standardsprachen 115
  4.4 Andere Länder, gleiche (Sprach-)Sitten 117

Teil 2

Kiezdeutsch als neuer Dialekt 127

5 Was bedeutet es, ein Dialekt zu sein? 129
  5.1 Dialekte, Soziolekte, Regiolekte 129
  5.2 Kiezdeutsch als multiethnischer Dialekt 130
  5.3 Dialekt und Standarddeutsch 131

6 Kiezdeutsch ist kein gebrochenes Deutsch –
  und Schwäbisch ist nicht der gescheiterte Versuch,
  Hochdeutsch zu sprechen 142
  6.1 Der Mythos 143
  6.2 Die sprachliche Realität 145
  6.3 Fakten zum Sprachgebrauch:
      sprachliche Kompetenzen der Sprecher/innen 150
  6.4 Guter Dialekt, schlechter Dialekt 158
  6.5 Von der Abwertung des Sprachgebrauchs
      zur Abwertung der Sprecher/innen 169
  6.6 Das Schreckgespenst der «Doppelten Halb-
      sprachigkeit» 184

7 Kiezdeutsch weist nicht auf mangelnde Integration –
  und a Bayer tät nie so redn als wie a Preiß 206
  7.1 Der Mythos 207
  7.2 Die Realität:
      Vielfalt als sprachliche Grundbedingung 209
  7.3 Ein kurzer Exkurs: Was ist ein «Deutschtürke»? 217

8 Kiezdeutsch ist keine Bedrohung – und Sächsisch-Sprecher gefährden nicht das Deutsche   220
   8.1 Der Mythos   221
   8.2 Die Realität: Deutsch ist keine bedrohte Sprache   224
   8.3 Wenn die Wellen der Empörung hoch schlagen: Vom Bedrohungsgefühl zur «Moral Panic»   227

9 Fazit und Ausblick: Kiezdeutsch als sprachliche Bereicherung   231

Literaturnachweis   244

Bildnachweis   265

Glossar zu einigen Fachbegriffen im Buch   266

Anhang 1: Der Kiezdeutsch-Test: Wie gut ist Ihr Kiezdeutsch schon? 7 Fragen zum Selbsttest!   270

Anhang 2: Gemeinsame Stellungnahme von Wissenschaftler/inne/n sprachwissenschaftlicher Forschungseinrichtungen zum Mythos der «doppelten Halbsprachigkeit»   276

1 Kiezdeutsch – keine «Kanak Sprak»

Seda: Isch bin eigentlich mit meiner Figur zufrieden und so, nur isch muss noch bisschen hier abnehmen, ein bisschen noch da.
Dilay: So bisschen, ja, isch auch.
Seda: Teilweise so für Bikinifigur und so, weißt doch so.
[...]
Dilay: Isch hab von allein irgendwie abgenommen. Isch weiß auch nisch, wie. Aber dis is so, weißt doch, wenn wir umziehen so, isch hab keine Zeit, zu essen, keine Zeit zu gar nix. [...]
Heute muss isch wieder Solarium gehen.

Dies ist ein Ausschnitt aus einem Gespräch zwischen zwei jungen Frauen in Berlin-Kreuzberg.[1] Beim Lesen ist Ihnen vermutlich einiges aufgefallen. Erst einmal ist es natürlich ungewohnt, gesprochene Sprache verschriftet zu sehen. Zum Beispiel sagen auch Sie und ich normalerweise «hab», man schreibt aber «habe». Aber auch über diese generellen Merkmale gesprochener Sprache hinaus, die ich hier in der Verschriftung beibehalte, gibt es in dem Ausschnitt einige Besonderheiten, zum Beispiel in der Aussprache («isch»), in der Wortstellung («Wenn wir umziehen, isch habe keine Zeit, ...»), in der Verwendung von manchen Nomen ohne Artikel («für Bikinifigur», «Solarium gehen») und im Gebrauch von *so* («wenn wir umziehen so»).

Können diese Jugendlichen nicht richtig deutsch? Oder geben sie sich nicht genug Mühe, «richtig» zu sprechen? Ganz im Gegenteil: In diesem Buch will ich Ihnen zeigen, dass es hier nicht um einen Sprachmangel geht, sondern dass wir Zeuge einer faszinierenden neuen Entwicklung in unserer Sprache werden: der Entstehung eines neuen deutschen Dialekts.

Ich will Ihnen zeigen, dass der Sprachgebrauch, der hier illustriert ist, nicht einfach «falsches Deutsch» ist, sondern eine eigene Dialektgrammatik bildet. Mit anderen Worten: Hinter den Besonderheiten, die wir hier finden, steckt ein System. Sie sind keine willkürlichen Fehler, sondern weisen auf systematische, in sich schlüssige sprachliche Entwicklungen.

Im folgenden Gesprächsausschnitt kommen ganz ähnliche Konstruktionen vor wie in dem ersten. Hier unterhalten sich zwei junge Männer und es geht um ein Thema, das immer wieder aktuell ist – Beziehungen, Freundschaften und das Single-Dasein:

> *Markus:* Is einfach nur zwanghafte Beziehung bei euch. Is nich mehr aus Glück, einfach nur aus Liebe, dass man glücklich is und so. Einfach nur gezwungen, wegen der Wohnung und, keine Ahnung, wegen was noch, ey.
> *Nico [lacht]*
> *Markus:* Was? – Is einfach nur komisch bei euch. Aber eigentlich anfangs so hatt ich auch gar nich so großen Bock auf Beziehung so, weil Beziehung – is immer belastend, und wenn du Single bist, is witziger. Du hast mehr Spaß.
> *Nico:* Ja, aber du hast kaum Zeit für deine Freunde.
> *Markus:* Ja, und? Un wenn du mal Party bist: «Oah, geile Olle!» – Boom, boom, und nimmst du die. Is ne andere Party – «Boah, die is auch nich schlecht!» – kannste auch noch ma nehmen.
> *Nico:* Hm.
> *Markus:* Wenn du ne Freundin hast – «Oah, geile Olle! Scheiß, ich hab ne Freundin» so. Hat auch Vorteile, so Freundin so, aber bei dir seh ich nich so große Vorteile,

ne. Bei dir seh ich gar keine Vorteile eigentlich. Weil, du bist genervt, hast überhaupt keine Zeit für Freunde; nur, wenn sie arbeiten is.

Die beiden Passagen stammen aus Unterhaltungen unterschiedlicher Sprecher/innen, es geht um ganz unterschiedliche Themen, und die Situationen sind jeweils anders. Trotzdem finden wir dieselben Besonderheiten, zum Beispiel im Gebrauch von *so*, der im zweiten Beispiel noch einmal deutlicher hervortritt (teilweise bildet *so* eine regelrechte Klammer: «so Freundin so»), und in der Bildung von Ortsangaben («wenn du mal Party bist»/«Ich muss Solarium gehen»).

Diese Parallelen sind kein Zufall, sondern ein erster Hinweis darauf, dass wir es hier mit systematischen Entwicklungen zu tun haben. Lassen Sie uns noch in ein drittes Gespräch hineinhören: Hier unterhalten sich fünf Jugendliche, die in einem Kreuzberger Probenraum gemeinsam Tanzschritte einüben (die Namen, die im Gespräch fallen, sind hier abgekürzt).

> *Elif:* Isch kann misch gut bewegen, wa? Ischwöre. Egal, was für ein Hiphopmusik isch höre, ey, mein Körper drinne tanzt voll, lan.
> [...]
> *Aymur:* Was steht da auf ihre Hose? [= im Tanzvideo, das im Hintergrund läuft]
> *Sarah:* Bestimmt ihr Name oder so.
> *Aymur:* «Melinda» oder so.
> *Deniz:* Melissa. Mann, die is ein Püppschen, lan.
> *Juri:* Ihre Schwester is voll ekelhaft, Alter. Ischwöre.
> *Sarah:* Ey, weißte, Mann. Lara is ihre Schwester, wa. Die ähneln sich bisschen.
> *Elif:* Wer?

Juri: Sie und Lara.
Elif: Wer is Lara?
Juri: Die mit den Knutschfleck immer hier. Du kennst!
Elif: Mann, die hat tausend! Jeden Tag nen neuen Freund, Mann.
Aymur: Ja. Und die hat immer hier Knutschfleck.
[...]
Juri: Manschmal, wenn isch tanze, isch geh an Spiegel, isch mach so.
Sarah: Mach mal.
Juri: Melissa – danach sie macht so. Danach sie tanzt so.
Sarah: Ey, tanzt doch ma rischtisch, was is n das hier, ja! Wir sind hier zum Training gekommen!
[...]
Elif [versucht zu telefonieren]: Seid ma ruhisch! [schreit laut:] Hallo! – Ja. – Ja, mach, aber ruf misch, isch komm auch. Fußball gucken? Wo denn? Ku'damm? Ja, isch glaub, isch kann kommen. Wo sollen wir'n treffen?

Neben Bildungen wie «ischwöre» tritt hier auch ein neues Fremdwort auf, *lan*, das ungefähr die Bedeutung «Alter» hat (darauf komme ich später noch zurück). Wie in den anderen Beispielen stehen auch hier einige Nomen alleine, bei denen wir im Standarddeutschen einen Artikel hätten («Knutschfleck»), wir finden wieder Besonderheiten in der Wortstellung («Danach sie macht *so*. Danach sie tanzt *so*»), und auch noch weitere Veränderungen, zum Beispiel an den Endungen («auf ihre Hose») – und Ihnen ist sicher noch mehr Interessantes aufgefallen!

Diese einführenden Beispiele sollen Ihnen einen ersten Eindruck von dem neuen Sprachgebrauch geben, um den es in diesem Buch gehen soll, nämlich «Kiezdeutsch». Was ist Kiezdeutsch nun aber genau? Kiezdeutsch ist ein Sprachgebrauch im Deutschen, der sich unter Jugendlichen in Wohnvierteln wie Berlin-Kreuzberg entwickelt hat, in denen viele mehrsprachige Sprecher/innen leben – und die Ausschnitte, die ich Ihnen hier gezeigt habe, stammen auch alle aus Gesprächen unter Kreuzberger Jugendlichen. Kiezdeutsch ist aber natürlich nicht auf Kreuzberg beschränkt, sondern tritt überall dort in Deutschland auf, wo Menschen unterschiedlicher Herkunft und mit unterschiedlichen Erst- und/oder Zweitsprachen zusammenleben, das heißt grundsätzlich in multiethnischen Wohngebieten. Interessanterweise besitzt Kiezdeutsch sprachliche Gemeinsamkeiten über unterschiedliche Regionen hinweg (außerdem finden sich, wie ich in Kapitel 4 noch zeigen werde, ganz ähnliche neue Sprechweisen sogar in vergleichbaren Wohnvierteln in anderen europäischen Ländern).

Daneben gibt es natürlich auch unterschiedliche lokale dialektale Einflüsse. So geht im bayerischen Raum etwa die Aussprache von *Alter* eher in Richtung «Oider»,[2] und Kreuzberger Jugendliche verwenden oft das Berliner *wa* am Ende von Sätzen. Kiezdeutsch-Sprecher/innen leben ja nicht im sprachlichen Vakuum, sondern erleben auch andere lokale Dialekte. Im folgenden Beispiel unterhalten sich drei Freundinnen in Kreuzberg über das Berlinische und imitieren die Mutter von einer von ihnen, die diesen Dialekt spricht:

Jessica: «Icke, micke!»
Elias: «Icke war jestern in Lidl.»
Jessica: «Hör uff damit. Wat soll die Scheiße? Hör uff, hör uff damit hier!»
Aygül: «Um fümwe biste zuhaose.»
Jessica: «Du bist um fümwe zuhause, keene Minute später, sonst gehste morgen ne raus. Hast ma verstanden?»
Elias: [lacht] Labert deine Mutter so?

Jessica: Mhm.
Aygül: Ihre Mutter immer: «um ölwe, um neune, um fümwe». Isch *liebe* dis!

Das heißt, Jugendliche, die Kiezdeutsch sprechen, kennen – und, in diesem Fall, lieben – natürlich auch andere Dialekte und Sprechweisen im Deutschen. Kiezdeutsch ist, wie ich noch genauer zeigen werde, *ein* Element aus dem sprachlichen Repertoire von Jugendlichen, aber nicht das einzige.

Wer sind diese Jugendlichen, die Kiezdeutsch sprechen? In der öffentlichen Wahrnehmung tritt der «typische Kiezdeutschsprecher» oft klischeehaft als männlicher Jugendlicher türkischer Herkunft auf, möglichst in aggressiver Pose. Die Realität ist anders und sehr viel interessanter: Kiezdeutsch wird ebenso von Mädchen und jungen Frauen gesprochen, und es wird auch nicht nur von Sprecher/inne/n einer bestimmten Herkunft verwendet, sondern übergreifend von Jugendlichen in multiethnischen Vierteln.

Mit anderen Worten: Kiezdeutsch spricht man nicht, weil die eigenen Großeltern irgendwann einmal aus der Türkei eingewandert sind, sondern Kiezdeutsch spricht man mit seinen Freunden, wenn man in einem multiethnischen Viertel groß wird, ganz unabhängig davon, ob die Familie aus der Türkei, aus Deutschland oder aus einem anderen Land stammt. Kiezdeutsch ist nicht etwas, an dem Jugendliche deutscher Herkunft nur als Trittbrettfahrer beteiligt sind, oder gar, wie ich kürzlich las, eine «Sondersprache nicht oder nur unzureichend assimilierter junger türkischstämmiger Jugendlicher, die mittlerweile von deutschen Jugendlichen nachgeahmt wird»,[3] sondern Kiezdeutsch hat sich gemeinsam unter Jugendlichen türkischer, arabischer, deutscher, bosnischer, ... Herkunft entwickelt – eine erfolgreiche sprachliche Koproduktion.

Kiezdeutsch als Koproduktion

Die Bezeichnung «Kiezdeutsch» greift dies auf. Sie entstand auf der Basis von Interviews, die wir mit Jugendlichen in Berlin-Kreuzberg geführt haben. Auf die Frage, wie sie ihren Sprachgebrauch bezeichnen würden, antworteten sie, dies sei einfach die Sprache, die sie im *Kiez* sprächen – ein Ausdruck, der im Berlinischen ein alltägliches Wohnumfeld bezeichnet.[4] «Kiez-Deutsch» hebt damit hervor, dass es sich um eine informelle, alltagssprachliche Form des Deutschen handelt. Außerdem macht dieser Ausdruck klar, dass wir es mit einer Varietät des *Deutschen* zu tun haben:[5] Kiezdeutsch ist deutsch.

Gespräch unter Freundinnen über eine Aufnahme, die eine von ihnen für unser Forschungsprojekt von ihrer Unterhaltung macht:

Melanie: Bin isch auch grad drauf?
İdil: Natürlisch.
Lale: Isch auch?
İdil: Wir alle sind drauf.
Lale: Wie red isch?
İdil: Was weiß isch. Kannst du gleisch hören.
Lale: Deutsch?
İdil: Ja, Kiezdeutsch.

Schließlich beinhaltet die Bezeichnung «Kiezdeutsch», anders als etwa «Türkendeutsch», keine ethnische Eingrenzung und erfasst damit, dass diese Jugendsprache nicht nur von Sprecher/inne/n einer bestimmten Herkunft gesprochen wird. «Türkendeutsch» ist auch aus anderen Gründen nicht passend für eine Jugendsprache, die sich in Deutschland entwickelt hat: Dies ist nicht das Deutsch von Türken – die Sprecher/innen sind keine Bewohner der Türkei, sondern Jugendliche, die hier in Deutschland geboren und aufgewachsen sind. Ich komme darauf später, in Abschnitt 4.2, noch zurück. Hier zum Einstieg schon einmal ein Gesprächsausschnitt, in dem dies aus der Einstellung der Jugendlichen selbst deutlich wird (beide Sprecher sind arabischer Herkunft):

Unterhaltung über die Fußball-Weltmeisterschaft:
Amir: Wenn die sieben Tore kassieren, Deutschland, was würdest du – für wen bist du dann?
Tarek: Ich bin für Deutschland.
Amir: Auch, wenn die sieben Tore kassieren?
Tarek: Ich bin in Deutschland – ich bin in *diesem Land* geboren, ich bin Deutscher.

Mitunter findet man auch den Ausdruck «Kanak Sprak» für den Sprachgebrauch, den es in diesem Buch geht. Dieser Ausdruck wurde ursprünglich durch den Kieler Schriftsteller Feridun Zaimoğlu aufgebracht im Sinne eines sprachlichen *Reclaims*, das heißt einer Rückeroberung und positiven Umdeutung eines negativ besetzten Begriffs.[6] In der öffentlichen Debatte hat der Ausdruck jedoch seine negativen Assoziationen beibehalten: Erstens wird der Sprachgebrauch Jugendlicher als eigene Sprache, «Sprak», vom Deutschen abgegrenzt; zweitens wird er als Sprache Fremder exotisiert und mit «Kanak» stark abgewertet.

Kiezdeutsch ist jedoch nichts Exotisches oder Fremdes, sondern ist ein deutscher Dialekt mit hohem Wiedererkennungswert: Wie ich Ihnen in den weiteren Kapiteln zeigen will, sind die sprachlichen Eigenheiten von Kiezdeutsch fest verankert im System der deutschen Grammatik, und vieles, was uns in Kiezdeutsch zunächst auffällig vorkommt, finden wir bei genauerem Hinsehen auch in anderen Varianten des Deutschen – wenn auch möglicherweise (noch) nicht so systematisch oder in so ausgeprägter Form. Wir werden uns daher in diesem Buch auch mit dem Deutschen generell und neueren Entwicklungen in anderen Dialekten und Sprachstilen beschäftigen – und uns so auch außerhalb von Kiezdeutsch einiges Interessante aus Umgangssprachen und Standardsprache ansehen.

Das Besondere an Kiezdeutsch, der Aspekt, der es zu einem so spannenden deutschen Dialekt macht, ist, dass es sehr viel dynamischer ist als andere Dialekte: Kiezdeutsch kann man sich als eine Art «Turbodialekt» vorstellen, in dem wir Sprachentwicklung wie im Zeitraffer beobachten können.

Ich bin zum ersten Mal Ende der 1990er auf Kiezdeutsch aufmerksam geworden, als ich im Bus durch Kreuzberg fuhr und Jugendliche hörte, die sich unterhielten und dabei einige neue Wendungen benutzten, die grammatisch interessant klangen und die ich näher untersuchen wollte. Kiezdeutsch hat mich seitdem nicht mehr losgelassen: Aus meinem ersten, eher beiläufigen Interesse ist eine anhaltende Faszination für diesen neuen Sprachgebrauch und seine Sprecher/innen mit ihren vielen mehrsprachigen Kompetenzen geworden.

Ein weiterer Grund, warum mich Kiezdeutsch nicht mehr losgelassen hat, ist ein gesellschaftlicher: Kiezdeutsch hat sich für mich nicht nur als ein hochinteressanter Fall sprachlicher Entwicklung und der Entstehung neuer sprachlicher Variation im Deutschen entpuppt; an diesem Dialekt habe ich auch vieles über den Zusammenhang von Grammatik, Sprachgemeinschaft und der sozialen Wahrnehmung von Sprache gelernt.

Denn die sprachliche Wirklichkeit von Kiezdeutsch, seine grammatische Innovationsleistung und seine systematische Einbettung ins Deutsche ist nur die eine Seite. Die andere Seite ist die gesellschaftliche Bewertung dieses neuen Dialekts, die oft äußerst negativ ausfällt. Diese soziale Abwertung teilt Kiezdeutsch grundsätzlich mit anderen Dialekten. – Die Tatsache, dass Dialekte interessante grammatische Systeme bilden, hilft ihnen generell wenig in der gesellschaftlichen Wahrnehmung.

Der Leipziger Schriftsteller Erich Loest, Träger des Deutschen Nationalpreises und ehemaliger Vorsitzender des PEN-Clubs, entgegnete in einem Zeitungs-Interview auf die Feststellung, dass Sächsisch «laut einer Umfrage die mit Abstand unbeliebteste Mundart Deutschlands» sei:

> «Daran seid ihr Journalisten schuld. Und diese blöden Kabarettisten, die ein arschbreites, fürchterliches Sächsisch sprechen, das es gar nicht gibt. In Wirklichkeit ist Sächsisch reizvoll und verspielt. In Kneipen hört man manchmal die herrlichsten Wendungen, da ist mit drei, vier Worten alles gesagt.»[7]

Das kann man fast eins-zu-eins auf Kiezdeutsch übertragen, von negativen Darstellungen in den Medien und der Stilisierung durch Kabarettisten bis zu den «herrlichsten Wendungen», die man im realen Sprachgebrauch demgegenüber findet. Wenn Sie Kiezdeutsch also ebenso furchtbar oder sogar noch furchtbarer finden sollten als andere Leute Sächsisch, wenn Ihnen eine Gänsehaut über den Rücken läuft, wenn Sie Jugendliche so sprechen hören, und wenn Sie sich große Sorgen um die Zukunft Ihres Sohnes machen, wenn er anfängt, so zu reden, dann ist es meine Aufgabe in diesem Buch, Sie davon zu überzeugen, dass Kiezdeutsch kein Anlass zur Beunruhigung ist, sondern ein spannender neuer Dialekt. Ein Dialekt, der allerdings – wie andere Dialekte eben auch – oft negativ bewertet wird.

Im Vergleich zu anderen Dialekten hat die gesellschaftliche Abwertung von Kiezdeutsch oft noch eine besondere Vehemenz, auf die ich im zweiten Teil dieses Buches genauer eingehe. Die «Sprachbeispiele», die man in der öffentlichen Diskussion findet, sind oft weniger reale Gesprächsausschnitte wie in den Beispielen vorne, sondern selbst gebastelte Scheinzitate voller Drohungen und Beleidigungen, die mit der sprachlichen Realität wenig zu tun haben;. sie malen ein Bild ausgegrenzter Jugendlicher, die sich scheinbar nur noch aggressiv verhalten.

Der *Spiegel* spricht in einem Bericht über die Rütli-Schule gar von einer «verlorenen Welt» und charakterisiert diese Welt und ihre Sprache dann folgendermaßen:

> «*Was soll der Scheiß?* So reden die Bewohner dieser Welt. *Ey, Mann, ey. Nutte. Killer. Krass.* Es gibt viele «sch»- und «ch»-Laute in dieser Sprache, kaum noch ganze Sätze. *Dreckische Deutsche,* so reden sie.»
>
> «Respekt bekommt, wer die eigene, also die türkische oder libanesische Schwester vor Sex und Liebe und

diesem großen glitzernden Westen schützt und selbst *deutsche Schlampe fickt*. Ohne Artikel. Wie sie eben reden.»[8]

Wenn man solche Darstellungen liest, wird man fast von einer morbiden Sorge um den Verfall unserer Gesellschaft ergriffen. Kiezdeutsch scheint hier Ausdruck einer massiven Bedrohung zu sein: Uns wird eine Sprache präsentiert, die eigentlich gar keine Sprache mehr ist, sondern nur noch ein Problem, die «kaum noch ganze Sätze» enthält und in der an sich harmlose Aussprachebesonderheiten wie «sch» statt «ich» in «isch» zum Zeichen von Ausgrenzung und Gewalt werden (Was sagen eigentlich die Hessen dazu, bei denen das «isch» auch zum lokalen Dialekt gehört?).

Der vorne zitierte Artikel mag ein extremer Fall sein, eine echte Ausnahme ist er nicht: Grundsätzlich ist die öffentliche Wahrnehmung von Kiezdeutsch stark von negativen Mythen geprägt. Kiezdeutsch wird als gebrochenes Deutsch angesehen, als Ausdruck mangelnder Sprachkompetenzen, als Zeichen für Integrationsverweigerung oder gar als eine Bedrohung für das Deutsche insgesamt.

Was auffällt, ist das völlige Fehlen sprachwissenschaftlicher Sachargumente in dieser Diskussion. Das ist kein Zufall: Zu Sprache und sprachlichen Entwicklungen hat eigentlich jeder eine Meinung und glaubt oft auch schon alles zu wissen – einfach, weil jeder Sprache benutzt. Oder, wie eine Journalistin zu mir einmal so treffend sagte: «Das ist wie bei der Fußball-WM: Da ist auch jeder immer Bundestrainer!»

Die Linguisten Laurie Bauer und Peter Trudgill diskutieren dieses Phänomen in ihrem lesenswerten Sammelband zu «Language Myths» (Sprachmythen) und argumentieren:

«Wenn man etwas über die Physiologie des menschlichen Atemsystems wissen will, sollte man einen Mediziner oder Physiologen fragen, nicht einen Sportler, der schon mehrere

Jahre erfolgreich geatmet hat. Und wenn man wissen will, wie Sprache funktioniert, dann sollte man einen Sprachwissenschaftler fragen und nicht jemanden, der Sprache in der Vergangenheit erfolgreich benutzt hat. Die Anwender eines Systems brauchen kein bewusstes Wissen davon zu haben, wie das System funktioniert, um es zu nutzen.»[9]

Dieses Buch soll dazu beitragen, eine *sprachwissenschaftliche* Sicht auf Kiezdeutsch zu entwickeln. Hierzu will ich mit Ihnen nach diesem einleitenden Kapitel im ersten Teil des Buches (Kapitel 2 bis 4) zunächst einige besonders interessante Merkmale von Kiezdeutsch ansehen und analysieren. Vor diesem Hintergrund können wir dann im zweiten Teil (Kapitel 5 bis 8) populäre Ansichten und Fehlwahrnehmungen zu Kiezdeutsch genauer unter die Lupe nehmen. Dabei werden wir viele sprachliche Mythen zu Kiezdeutsch als solche entlarven – als verbreitete, gesellschaftlich etablierte, aber sachlich nicht begründete Ansichten, die eben nicht auf sprachlichen Fakten beruhen, sondern auf bestimmten Einstellungen. Im Fall von Kiezdeutsch sind diese Ansichten oft nicht nur sehr verbreitet, sondern eben auch mit starken Emotionen verknüpft.

Sprache ist etwas, das uns alle fasziniert, es definiert uns als Menschen und ist zentral für menschliche Gesellschaften. Sprachveränderungen, neue Entwicklungen lassen daher niemanden kalt, und für Entwicklungen wie in Kiezdeutsch, das unter Jugendlichen in multiethnischen Wohnvierteln gesprochen wird, gilt das offensichtlich in besonderem Maße. In der öffentlichen Diskussion schlagen die Wogen oft hoch, es wird ein großes, engagiertes Interesse deutlich, weitaus stärker als bei vielen anderen sprachwissenschaftlichen Themen.

Kiezdeutsch ist nicht mein einziges Forschungsgebiet, es ist aber das einzige, das ein solch starkes Interesse auslöst. Wenn ich auf einer Party auf meine Arbeit angesprochen werde und ich dann von Nominalkomposita, Zahlwortgrammatik oder der Architektur des grammatischen Systems zu erzählen beginne, löst das bei meinem Gegenüber eher Reaktionen des Typs «Ich glaube, ich hol mir mal noch ein Bier» aus. Mit Kiezdeutsch passiert mir das nicht. Hier hat praktisch jeder eine dezidierte Meinung, glaubt, zentrale Eigenschaften dieser Jugendsprache zu kennen, und vertritt seine Ansichten dazu mit Vehemenz.

Im Folgenden werde ich dem eine Untersuchung zur sprachlichen Realität von Kiezdeutsch entgegensetzen. Ich werde zeigen, dass Kiezdeutsch nicht defektiv oder gar gefährlich ist, sondern grammatisch komplex und sprachlich innovativ. Ich will Ihnen Kiezdeutsch an vielen realen Beispielen näher bringen, das heißt wir sehen uns den Sprachgebrauch von Jugendlichen an, wie er tatsächlich auftritt, nicht, wie er stilisiert in Comedy-Sendungen oder in manchen Zeitungsartikeln dargestellt wird.

Die Beispiele, die ich dafür verwende, stammen zum Großteil aus dem «KiezDeutsch-Korpus» (wie auch die Gesprächsauschnitte am Anfang dieses Kapitels).[10] Dies ist eine Sammlung von Texten, das spontansprachliche Gespräche Kreuzberger Jugendlicher enthält, das heißt Unterhaltungen, die diese untereinander geführt haben (in sogenannten Peergroup-Situationen), ohne dass wir als Sprachwissenschaftler/innen dabei waren oder das vorher gesteuert haben. Hierfür haben wir den Jugendlichen Aufnahmegeräte mitgegeben und sie gebeten, sich und ihre Freunde nachmittags aufzunehmen, wenn sie sich unterhalten. Das Ergebnis sind natürliche Gespräche im informellen, entspannten Rahmen über ganz unterschiedliche Themen, von alltäglichen Begebenheiten und Erlebnissen über Freunde und Beziehungen zu Kleidung, Musik, Filmen, Fußball, Schule usw.

Diese Aufnahmen sind im KiezDeutsch-Korpus in Form von Transkriptionen verschriftet, die nicht nur den genauen Wortlaut und die Wortformen wiedergeben, sondern auch solche Dinge wie Hauptbetonung und Pausen, die für unterschiedliche sprachwissenschaftliche Analysen relevant sind.[11] Wie in den Beispielen vorne in diesem Kapitel bereits deutlich wurde, halte ich mich bei der Wiedergabe in diesem Buch weitgehend an die normale Orthographie, um die Lesbarkeit zu verbessern. Ich gebe aber auch hier die Verkürzungen und Veränderungen, die in den Gesprächen auftreten, in der Verschriftlichung wieder. Dies können Besonderheiten von Kiezdeutsch sein ebenso wie Eigenheiten, die generell typisch für gesprochene Sprache sind, zum Beispiel die Verkürzung von Endungen wie in *lachn* statt *lachen* oder Satzabbrüche und Zögersignale wie *äh, hm* u. a.

Das KiezDeutsch-Korpus umfasst im sogenannten Hauptkorpus Transkriptionen von rund 48 Stunden Aufnahmen, die insgesamt 17 Jugendliche bei Gesprächen mit ihren Freund/inn/en für uns gemacht haben. Daneben gibt es ein kleineres, rund 18 Stunden umfassendes Ergänzungskorpus, das vergleichbare Aufnahmen enthält, die 7 Jugendliche aus Berlin-Hellersdorf bei Gesprächen mit ihren Freund/inne/n gemacht haben.

Hellersdorf ist ein guter Vergleichsort, um die multiethnischen Charakteristika von Kiezdeutsch abzuklopfen, weil dies einserseits ein Wohngebiet mit ähnlichen sozioökomischen Indikatoren wie Kreuzberg ist (hinsichtlich durchschnittlichem Haushaltseinkommen, Arbeitslosenquote u. ä.), andererseits aber relativ monoethnisch, das heißt es hat einen sehr niedrigen Bevölkerungsanteil nicht-deutscher Herkunft. Während die Kreuzberger Jugendlichen in unserer Studie unterschiedlicher Herkunft waren (zum Beispiel türkischer, arabischer, kurdischer, aber auch deutscher), stammen die Familien der Hellersdorfer Jugendlichen sämtlich aus Deutschland.

Die Jugendlichen, die uns so als Informant/inn/en unterstützt haben, waren zum Erhebungszeitpunkt 14 bis 17 Jahre alt. Es handelte sich um Schüler/innen der 9. Klasse aus zwei Berliner Schulen (in Kreuzberg und Hellersdorf), mit denen wir unabhängig vom KiezDeutsch-Korpus im Rahmen von sprachwissenschaftlichen Projekten kooperierten. Aus Gründen des Datenschutzes können die Schulen hier nicht namentlich genannt werden. Ich will ihnen aber zumindest anonym an dieser Stelle für ihre tatkräftige Unterstützung – durch Schulleitung, Kollegium und besonders die Deutschfachleitungen – und für die freundliche und aufgeschlossene Zusammenarbeit ganz besonders danken.

Ein großer Dank gebührt auch den Mitgliedern meiner Arbeitsgruppe an der Universität Potsdam, die mich nicht nur durch vielerart Recherchen bei diesem Buch unterstützt haben – das ging von dialektalen Phänomenen und Bevölkerungsstatistiken bis zur Identifizierung von Politikerreden und Teilnahmebestimmungen für die Winterolympiade in Kanada –, sondern in verschiedenen Forschungsprojekten zu Kiezdeutsch zu den Ergebnissen beigetragen haben, auf denen dieses Buch aufbaut: Ulrike Freywald, Katharina Mayr, Sören Schalowski, Kathleen Schumann, Sibylle Duda, Kerstin Paul, Tiner Özçelik, Jens Roeser und Eva Wittenberg.

Einen wichtigen Rahmen für meine Forschung zu Kiezdeutsch, mit vielen interdisziplinären Anregungen von Studierenden, Doktorand/inn/en, Postdocs und Professor/inn/en, bildete und bildet das Zentrum «Sprache, Variation und Migration» der Universität Potsdam.

Von den vielen Kolleg/inn/en, die mir in Diskussionen auf Konferenzen, Vorträgen und Arbeitstreffen wertvolle Anregungen für unterschiedliche Bereiche dieses Buches gaben und mit ihren Arbeiten eine wichtige Basis für die Untersuchung in diesem Buch legten, seien an dieser Stelle stellvertretend für viele die Mitglieder der LiRAME-Gruppe genannt («Linguistic Realities of Adolescents in Multiethnic urban Europe»), die mir besonders das Feld der Spracheinstellungen neu erschlossen haben, das für Kiezdeutsch eine so große Rolle spielt: Jannis Androutsopoulos, Ellen Bijvoet, Kari Fraurud und Pia Quist.

Weiterhin möchte ich zahlreichen «Testlesern» aus der Sprachwissenschaft ebenso wie aus Schule, Jugendarbeit und Wirtschaft danken, die mich mit Kritik, Anregungen und Kommentaren zum Manuskript unterstützt haben. Besonders will ich hier nennen: meine Kollegen Horst Simon und Christoph Schroeder sowie, von außerhalb der Sprachwissenschaft, Karen Wiese, Ilse Wiese, Kurt Denecke, Steffi Turano und Stefano Turano.

Ein besonderer Dank geht an Jonathan Beck vom Verlag C.H.Beck, ohne dessen Anregung dieses Buch gar nicht entstanden wäre.

Zuletzt will ich noch meinen beiden Töchtern danken, die als echte Kreuzberger Gören schon aus Kindergarten und Grundschule neue Ausdrücke und Wendungen, die mir Zugänge zum Sprachgebrauch in mehrsprachigen Wohngebieten liefern, nach Hause mitbringen und die mir, wenn sie älter sind, sicher noch einiges zu Kiezdeutsch beibringen können.

Für finanzielle Unterstützung der Forschung, die in dieses Buch eingeflossen ist, danke ich der Deutschen Forschungsgemeinschaft (Förderung des Sonderforschungsbereichs 632 «Informationsstruktur», Projekt B6, «Kiezdeutsch») und dem Bundesministerium für Bildung, Wissenschaft und Forschung (Förderung der europäischen LiRAME-Arbeitsgruppe).

1 Aus Datenschutzgründen sind die Namen der Jugendlichen hier und in den folgenden Gesprächszitaten im Buch geändert.
2 Vgl. etwa das Sprachbeispiel in Füglein (2000:89), siehe Abschnitt 3.4.
3 Diese Darstellung stammt aus Göttert (2010:351).
4 Wiese (2006). Vgl. auch den Ausdruck «Stadtteilsprache», den laut Kallmeyer & Keim (2003:31) Jugendliche in Mannheim verwenden.
5 Der Begriff «Varietät» beschreibt eine Sprechweise mit eigener grammatischer Systematik (vgl. Freywald et al. 2012 zur Einordnung von Kiezdeutsch als Varietät).
6 Vgl. Zaimoğlu (1995).
7 Tagesspiegel, 20. 2. 2011; Interview mit Björn Rosen und Esther Kogelboom.
8 Spiegel 14/2006, «Die verlorene Welt», von Stefan Berg, Klaus Brinkbäumer, Dominik Cziesche, Barbara Hardinghaus, Udo Ludwig, Sven Röbel, Markus Verbeet, Peter Wensierski. Vgl. auch Androutsopoulos (2007) für eine ausführliche Analyse der hier deutlich werdenden Sprachideologie.
9 Bauer & Trudgill (1998: xvi); meine Übersetzung (H.W.). Im Original: «if you want to know about the human respiratory physiology you should ask a medic or a physiologist, not an athlete who has been breathing successfully for a number of years. [...] And if you want to know how language works you should ask a linguist and not someone who has used language successfully in the past. [...] users do not need to have a conscious knowledge of how a system works in order to exploit it.»
10 Wiese et al. (2012).
11 Im KiezDeutsch-Korpus sind die Transkriptionen nach dem GAT-Basistranskript (Selting et al. 1998) durchgeführt, in EXMARaLDA (Schmidt 2001; Schmidt & Wörner 2005) erfasst, im XML-Dateiformat gespeichert und mit Audiodateien verknüpft.

Teil 1

Was ist Kiezdeutsch?
Eine sprachwissenschaftliche Betrachtung

Was ist also Kiezdeutsch? Bevor wir Einstellungen und Meinungen zu diesem neuen Sprachgebrauch genauer betrachten und uns mit einigen typischen Mythen und Missverständnissen aus der öffentlichen Diskussion auseinandersetzen, sollen die folgenden Kapitel ein genaueres Bild von Kiezdeutsch selbst geben. Mit anderen Worten: Wir untersuchen Kiezdeutsch *als sprachliches Phänomen*, und wir tun dies – sinnvollerweise – in Form einer *sprachwissenschaftlichen* Betrachtung.

Das mag selbstverständlich klingen, ist es aber, wie eingangs schon erwähnt, oft nicht: Häufig wird über Kiezdeutsch diskutiert, gestritten und geurteilt, wird dieser neue Sprachgebrauch abgelehnt oder auch bewundert, ohne dass klar ist, worauf sich diese Urteile überhaupt beziehen, das heißt um was für einen Sprachgebrauch es sich hier eigentlich handelt.

In diesem ersten Teil des Buches zeige ich daher genauer, was diesen sprachlichen Neuzugang zum Deutschen ausmacht. Ich stelle dabei vor, was typisch für Kiezdeutsch ist, so wie es unter Jugendlichen in mehrsprachigen Wohngebieten gesprochen wird, und nicht so sehr die stilisierten Formen à la «Ich mach dich Krankenhaus» betrachten, die als Klischees dieser Jugendsprache kursieren.

Die folgenden drei Kapitel behandeln der Reihe nach drei zentrale Eigenschaften von Kiezdeutsch: (1) *Kiezdeutsch hat viele Väter*, es ist durch seine vielen mehrsprachigen Sprecher/innen besonders dynamisch. (2) *Kiezdeutsch* bleibt dabei aber letztendlich *typisch deutsch*: die grammatischen Innovationen, die aus dieser Dynamik hervorgehen, sind fest im System der deutschen Grammatik verankert. Kiezdeutsch nutzt die Möglichkeiten, die dieses System bietet, und baut sie weiter aus. (3) *Kiezdeutsch ist nicht allein*, sondern ist eine neue Art von Jugendsprache, wie wir sie auch in anderen europäischen Ländern finden.

2 Kiezdeutsch hat viele Väter: Die Dynamik des mehrsprachigen Kontexts

Menschliche Sprachen sind dynamische Systeme, das heißt sie sind ständigem Wandel unterworfen. Variation ist daher ein natürlicher, zentraler Bestandteil von Sprachen: Sprachen sind nicht starre, einmal festgeschriebene und unveränderliche Regelwerke, sondern Systeme, die im und durch den Gebrauch einer Sprechergemeinschaft und durch diesen leben und sich daher mit Variationen dieses Gebrauchs auch verändern. Diese Veränderungen führen unter anderem zur Entstehung neuer Stile, Register und auch neuer Dialekte, und Kiezdeutsch ist ein solcher neuer Dialekt, eine neue sprachliche Variante mit typischen, regelhaften Eigenheiten.[1]

Das Besondere an Kiezdeutsch ist, dass seine Sprecher/innen neben dem Deutschen noch eine ganze Reihe weiterer Mutter- und Zweitsprachen einbringen. Diese vielsprachigen Kompetenzen machen Kiezdeutsch zu einem besonders dynamischen Dialekt, der neue sprachliche Entwicklungen besonders unterstützt. Im Folgenden sehen wir uns als Hintergrund zunächst einige Beispiele für verschiedene Bereiche der Sprachentwicklung im Deutschen an, bevor wir auf diese besondere Dynamik in Kiezdeutsch eingehen. Ich zeige dabei in diesem Kapitel zunächst Beispiele für lautliche Veränderungen und neue Fremdwörter in Kiezdeutsch, die auf Einflüsse der verschiedenen Herkunftssprachen hinweisen. Später, in Kapitel 3, untersuchen wir dann genauer die grammatischen Innovationen, die Kiezdeutsch hervorgebracht hat und die seine Verortung innerhalb des *Deutschen* widerspiegeln.

2.1 Deutsch als lebendige Sprache

Wie alle lebenden Sprachen verändert sich auch das Deutsche ständig. Es nimmt nicht nur neue Fremdwörter in seinen Wortschatz auf, sondern wandelt sich auch in allen Bereichen der Grammatik: Lautstrukturen verändern sich, Wörter ändern ihre Bedeutung, es entwickeln sich neue Endungen, andere entfallen, es entstehen neue Möglichkeiten der Wortstellung und der Kombination von Wörtern und Wortgruppen/Phrasen ebenso wie neue Beschränkungen.

So gab es beispielsweise im 6. und 7. Jahrhundert eine Lautverschiebung, die das Althochdeutsche von den übrigen germanischen Sprachen und Dialekten absonderte und so zur Entstehung der hochdeutschen Dialekte führte («hoch» im Gegensatz zu den «nieder-» bzw. «platt»-deutschen Dialekten, siehe auch im Glossar am Ende dieses Buches). Diese sogenannte Hochdeutsche Lautverschiebung führte zum Beispiel zur Veränderung von [p] zu [f] im Auslaut, so dass wir heute im Hochdeutschen *Schiff* sagen, während es auf Plattdeutsch *Schipp* heißt und auf Englisch *ship*.

Eine interessante grammatische Veränderung, die noch nicht ganz abgeschlossen ist, betrifft das Verb *brauchen*: Wer *brauchen* ohne *zu* gebraucht... – zeigt damit, dass er die Grammatik des heutigen Deutsch beherrscht! Im Gegenwartsdeutschen ist nämlich der Infinitiv ohne *zu* charakteristisch für Modalverben, also Verben wie *wollen*, *sollen oder können*, die ein Verhältnis zu einem Sachverhalt darstellen: Man sagt «Sie will tanzen» oder «Sie muss tanzen» (Sachverhalt: sie tanzt), aber nicht «Sie muss zu tanzen». Und genau wie *wollen*, *müssen* etc. drückt auch *brauchen* eine solche Modalität aus, in verneinter Form wird es typischerweise als negatives Gegenstück zu *müssen* gebraucht: «Sie braucht nicht (zu) tanzen.» Weil *brauchen* also von der Bedeutung her ein Modalverb ist, wird es im heutigen Deutsch oft auch grammatisch als Modalverb behandelt und mit einem Infinitiv ohne *zu* kombiniert.

Dies geht sogar noch weiter, nämlich bis in die Flexion: In der 3. Person Singular wird *brauchen* in der gesprochenen Sprache typischerweise ohne die Endung -*t* ausgesprochen: «Sie brauch nicht tanzen» statt «sie braucht». Bei *rauchen*, das ja lautlich fast identisch ist, macht das niemand: Keiner sagt «sie rauch» statt «sie raucht». Der Grund ist wieder, dass *brauchen* (im Gegensatz zu *rauchen*) ein Modalverb ist. Modalverben haben im Deutschen in der 3. Person Singular kein -*t*: «er muss», nicht «er musst» etc. Dies hat mit ihrem Modalverbstatus erst einmal gar nichts zu tun, sondern hat historische Gründe: Modalverben haben sich aus alten Präteritumformen entwickelt, und im Präteritum haben wir im Deutschen kein -*t* in der 3.Person («er lief» anstatt «er lieft»). Weil es genau die Modalverben betrifft, ist das fehlende -*t* aber zu einem ihrer Kennzeichen geworden, und das wird nun zunehmend auch auf *brauchen* übertragen.

Das Faszinierende ist, dass dies kein gesteuerter, geplanter Prozess ist, sondern etwas, das von selbst in der Sprechergemeinschaft passiert. Es gibt keine staatliche «Grammatikkommission», ähnlich etwa einer Rechtschreibkommission, die etwa kommenden Freitag entscheiden könnte, dass *brauchen* nun endlich auch grammatisch als Modalverb behandelt werden soll, und dann sprechen wir ab nächster Woche alle so. Und wenn Sie jemanden fragen, warum er «Sie brauch nicht tanzen» sagt, wird er vermutlich nicht antworten, dass er dies tut, weil *brauchen* ein Modalverb ist, sondern er wird vielleicht so etwas sagen wie «Das mache ich automatisch».

Es ist ein allgemeines Merkmal von Sprachwandel, dass grammatische Veränderungen nicht durch explizite Verabredung geschehen, sondern «automatisch», das heißt unbewusst über ihre Verbreitung in der Sprechergemeinschaft. Von Grammatikbüchern wie zum Beispiel dem Duden werden diese Veränderungen immer nur beschrieben, nicht vorgeschrieben. Sie spiegeln Veränderungen im sprachlichen System wider, zum Beispiel Angleichungen, die wie im Fall von *brauchen* zu einer größeren Systematik in einem bestimmten Bereich führen (hier: der Bereich der Modalverben). Systematiken wie diese erkennen wir unbewusst, so wie wir das gesamte grammatische System unserer Sprache unbewusst beherrschen: Als Sprecher/innen wenden wir das sprachliche System an und nutzen seine Strukturen, ohne bewusst zu wissen, wie es aufgebaut ist.

Das heißt zum einen, dass wir solche grammatischen Begriffe wie «Modalverben» oder die Liste der typischen Merkmale von Modalverben im Deutschen nicht explizit kennen müssen, um uns danach in unserem Sprachgebrauch zu richten. Das Sprachvermögen in unserem Gehirn berechnet all das, ohne unser Bewusstsein extra einzuschalten. Zum anderen zeigen uns Entwicklungen wie die von *brauchen*, dass neue grammatische Formen nicht durch mangelnde Sprachkompetenz oder mangelnde Sorgfalt der Sprecher/innen entstehen: Wer *brauchen* intuitiv wie ein Modalverb behandelt und dementsprechend sowas sagt wie «Sie brauch nicht tanzen», ist nicht dumm oder schludrig, sondern grammatisch versiert. Er passt *brauchen* besser in den Bereich der Modalverben ein, dem es von der Bedeutung her angehört, und macht diesen Bereich der Grammatik dadurch systematischer.

Solche systematischen Veränderungen sind daher keine sprachlichen Probleme oder gar Hinweise auf drohenden «Sprachverfall», sondern bilden die Grundlage für Sprachentwicklung. In den Worten des Sprachwissenschaftlers Rudi

Keller, der grundlegende Arbeiten zum Sprachwandel im Deutschen verfasst hat:

> «Die systematischen Fehler von heute sind [...] mit hoher Wahrscheinlichkeit die neuen Regeln von morgen.»[2]

Ein weiteres Beispiel für eine systematische Veränderung, die in der Öffentlichkeit mitunter als «schlechter Sprachgebrauch» verkannt wird, ist die Wortstellung bei *weil*. Wir finden hier manchmal eine sogenannte Hauptsatzstellung, bei der das Verb an zweiter Stelle (wie im Hauptsatz) statt an letzter Stelle (wie in typischen Nebensätzen) steht:

> «Der Hausmeister ist schon gegangen, weil sein Anorak hängt da nicht mehr am Haken.»

Auch hier zeigt sich aber weniger mangelnde Kompetenz als vielmehr ein differenziertes sprachliches Wissen. Anders als bei *brauchen* geht es hier nicht um eine bessere Einpassung in einen bestimmten Bereich, sondern um eine Ausdifferenzierung. Durch die Verb-zweit-Stellung (sogenanntes V2) können andere Kausalbeziehungen ausgedrückt werden als durch die Verb-letzt-Stellung. Mit solchen V2-Sätzen kann man nämlich als Sprecher/in deutlich machen, warum man von dem Sachverhalt im Hauptsatz («Hausmeister ist gegangen») überzeugt ist – eine sogenannte epistemische Beziehung: Ich weiß, dass der Hausmeister schon gegangen ist, weil ich sehe, dass sein Anorak nicht mehr am Haken hängt.[3] Das könnte man mit Verb-letzt-Stellung nicht ausdrücken:

> «Der Hausmeister ist schon gegangen, weil sein Anorak da nicht mehr am Haken hängt.»

Mit dieser Wortstellung bedeutet der Satz etwas völlig anderes: wir müssten das zum Beispiel so interpretieren, dass der Hausmeister beleidigt nach Hause gefahren ist, weil jemand seinen Anorak vom Haken genommen hat. Die epistemische Lesart funktioniert hier nicht. Grammatische Veränderung in der Sprache, die Entstehung einer V2-Option für *weil*, hat also zu zusätzlichen Ausdrucksmöglichkeiten geführt (neben der neuen epistemischen Bedeutung kann man mit V2-*weil* aber auch weiterhin «normale», nicht-epistemische Kausalität ausdrücken). Diese Option ist übrigens nicht besonders neu, es gab sie schon im Alt- und Mittelhochdeutschen.[4]

Wie im Fall von *brauchen* haben wir es also auch hier mit einer Veränderung zu tun, die nicht auf mangelnde Sprachkompetenz hinweist, sondern aus Sicht des grammatischen Systems sinnvoll ist und sich im Gebrauch der Sprecher/innen systematisch manifestiert. Auch hier läuft diese systematische Veränderung für die Sprecher/innen unbewusst ab – so unbewusst, dass einzelne Sprecher/innen, die die neuen Formen gebrauchen, dies auf Nachfrage vehement dementieren:

> «Ich verwende nie *weil* mit Verb-zweit-Stellung, weil
> das klingt furchtbar!» (Aussage einer Studentin in einem
> Grammatik-Seminar)

Neben lautlichen Veränderungen und Veränderungen in Flexion, Wortstellung und der Kombination von Wörtern verändert sich in Sprachen auch die Bedeutung von Wörtern, zum Beispiel im Bereich bestimmter Stile und Register. So hat im Bereich der Jugendsprache das Wort *geil* seine ursprünglich sexuelle Bedeutung verloren und wird nun im Sinne von *gut* verwendet, und ganz ähnlich bedeutete *astrein*, ein Wort aus meiner eigenen Jugendzeit, nicht mehr «frei von Astlöchern», sondern wurde ebenfalls für positive Bewertungen gebraucht. (Im Gegensatz zu *geil* war *astrein* nicht besonders erfolgreich und konnte sich nicht lange halten – kennen Sie es noch?)

Typischerweise verändert sich auch die Bedeutung von Ausdrücken, wenn sie als Fremdwörter in ein neues sprachliches System aufgenommen werden. So bezeichnet das Wort *Job* im Deutschen nicht neutral eine Arbeit oder einen Beruf, sondern wird eher salopp gebraucht und/oder bezieht sich auf Gelegenheits- oder Aushilfsarbeiten. Dasselbe ist übrigens mit dem deutschen Wort *Arbeit* im Japanischen passiert, wo es als Fremdwort *arubaito* ausgesprochen wird: *Arubaito* bezeichnet im Japanischen nicht eine reguläre Arbeit, sondern – einen Job.

Eine Bedeutungsverschiebung kann auch dadurch auftreten, dass ein Wort feste Assoziationen erhält, die seinen Bedeutungsbereich einschränken oder erweitern. Ein Beispiel ist das Wort «Migrant», das eigentlich neutral jemanden bezeichnet, der migriert, also typischerweise von einem Land in ein anderes ausgewandert ist. Dieses Wort wird heute aber mitunter etwas anders gebraucht. Einerseits wird es oft ausgeweitet, zum Beispiel wenn die Rede von «Migrantenjugendlichen» ist und dann Jugendliche gemeint sind, die gar nicht migriert sind, sondern ihr ganzes Leben in Deutschland verbracht haben und lediglich Eltern oder Großeltern haben, die Migranten waren. Andererseits wird die Wortbedeutung dann oft zugleich auf Einwanderer bestimmter Ethnien, zum Beispiel türkisch oder arabisch, eingeschränkt.

Diese etwas eigenwillige Verwendung von «Migrant», die wir auch in der öffentlichen Diskussion oft finden, hat sich von der eigentlichen Bedeutung des Wortes recht weit entfernt. Dies hat dann zum Beispiel den merkwürdigen Effekt, dass nach dieser Gebrauchsweise mein Mann, der vor zehn Jahren aus Großbritannien nach Deutschland immigriert ist, nicht als «Migrant» bezeichnet wird, wohl aber unsere Nachbarn, die in Deutschland geboren und aufgewachsen sind (und Großeltern haben, die aus der Türkei kamen).

2.2 Mehrsprachige Einflüsse in Kiezdeutsch

Bei sprachlichen Veränderungen, insbesondere bei grammatischen Veränderungen in Bereichen wie Lautung, Flexion oder Wortstellung, handelt es sich um relativ langsame Prozesse. In Kiezdeutsch erhalten solche Entwicklungen durch den mehrsprachigen Kontext eine größere Dynamik, die Entwicklung vollzieht sich hier z. T. sehr viel schneller.

Viele Sprecher/innen von Kiezdeutsch beherrschen neben dem Deutschen noch eine oder sogar mehrere andere Sprachen fließend. So mag jemand, der Kiezdeutsch mit seinen Freunden spricht, zum Beispiel kurdisch mit seiner Großmutter sprechen, arabisch mit dem Großvater und der Tante, deutsch mit dem Vater und kurdisch und arabisch mit der Mutter. Ein anderer Jugendlicher, der Kiezdeutsch spricht, mag deutscher Herkunft sein und zu Hause nur deutsch sprechen, aber von seinen Freunden oder den Eltern der Freunde etwas Türkisch gelernt haben.[5]

Diese vielsprachigen Kompetenzen erzeugen ein dynamisches sprachliches Umfeld, das sprachliche Innovationen besonders begünstigt. Kiezdeutsch konnte sich daher zu einer Varietät des Deutschen entwickeln, die in relativ kurzer Zeit besonders viele sprachliche Neuerungen hervorgebracht hat – und daher eben auch besonders häufig Kritik ausgesetzt ist. In Kiezdeutsch sind sprachliche Entwicklungen, wie sie zu jedem vitalen Sprachsystem gehören, besonders stark ausgeprägt und fallen deshalb eher auf. Die Sprachwissenschaftlerin Rita Franceschini sagte einmal dazu: «Mehrsprachige sind nun einmal sprachlich kreativer, und sie werden dafür auch kritisiert.»[6]

Die Neuerungen in Kiezdeutsch können grammatische Veränderungen sein, die im System des Deutschen grundsätzlich angelegt sind, aber in anderen Dialekten oder im Standard so (noch) nicht realisiert sind. Entwicklungen dieses Typs untersuchen wir im folgenden Kapitel, wenn wir das «typisch Deutsche» in Kiezdeutsch betrachten. In diesem Kapitel geht es zunächst um sprachliche Neuerungen, die auf Einflüsse der verschiedenen anderen Mutter- oder Zweitsprachen zurückzuführen sind, die Sprecher/innen von Kiezdeutsch beherrschen. Diese Einflüsse zeigen sich vor allem auf zwei Ebenen: im lautlichen Bereich und im Wortschatz.

Ein Beispiel für eine Neuerung im lautlichen Bereich ist das gerollte [r], das vermutlich auf Einflüsse aus dem Türkischen, Arabischen und Kurdischen zurückgeht. In Kiezdeutsch tritt es manchmal auch am Silbenende in Wörtern wie Tor oder lecker auf, die man im Standarddeutschen stattdessen ungefähr als «Toa» und «leckea» oder sogar «lecka» mit einem verschliffenen «a»-Laut [ɐ] am Ende aussprechen würde. Diese

Vokalisierung von «er»: zwei Beispiele aus dem Berlinischen
(links: Zeitungsauschnitt (Tagesspiegel), Juli 2010;
rechts: Schild vor einer Gaststätte in der Wiener Straße, Berlin)

sogenannte Vokalisierung ist im Berliner Dialekt besonders ausgeprägt. Zwei Beispiele, in denen dies auch schriftlich wiedergegeben ist, zeigen die Abbildungen auf Seite 37.

Da Kiezdeutsch jedoch ganz überwiegend von Jugendlichen gesprochen wird, die in Deutschland geboren sind und deshalb schon früh mit dem Lautsystem des Deutschen vertraut waren, sind direkte lautliche Einflüsse aus nichtdeutschen Herkunftssprachen eher die Ausnahme. Die meisten lautlichen Besonderheiten von Kiezdeutsch gehen eher auf eine generelle Entwicklung zu weniger markierten, natürlicheren Formen zurück, beispielsweise der Gebrauch von [s] statt [ts] am Wortanfang (zum Beispiel «Swerg» statt «Zwerg»).[7] Hierzu gehört auch die bekannte Ausspracheveränderung vom Typ «Isch freu misch», also die Ersetzung des sogenannten «ich»-Lautes *ch* durch *sch* bzw. durch einen Laut zwischen *ch* und *sch*. Beispiele dafür fanden sich in dem Gespräch unter Freundinnen, das ich im ersten Kapitel zitiert habe:

Seda: Isch bin eigentlisch mit meiner Figur zufrieden
und so, nur isch muss noch bisschen *hier* abnehmen, ein
bisschen noch *da*.

Phonetisch ist das eine sogenannte Koronalisierung von [ç] zu [ɕ] bzw. [ʃ].[8] Diese Koronalisierung finden wir auch in anderen deutschen Dialekten, insbesondere in den mitteldeutschen Regionen.[9] Auch im Berliner Raum, in dem wir unsere Untersuchungen zu Kiezdeutsch durchgeführt haben, kommt sie vor, etwa bei der Aussprache von *nicht* als *nüscht*.[10] Im Berlinischen tritt sie zwar nicht so regelmäßig auf wie etwa im Rheinland, ist aber möglicherweise weiter verbreitet, als man denkt. Eine Mutter aus dem Berliner Bezirk Mariendorf, in dem der traditionelle Berliner Dialekt dominiert, erzählte mir amüsiert, dass ihre sechsjährige Tochter sie beim Schreibenlernen fragte: «Mama, schreibt man ‹Tisch› mit dem *sch* aus ‹Frosch› oder mit dem *sch* aus ‹Milch›?»

Im lautlichen Bereich von Kiezdeutsch ist der Einfluss von Herkunftssprachen also zwar vorhanden, aber eher beschränkt. Im Bereich des Wortschatzes wird man jedoch schnell fündig. Hier gibt es besonders aus dem Arabischen und dem Türkischen zahlreiche Neuzugänge in Kiezdeutsch. Neue Fremdwörter und Wendungen finden sich typischerweise in Bereichen wie Anrede, Redebeginn und Redeabschluss, Bekräftigung und, ganz typisch für Jugendsprache, als zum Teil ritualisierte Flüche und Beleidigungen. Hier einige Beispiele:

lan — ‹Typ›/‹Mann›
(aus dem Türkischen, eigentlich *ulan* «Kerl», eher negativ)

moruk — ‹Alter›
(aus dem Türkischen: «alter Mann»)

wallah — ‹Echt!›
(aus dem Arabischen, wörtl. «und Allah»/«bei Allah»)

yallah — ‹Los!›
(aus dem Arabischen, ursprünglich *ya 'allah*)

hadi çüş — ‹Tschüss; mach's gut!›
(aus dem Türkischen:
hadi ursprünglich ‹haydi› «los/komm»,
çüş ursprünglich als Ruf gegenüber Eseln u. ä., ausgesprochen Tschüsch»)

abu — ‹Ey!› (negativ)
(aus dem Arabischen, wörtl. «Vater»,
aus Beleidigungen des Typs
«Dein Vater ist ein Esel!» ('abū l-ḥmār),
«Dein Vater ist ein Hund!» ('abū l-kalb) u. ä.)

Hier einige Beispiele für den Gebrauch solcher Fremdwörter im Gespräch. Das erste ist aus der Unterhaltung beim Tanztraining, die ich im ersten Kapitel vorgestellt habe; eine der Tänzerinnen beschreibt ihr Tanzgefühl und fügt am Ende ihrer Erzählung ein *lan* ein:

> «Isch kann misch gut bewegen, wa? Ischwöre.
> Egal, was für ein Hiphopmusik isch höre, ey,
> mein Körper drinne tanzt voll, **lan**.»

Im zweiten Beispiel unterhalten sich zwei Freundinnen über einen Jungen und drücken ihre Empörung über sein Verhalten mit *abu* aus:

> *Dilara:* Wegen der? Is doch klar, dass er sowas sagt.
> *Yasmin:* Ja. Isch sag so: «**Abu**, du hast mein Herz!» so.
> Er sagt: «Egal.»
> *Dilara:* **Abu**! Wie kalt!
> *Yasmin:* «Egal, egal. Tschüss.»

Im folgenden Ausschnitt finden wir die umgekehrte Perspektive auf Beziehungsprobleme: Hier beklagt sich ein männlicher Sprecher darüber, dass seine Freundin Schluss gemacht hat, und bekräftigt seine Klage mit *wallah*.

> «**Wallah**, isch liebe sie übertrieben. **Wallah**,
> isch kann nich ohne sie, isch soll – drei Jahre soll
> isch jetz vergessen!»

Zuletzt eine Unterhaltung über die Schule; auch hier finden wir *wallah* zur Bekräftigung:

> *Cennet:* Ja, Mann [seufzt]. Isch find's sowas von unfair.
> **Wallah**. Frau T., was sie macht.
> *Nilay:* Was denn?

Cennet: Ja, du hast selber gesehen. Khaled nervt mich – *ich* muss mich wegsetzen.
Nilay: Na, is doch aber Gleichberechtigung, *er* hat sich umgesetzt, *du* auch.
Cennet: Ja, und? Ach, egal. Machen wir heute Sport eigentlisch?
Nilay: Wo? Hier in der Schule?
Cennet: Mhm.
Nilay: Isch glaub, das Wetter ist zu kalt, um was zu machen.
Cennet: Werden wir sehen, ja. **Wallah**.

2.3 Kiezdeutsch ist keine Mischsprache

Die Einflüsse der verschiedenen anderen Mutter- und/oder Zweitsprachen machen Kiezdeutsch damit jedoch nicht zu einer türkisch-deutschen oder deutsch-arabischen «Mischsprache», wie manchmal angenommen wird. Lautliche Einflüsse sind, wie schon deutlich wurde, eher gering. Neuzugänge zum Wortschatz werden als neue Fremdwörter in Kiezdeutsch integriert, so wie wir das auch von anderen Fremdwörtern im Deutschen kennen.

Ihre Aussprache wird eingedeutscht, zum Beispiel wird die erste Silbe in *abu* wie im deutschen Wort *aber* ausgesprochen statt mit dem arabischen Kehlkopfverschlusslaut, der für uns sehr viel schwieriger auszusprechen ist. Außerdem werden diese neuen Fremdwörter nach den Regeln der deutschen Grammatik verwendet und ändern auch ihre Bedeutung bei dieser Integration. So wird *lan* zum Beispiel so ähnlich gebraucht, wie wir das von «Alter» in der Jugendsprache kennen, und *wallah* so ähnlich wie «echt», und *hadi çüş* hat seine Bedeutung gegenüber dem Türkischen in Kiezdeutsch so verändert, dass es jetzt dasselbe heißt wie das ganz ähnlich klingende deutsche «Tschüss».

Diese Integration finden wir auch auf der Ebene der Sprachbenutzer/innen. Als Fremdwörter werden neue Ausdrücke aus dem Türkischen, Arabischen etc. von Sprecher/inne/n unterschiedlicher Herkunft gleichermaßen benutzt, auch von solchen, die kein Arabisch oder Türkisch beherrschen. Ein Beispiel dafür habe ich gerade letztes Wochenende auf einem Spielplatz bei uns in der Nähe gefunden, auf dem ich mit meinen Töchtern war. Auf einem Pfosten hatten sich «Ingo + Inga» mit einem Liebesschwur verewigt.

Zwischen dem englischen Spruch «love, friends and fun» und der Versicherung «Du bist mein Engel» steht hier ein türkisches Fremdwort, *canim*, «meine Seele»/»mein Herz», das im Türkischen ursprünglich mit ı statt i (= ohne Punkt) geschrieben wird, also «canım». Die Schreibweise ist hier bereits eingedeutscht.

Türkisches Fremdwort in einem Liebesschwur

Gerade in der Umgangssprache verbreiten sich Fremdwörter sehr schnell, auch außerhalb von Kiezdeutsch. Sprecher/innen haben hier normalerweise wenig Berührungsängste und sind in der Lage, kreativ neue Fremdwörter aus ganz unterschiedlichen Sprachen in das System des Deutschen aufzunehmen. Ein besonders schönes Beispiel hat meine Schwester in Kreuzberg im Bus gehört. Dort erzählte eine ca. 30-jährige blonde Frau ihrem Begleiter, wie sie ganz allein und zum ersten Mal in ihrer Küche Fliesen verlegt hatte, und schloss dies ab mit: «Icke, lan – crazy!» Wir haben hier in einer kurzen Äußerung drei Wörter mit drei verschiedenen sprachlichen Hintergründen: Das «icke» aus dem traditionellen Berliner Dialekt, das türkische Fremdwort «lan», das wir aus Kiezdeutsch kennen, und das englische Fremdwort «crazy», das umgangssprachlich im Deutschen Überraschung anzeigen kann.

Genauso wie keine Englischkenntnisse dafür nötig sind, Wörter wie *crazy* oder auch *Job* oder *Computer* im Deutschen zu gebrauchen, kann man *lan* auch verwenden, ohne Türkisch zu sprechen. Und meine Töchter kennen aus ihrem Kreuzberger Kindergarten schon das Wort *abu* und nutzen es problemlos, ohne dafür Arabisch gelernt zu haben oder auch nur seinen Ursprung zu kennen. Als ich sie testweise fragte, was *abu* denn bedeutet, erklärten sie mir: «Das sagt man, wenn jemand was Schlechtes macht!» Genauso können sie die Bedeutung von *Parfüm* erklären, ohne dafür Französisch zu können oder die im Französischen korrekte nasale Aussprache zu beherrschen.

Kiezdeutsch greift also auf andere Mutter- und Zweitsprachen seiner Sprecher/innen zu, aber es tut dies aktiv und integrativ, das heißt Ausdrücke aus anderen Sprachen werden nicht einfach in Form einer «Sprachmischung» der Sprache unbesehen hinzugefügt, sondern verarbeitet und so verändert, dass sie in das sprachliche System des Deutschen passen.

Neben anderen Mutter- und Zweitsprachen wie Türkisch, Arabisch etc. gibt es noch zwei besondere Varianten des Deutschen, die einen Einfluss auf Kiezdeutsch haben.

Zum einen sind dies Formen des Spracherwerbs bei Kindern, die erst in Kindergarten oder Vorschule mit dem Deutschen systematisch in Kontakt kommen und es dann entsprechend noch nicht vollständig beherrschen. Wenn Deutsch dann als Zweitsprache erlernt wird, unterstützt das die generellen Prozesse in der Sprache, die zu weniger markierten Formen führen, zum Beispiel Ausspracheveränderungen von «Zwerg» zu «Swerg» oder Verkürzungen von Flexionsendungen wie «zu mein Vater» statt «zu meinem Vater».

Ein zweiter Bereich sind sogenannte Ethnolekte, die gewissermaßen einen indirekten Weg für Einflüsse aus Herkunftssprachen öffnen. Ethnolekte sind Sprechweisen, die typisch für Sprecher/innen einer bestimmten Herkunft sind und meist im Kontext von Migration entstanden sind.[11] Beispiele sind die Ethnolekte deutscher und polnischer Einwanderer in den USA oder türkische und arabische Ethnolekte in Deutschland. Ethnolekte entwickeln sich aus Formen des Fremd- und Zweitspracherwerbs, sind aber selbst keine Phänomene des Fremdspracherwerbs mehr, sondern werden zum Beispiel auch von den Kindern der ersten Migrantengeneration gesprochen.

In den USA haben Einflüsse deutscher, polnischer und italienischer Ethnolekte in New York State zur Ausbildung eines neuen urbanen Dialekts geführt:[12] Das Englisch, das dort heute gesprochen wird – und zwar von allen, unabhängig von der Herkunft –, hat einige Eigenheiten in Aussprache und Grammatik, die noch an Einflüsse dieser europäischen Einwanderer erinnern. Zum Beispiel werden verschiedene, für uns schwierige englische Vokale verändert (der sogenannte Buffalo Vowel Shuffle[13]), und es finden sich Sätze wie der folgende, der im Standardenglischen falsch wäre:

> «I have lived in New York five years, now my home is Buffalo.»[14]

Diesen Satz würde ich – als deutsche Muttersprachlerin – vielleicht so sagen, wenn ich englisch spreche, im Standardenglischen müsste er aber eigentlich im *past tense* stehen («I lived», nicht «I have lived»).

Bei Kiezdeutsch hat die Entwicklung einen anderen Weg genommen: Hier haben Ethnolekte nicht zu einem generellen neuen urbanen Dialekt beigetragen, sondern zu einer multiethnischen Jugendsprache. Diese Jugendsprache bildet ebenfalls einen eigenen Dialekt, mit systematischen grammatischen Eigenheiten (dazu später mehr), und sie ist wie der urbane Dialekt in New York State unter allen Sprecher/inne/n verbreitet und wird unabhängig von der Herkunft gesprochen. Anders als der Dialekt von New York State ist Kiezdeutsch aber typischerweise auf Gespräche unter Jugendlichen begrenzt.

2.4 Die besondere Dynamik von Kiezdeutsch

Mit anderen Jugendsprachen teilt Kiezdeutsch Charakteristika wie die Abgrenzung gegenüber Erwachsenen und auf sprachlicher Ebene etwa den Einfluss des US-Amerikanischen (Letzteres zeigt sich zum Beispiel im Gebrauch von Wörtern wie «dissen» im Sinne von «missachten», «verächtlich behandeln» vom amerikanischen «to dis»/«disrespect»). Im Vergleich zu anderen Jugendsprachen finden wir aber, wie hier deutlich wurde, in Kiezdeutsch noch kontaktsprachliche Zu-

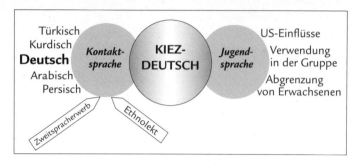

Kiezdeutsch als Jugend- und Kontaktsprache

gänge: Kiezdeutsch kann durch den vielsprachigen Kontext, in dem es sich entwickelt hat, auf eine Fülle unterschiedlicher Sprachen und Varietäten zugreifen. Diese Kombination aus Jugend- und Kontaktsprache macht Kiezdeutsch zu einem besonders interessanten sprachlichen Phänomen.

Seine kontaktsprachlichen Aspekte machen Kiezdeutsch zu einem äußerst innovativen Dialekt. Seine Sprecher/innen bringen eine Vielzahl zusätzlicher sprachlicher Kompetenzen mit, sie sind oft schon von klein auf mit einer oder sogar mehreren anderen Sprachen vertraut, und dies führt zu einer besonderen sprachlichen Dynamik: Mehrsprachige Sprecher/innen bringen zusätzliche sprachliche Möglichkeiten in die Kommunikation ein, sie nutzen ihre Kompetenzen für Sprachspiele und grammatische Experimente und probieren neue sprachliche Formen aus. Sie sind offener gegenüber sprachlicher Variation, weil sie schon von klein auf erfahren haben, dass es nie nur eine Möglichkeit gibt, etwas auszudrücken.

Der multiethnische Kontext und die Vielzahl mehrsprachiger Sprecher/innen machen Kiezdeutsch zu so etwas wie einem Pionier für Sprachwandel im Deutschen, zu einem «Turbo-Dialekt», der viel dynamischer und offener ist für neue sprachliche Entwicklungen als andere Dialekte. Die Impulse aus dem mehrsprachigen Kontext führen zu einer höheren sprachlichen Flexibilität und damit zu einem größeren Innovationspotential, aber eben nicht zu einer Mischsprache: Kiezdeutsch ist Teil des Deutschen und integriert zum Beispiel Ausdrücke aus Herkunftssprachen, wenn es sie als neue Wörter aufnimmt, in das sprachliche System des Deutschen.

Die Verankerung im Deutschen, die wir hier gefunden haben, zeigt sich noch deutlicher im Bereich der grammatischen Neuerungen. Wie wir im folgenden Kapitel sehen, erweist sich Kiezdeutsch auch hier als typisch deutsch, als ein Dialekt, der sich im Deutschen entwickelt und die Möglichkeiten nutzt, die das grammatische System des Deutschen bietet.

1 Vgl. hierzu auch Wiese (2011 d).
2 Keller (2004:5).
3 Analysen zur V2-Stellung bei *weil* liefern zum Beispiel Keller (1993), Wegener (1993), Uhmann (1998), Gohl & Günthner (1999), Freywald (2010). Eine unterhaltsame Diskussion findet sich in Meinunger (2008: Kap. 12).
4 Vgl. hierzu Selting (1999).
5 Vgl. dazu Dirim & Auer (2004).
6 Franceschini (2009).
7 Vgl. hierzu Tertilt (1996), Androutsopoulos (2001 a), Auer (2003).
8 Vgl. Herrgen (1986). Der Ausdruck «Koronalisierung» verweist auf den Zungenkranz («Corona»), der beim *sch*-Laut [ʃ] an der Aussprache beteiligt ist.
9 Vgl. Herrgen (1986), Macha (1991), Bhatt & Lindlar (Hg.) (1998).
10 Vgl. etwa Schönfeld (1992).
11 Vgl. etwa Clyne (2000).
12 Vgl. Wölck (2002).
13 Pagliuca & Mowrey (1979).
14 Aus Wölck (2002:161).

3 Kiezdeutsch ist typisch deutsch: Grammatische Innovationen und ihre Basis

In diesem Kapitel geht es um grammatische Innovationen in Kiezdeutsch, also um sprachliche Neuerungen, die sich weniger im Wortschatz als im grammatischen Bereich entwickelt haben. Diese Innovationen sind so systematisch, dass sie einen eigenen Dialekt begründen.

Ein Wort vorweg: Ich selbst finde Grammatik hochspannend. Ich finde es faszinierend, zu sehen, wie ganz unterschiedliche sprachliche Entwicklungen zusammenhängen und zueinander passen wie Puzzleteile, die plötzlich ein Bild ergeben, und zu bemerken, wie sprachliche Eigenheiten, die einem erst wie zufällige Fehler vorkamen, sich als systematische Neuerungen entpuppen – Neuerungen, die die Sprecher/innen entwickelt haben, ohne dies jemals explizit zu verabreden, ja, ohne sich dessen überhaupt bewusst zu sein.

Ich hoffe, Ihnen in diesem Kapitel etwas von dieser Faszination vermitteln zu können. Falls es Ihnen aber dennoch mit Grammatik eher so geht wie mit der Fischsauce in einigen asiatischen Rezepten, nämlich «a little goes a long way» («eine kleine Menge reicht für lange Zeit»), dann können Sie auch Teile dieses Kapitels einfach überspringen – vor allem, wenn ich Sie schon überzeugen konnte, dass Kiezdeutsch typisch deutsch ist! (Allerdings verpassen Sie dann spannende und auch vergnügliche Einblicke in die Wunderwerke der Innovationsmaschine, die unsere Sprache eben ist.)

Dieses Kapitel ist so aufgebaut, dass die Unterkapitel ab 3.3 jeweils eine typische Neuerung in Kiezdeutsch behandeln, so dass Sie auch einzelne Bereiche auslassen und direkt in Teil 2 dieses Buches weiterlesen können, wo wir unter der neuen Perspektive von Kiezdeutsch als deutschem Dialekt einige

Irrtümer und Missverständnisse zu dieser Jugendsprache unter die Lupe nehmen wollen.

3.1 Grammatische Innovationen in Kiezdeutsch

Die grammatischen Neuerungen, die wir uns im Folgenden genauer ansehen, zeigen sich in Sätzen wie «Wir gehen Görlitzer Park» (Abschnitt 3.3), «Ich frag mein Schwester» (3.4), «Lassma Kino gehen!» (3.5), «Machst du rote Ampel!» (3.6), «Danach ich ruf dich an» (3.7) und «Zu Hause red ich mehr so deutsch so» (3.8). Wir werden sehen, dass solche Konstruktionen auf Innovationen auf verschiedenen grammatischen Ebenen zurückgehen. Wir werden neue Formen für Ortsangaben kennenlernen, neue Verkürzungen, neue Aufforderungswörter und sogenannte Partikeln (kleine, feste, nicht veränderliche Wörter), neue Funktionsverbgefüge, neue Möglichkeiten der Wortstellung und neue Aufgaben für das vielseitige deutsche Wort *so*.

Da Kiezdeutsch ein noch junger und sehr dynamischer Dialekt des Deutschen ist, ist grammatisch vieles noch im Fluss, und es gibt oft Unterschiede im Sprachgebrauch, teilweise in ein und derselben Unterhaltung und mit denselben Sprecher/inne/n. Oft geht es uns bei unseren Forschungen zu Kiezdeutsch aber auch so, dass etwas, das auf den ersten Blick wie eine noch ungefestigte Konstruktion aussieht, also etwas, das willkürlich mal so und mal anders gebraucht wird, sich auf den zweiten Blick als systematische Differenzierung entpuppt. Das sind die besonders spannenden Fälle, die Fälle, in denen die Sprecher/innen ganz subtile Unterschiede in Grammatik oder Pragmatik für unterschiedliche Konstruktionen benutzen. Ein Beispiel außerhalb von Kiezdeutsch für so eine systematische Differenzierung ist die Verbstellung bei *weil*, die wir weiter vorne in Abschnitt 2.1 behandelt haben. Hier hatten wir den Fall, dass die Verb-zweit-Stellung («..., weil sein Anorak hängt nicht mehr dort») für epistemische Bedeutungen gebraucht wird, die Verb-letzt-Stellung («..., weil sein Anorak nicht mehr dort hängt») aber nicht. Sprecher/innen des Deutschen folgen dieser Differenzierung systematisch, ohne sich dessen überhaupt bewusst sein zu müssen.

Bevor wir nun konkrete Beispiele aus Kiezdeutsch untersuchen und sehen, wie die grammatischen Neuerungen in jedem Fall letztlich auch etwas typisch Deutsches sind, will ich zunächst noch klären, was mit «typisch deutsch» im Bereich von Sprache und Grammatik überhaupt gemeint ist – und was eben nicht.

3.2 Was heißt überhaupt «typisch deutsch»?

Bei «typischem» Deutsch denkt man möglicherweise zuerst an Standarddeutsch, also die standardisierte Schriftsprache oder eine Form der gesprochenen Sprache, die relativ nah an dieser Schriftsprache ist. Das Deutsche umfasst aber nicht nur dieses Standarddeutsch, sondern die gesamten hoch- und niederdeutschen Varietäten. Das Standarddeutsch, das wir heute benutzen, basiert auf einer hochdeutschen Varietät und wird deswegen auch oft «Hochdeutsch» genannt. Dies ist aber eine missverständliche Bezeichnung: Im Gegensatz zum Niederdeutschen oder auch «Plattdeutschen»/«Plattduitsch», das seine Basis in der norddeutschen Tiefebene hat, kommt das Hochdeutsche aus dem süddeutschen Raum und umfasst auch Dialekte wie zum Beispiel das Bairische.[1] Das «Hoch» in «Hochdeutsch» ist also keine Wertung im Sinne von «Hochsprache», sondern bezieht sich auf die geographisch höher gelegenen südlichen Regionen Deutschlands.

Wenn ich von «typisch deutsch» spreche, betrifft das das gesamte Spektrum des heutigen Deutschen, also nicht nur die Schriftsprache oder standardnahe gesprochene Sprache («Standarddeutsch»), sondern die verschiedenen sprachlichen Register und Stile und gerade auch die verschiedenen regionalen Dialekte, die das Deutsche ausmachen. Diese Dialekte realisieren grammatische Optionen, die nicht unbedingt Teil des Standarddeutschen sein müssen, wohl aber Teil des Deutschen sind. Um die grammatischen Neuerungen in Kiezdeutsch besser verstehen und einordnen zu können, lassen Sie uns hier zunächst einige Beispiele aus anderen deutschen Dialekten ansehen.

So gehört zum Deutschen zum Beispiel grundsätzlich auch die Möglichkeit, Eigennamen mit Artikel zu benutzen, also «die Anna» oder «der Stefan», wie dies in süddeutschen Dialekten vorkommt.[2] Ebenso gehört zum Deutschen die Möglichkeit, Verben mit *tun* zu kombinieren wie in «Er tut grad lesen» – die sogenannte *tun*-Periphrase, die sich im Deutschen über Dialektgrenzen hinweg findet, wenn auch mit je unterschiedlichen Funktionen.[3] Eine norddeutsche Eigenheit, die inzwischen auch außerhalb Norddeutschlands recht weit verbreitet ist, ist die Aufspaltung von Pronominaladverbien wie «damit» oder «davor», etwa in folgendem Satz von Guido Westerwelle:

«**Da** möchte ich unser Land **vor** bewahren.»
(Guido Westerwelle, Parteitagsrede im April 2010)

Eine ganz ähnliche Konstruktion ist im Englischen als «Preposition Stranding» bekannt (die Präposition «vor» ist am Satzende «gestrandet», während das zugehörige Adverb «da» am Satzanfang steht), zum Beispiel in dem Satz «**What** do you need this **for**?», deutsch etwa «Wo brauchst du das für?». Das bedeutet natürlich nicht gleich, dass die deutsche Konstruktion aus dem Englischen übernommen ist, dass also Sprecher wie Westerwelle so stark dem Englischen verbunden sind, dass sie nicht mehr richtig deutsch sprechen können. Die Konstruktion ist einfach eine Möglichkeit, die wir im Deutschen ebenso wie im Englischen grundsätzlich haben. Diese Möglichkeit wird übrigens auch im süddeutschen Raum genutzt, wenn auch dort etwas anders, nämlich mit Verdoppelung («Da ... davor»).[4]

Weil Abweichungen vom Standarddeutschen bei Dialekten systematisch auftreten und keine «Fehler» sind, können sie im Dialekt selbst dann eine Quelle für Fehler sein: Etwas, das im Standard «falsch» ist, ist im Dialekt richtig und unterliegt damit auch wieder bestimmten Regeln, die man dort befolgen muss. Hier ein schöner Beleg dafür aus einem Gespräch, das ich in einem Kaufhaus in Göttingen gehört habe:

Warteschlange vor der Kasse: Eine Kundin schiebt
versehentlich einen Hut nach vorne, den jemand anders
ausgesucht hat.
Junge: «Das ist meiner Mutter sein Hut!»
Kassiererin: «Meiner Mutter *ihr* Hut!»
(zustimmendes Gemurmel in der Warteschlange)

Wenn es einfach nur um «richtig» oder «falsch» in Bezug auf das Standarddeutsche ginge, dann wäre die Reaktion der Kassiererin völlig absurd. Wenn eine Wendung sowieso falsch ist, dann ist es auch egal, in welcher Variante man sie benutzt. Das ist hier aber nicht der Fall. Die Konstruktion, in der ein Dativ («meiner Mutter») zur Besitzanzeige verwendet wird, folgt ganz bestimmten Regeln, und dazu gehört unter anderem, dass das Possessivpronomen vor dem zweiten Nomen («Hut») sich in seiner Basis nach dem Genus des ersten Nomens richtet (♀ «Mutter» → «ihr»), nicht nach dem des zweiten Nomens (♀ «Hut» → «sein»). Nach dem Genus des zweiten Nomens richtet sich dann die Endung des Possessivpronomens («ihr Hut», nicht «ihre Hut»).[5]

Ebenso werden wir im Fall von Kiezdeutsch im Folgenden immer wieder sehen, dass sprachliche Eigenheiten, die diese Varietät vom Standarddeutschen unterscheiden, nicht einfach willkürliche Fehler sind, sondern systematische Neuerungen, die Regeln unterliegen: Neuerungen, die ins System der deutschen Grammatik passen, die Möglichkeiten des Deutschen erweitern und vorhandene grammatische Muster ausbauen und ergänzen.

3.3 «Wir gehen Görlitzer Park.» – Neue Ortsangaben

In Kiezdeutsch-Sätzen wie «Wir gehen Görlitzer Park» steht eine Ortsangabe ohne Artikel und Präposition, also nicht «*in den* Görlitzer Park», sondern nur «Görlitzer Park» (sprachwissenschaftlich eine sogenannte bloße Nominalphrase). Diese Konstruktion ist so bekannt, dass man mittlerweile T-Shirts kaufen kann mit Aufdrucken wie «Ich geh Gymnasium». Hier zwei Beispiele für solche bloßen Ortsangaben aus den Gesprächsmitschnitten, die ich im ersten Kapitel vorgestellt habe:

> «Heute muss isch wieder **Solarium** gehen.»
> «Un wenn du mal **Party** bist: «Oah, geile Olle!»

Mir ist diese neue Art von Ortsangaben allerdings das erste Mal nicht im Kontext von Kiezdeutsch aufgefallen, sondern bei meinen Student/inn/en. Ich fahre häufig mit dem Regionalzug von der Universität Potsdam, wo ich arbeite, nach Berlin, wo ich wohne. Im Zug sitzen dann immer auch viele Studierende, die ebenfalls nach Hause fahren, und mindestens eine/r telefoniert immer gerade. Bei solchen Handygesprächen im Zug sagt man meistens erst einmal, wo man gerade ist oder wo man hinfährt, und das klingt dann so:

> «Wir sind gleich Alexanderplatz.»
> «Ich bin grade erst Zoo.»
> «Ich steige heute Hauptbahnhof um.»
> «Ich muss noch bis Spichernstraße.»

Wir haben hier genau dieselben Konstruktionen, wie wir sie aus Kiezdeutsch kennen: Eine Nominalphrase wird so, wie sie ist, ohne Präposition und Artikel, als Ortsangabe gebraucht, also einfach «Alexanderplatz» statt «*am* Alexanderplatz», «Spichernstraße» statt «*zur* Spichernstraße» usw. Das einzig Besondere ist hier, dass es bei allen Beispielen für diese Konstruktion um Haltestellen ging, während wir sie in Kiezdeutsch bei Ortsangaben generell beobachtet haben.

Nun lesen Sie vielleicht diese Beispiele und sagen sich: «Das klingt ja grauenhaft. Traurig, dass die Studenten so reden, aber ich würde das nie sagen.» Die meisten meiner Studierenden sind ja noch ziemlich jung und noch nicht lange aus dem Alter heraus, in dem man Jugendsprache spricht. Sprechen die vielleicht alle Kiezdeutsch, wenn sie so etwas sagen? Die Antwort ist ein klares «Nein»: Diese Konstruktion ist nicht nur für Studierende typisch, sondern wird ganz allgemein gebraucht, zum Teil auch in schriftlichen Texten. Hier ein Beispiel aus dem *Tagesspiegel* vom 17.7.2009, aus einem Artikel über S-Bahnausfälle und Ersatzzüge in Berlin:

> «Sie [die zum Ersatz eingesetzten Regionalzüge, H. W.] fahren aber nicht alle Stationen an, sondern halten nur Hauptbahnhof, Friedrichstraße und Alexanderplatz.»

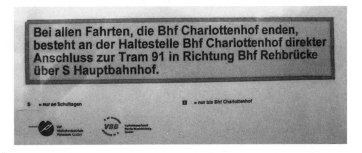

Bloße Ortsangaben im Deutschen

Dies ist ein Aushang, den ich im Mai 2010 an der Bushaltestelle vor meinem Büro in Potsdam gefunden habe.

Um herauszufinden, wie üblich solche bloßen Ortsangaben im gesprochenen Deutschen sind, haben Studierende eines meiner Grammatikseminare eine Studie in Berlin und Magdeburg durchgeführt. Sie haben dafür Passanten nach dem Weg gefragt, und sie haben sich besonders Leute ausgesucht, die möglichst wenig danach aussahen, als ob sie eine Jugendsprache wie Kiezdeutsch sprechen würden.[6] Ein typischer Informant war also zum Beispiel ein Mann mittleren Alters, Anzugträger, der nach Feierabend am Alexanderplatz auf die S-Bahn nach Berlin-Charlottenburg wartet. Hier zwei Beispiele aus den Antworten, die sie von solchen Passanten bekamen:

«Da müssen Sie Jakob-Kaiser-Platz umsteigen.»
«Da müssen Sie Frankfurter Allee fahren und dann
Ostkreuz umsteigen.»

Äußerungen wie diese waren keine Ausnahmen: 124 der 200 Sätze aus den Antworten in dieser Studie, also fast zwei Drittel der Belege, hatten diese Form. Das bedeutet, dass es in der gesprochenen Sprache fast schon ungrammatisch ist, in derartigen Fällen Artikel und Präposition zu benutzen!

Wenn Sie also tatsächlich glauben, so etwas würden Sie nie sagen, dann stammen Sie möglicherweise aus einem Dialektgebiet, in dem dies nicht verbreitet ist (unsere Studie hat ja nur zwei Gebiete untersucht, Berlin und Magdeburg). Oder Sie sind sich Ihres Sprachgebrauchs vielleicht einfach nicht bewusst. Das ist ein ganz verbreitetes Phänomen: Als kompetente Sprecher/innen, die ihre sprachliche Umgebung wahrnehmen und geistig verarbeiten, benutzen wir viel mehr neue Konstruktionen, als uns normalerweise bewusst ist. Denken Sie an mein früheres Beispiel «Ich verwende nie *weil* mit Verbzweit-Stellung, weil das klingt furchtbar».

Ich selbst habe auch erst, als ich anfing, mich für das Phänomen zu interessieren und mehr auf solche Fälle geachtet habe, bemerkt, dass ich oft sowas wie «Alexanderplatz» und nicht «am Alexanderplatz» sage. Wenn man aber einmal dafür sensibilisiert ist, hört man es plötzlich überall. Probieren Sie es doch einmal aus und fragen Sie einen Bekannten, wie man von seiner Wohnung aus am besten mit Bus/Tram/U-Bahn zum Hauptbahnhof kommt!

Im informellen Standarddeutsch scheint diese Art von bloßen Ortsangaben auf Haltestellen des öffentlichen Nahverkehrs beschränkt zu sein – eine recht exzentrische grammatische Regel, die eindeutig Verbesserungspotential hat. Und hier kommt Kiezdeutsch ins Spiel: In Kiezdeutsch gibt es diese Einschränkung nicht, bloße Nominalphrasen können systematisch als Ortsangaben und außerdem auch als Zeitangaben auftreten. Hier einige Beispiele aus unseren Daten:

«Gehst du heute auch Viktoriapark?»
«Ich bin Schule.»

«Ey, wir sollen Fahrstuhl gehen!»
«Ich werde zweiter Mai fünfzehn.»

Kiezdeutsch verallgemeinert und baut hier also etwas weiter aus, das es im Deutschen sonst auch schon gibt, das aber dort stärker beschränkt ist. Mit anderen Worten: Wir finden eine Innovation in Kiezdeutsch, die entsteht, indem eine grammatische Möglichkeit des Deutschen in ihrem Anwendungsbereich generalisiert wird.

Wer sich im Türkischen auskennt, weiß, dass es dort keinen bestimmten Artikel gibt und vor den Nomen auch keine Präpositionen stehen. Manchmal hört man deshalb die Auffassung, dass die bloßen Ortsangaben des Typs «Ich bin Schule» in Kiezdeutsch entstanden sind, indem die türkische Grammatik auf das Deutsche übertragen wurde. Dagegen spricht aber sowohl die Form als auch der Gebrauch dieser Konstruktion in Kiezdeutsch.

Zur Form: Wenn hier tatsächlich einfach aus dem Türkischen übertragen würde, dann würde die Präposition nicht einfach wegfallen, sondern als Endung an das Nomen treten. Das Türkische hat ein komplexes System nachgestellter Elemente, die die Funktion von Präpositionen erfüllen und ähnlich wie Kasus-Endungen an das jeweilige Nomen gehängt werden. «In der Schule» beispielsweise heißt auf Türkisch «okul-da» (die Endung steht mit unterschiedlichen Vokalen *de/da*, je nachdem, was für Vokale in dem Nomen davor vorkommen). Wenn die türkische Grammatik also tatsächlich auf das Deutsche übertragen würde, müsste man solche präpositionalen Endungen auch hier erwarten. Statt «in der Schule» hätte man dann nicht «Schule», sondern «Schule-in» oder, wenn man die türkische Endung benutzen würde, «Schule-da».[7]

Und auch der Gebrauch dieser Konstruktion in Kiezdeutsch macht es eher unwahrscheinlich, dass hier einfach die türkische Grammatik benutzt wird. Wir haben hier ja Sprecher/innen ganz unterschiedlicher Herkunftssprachen, nicht nur Türkisch. Kiezdeutsch wird ebenso von Jugendlichen gesprochen, die neben Deutsch noch Arabisch, Kurdisch, Französisch oder auch einfach nur Deutsch sprechen. Diese Sprecher/innen wissen normalerweise nichts von der türkischen Grammatik und ihrem Präpositionalsystem, verwenden solche bloßen Ortsangaben aber dennoch.

Dies macht einen türkischen Einfluss eher unplausibel, und zusammen mit der Beobachtung, dass ähnliche Wendungen auch außerhalb von Kiezdeutsch vorkommen (die «Ich bin Alexanderplatz»-Fälle), spricht dies für eine Verankerung dieser Konstruktion im System des Deutschen. Eine Möglichkeit, die im Deutschen vorhanden ist, wird auch in Kiezdeutsch genutzt, dort jedoch weiter ausgebaut, und tritt so systematischer auf.

Die bloßen Ortsangaben in Kiezdeutsch sind damit genauso typisch deutsch wie zum Beispiel die Verwendung von *brauchen* ohne *zu*, die wir allgemein in der Umgangssprache finden. Ein solcher Infinitiv ohne *zu* wird zum Beispiel ganz parallel auch im Schwedischen gebraucht. Dennoch sind wir hier nicht von einem Einfluss der schwedischen Grammatik auf die deutsche Umgangssprache ausgegangen, sondern haben erst einmal im System des Deutschen selbst nachgesehen (und dort die Eingliederung ins Modalverbsystem erkannt). Das gleiche Verfahren ist auch für bloße Ortsangaben in Kiezdeutsch näherliegend.

Kiezdeutsch hat zwar viele mehrsprachige Sprecher/innen, und deshalb denkt man natürlich auch an den Einfluss anderer Sprachen – im Bereich des Wortschatzes haben wir ja auch einige neue Fremdwörter aus dem Türkischen und Arabischen gefunden –, aber grammatisch gesehen erweist sich Kiezdeutsch doch als integrierter Teil des Deutschen: ein neuer Sprachgebrauch, der ebenso wie die traditionellen Dialekte Entwicklungen im Deutschen aufnimmt und grammatische Möglichkeiten des Deutschen nutzt. Im folgenden Abschnitt wollen wir uns die Verkürzungen, die man in Kiezdeutsch oft findet, unter diesem Aspekt einmal genauer ansehen.

3.4 «Ich frag mein Schwester.» – Neue Verkürzungen

Einige der grammatischen Neuerungen in Kiezdeutsch wirken auf den ersten Blick wie bloße Vereinfachungen, zum Beispiel in den folgenden Sätzen (das erste Beispiel nimmt ein Gespräch aus Kapitel 1 wieder auf):

Unterhaltung beim Tanztraining:
Elif: Wer is Lara?
Juri: Die mit den Knutschfleck immer hier. Du kennst!
Elif: Mann, die hat tausend! Jeden Tag nen neuen Freund, Mann.
Aymur: Ja. Und die hat immer hier Knutschfleck.
Gespräch über das Abschneiden der deutschen Fußballmannschaft:
Tarkan: Guck ma: Gegen Schweiz ham wir, lagen wir 1:0 zurück – wir ham 2:1 gemacht. Bei den, ähm, Tschechien haben wir 3:2 gemacht.
Said: Dann war's Fehler von Tschechien.
Tarkan: Ja. Torwart hat doch Fehler gemacht. Wir: Flanke, es war noch nass, seine Hände, es rutscht aus – Tor. Aber dis dritte Tor war Foul. Von Ballack.
Said: Er hat ihn geschubst.
Tom: Ja, Opfer, Alter. Und der Schiedsrichter sieht nix, Mann.

Austausch von Telefonnummern beim Kennenlernen:
«Hast du Handy?»
Pläne für ein Picknick:
«Ich frag mein Schwester.»
Gespräch über den Besuch bei einer Freundin:
«Und dann kam die Mutter rein, kann da im Zimmer nicht mal rauchen. Kannst dir vorstellen, ja?»
Gespräch in Leipzig, nach einem Breakdance-Wettbewerb:[8]
A: «Hey, Ian, ich will heim nach München.»
B: «München weit weg, Alter.»
A: «Weiß, Alter.»

Im ersten Beispiel hätten wir im Standarddeutschen eine andere Endung beim Artikel im zweiten Satz («*dem* Knutschfleck»), bei *kennst* käme ein Pronomen hinzu («du kennst *sie*»), und im letzten Satz stünde *Knutschfleck* mit Artikel («*einen* Knutschfleck»). Auch im zweiten und dritten Beispiel stünden an mehreren Stellen noch Artikel (zum Beispiel «*ein* Fehler von Tschechien», «*der* Torwart», «*ein* Foul»; «*ein* Handy»). Im vierten Beispiel hätte das Possessivpronomen *mein* im Standarddeutschen eine Flexionsendung («mein*e* Schwester»). Im fünften Beispiel kämen an zwei Stellen Personalpronomen hinzu («*Man* kann da im Zimmer …»; «Kannst *du* dir vorstellen»). Und im letzten Beispiel hätte man eine Verbform «ist» («München *ist* weit weg») und ein weiteres Personalpronomen («*ich* weiß»).

Bei Betrachtung dieser Beispiele könnte man zu dem Schluss kommen, dass in Kiezdeutsch die standarddeutsche Grammatik schlicht verkürzt und vereinfacht wird. Eine nähere Betrachtung zeigt jedoch, dass auch diese Verkürzungen etwas typisch Deutsches sind.

Grundsätzlich können wir in der Entwicklung des Deutschen die Tendenz beobachten, dass Flexionsendungen und

Funktionswörter, die nur wenig Inhalt haben, wie zum Beispiel der indefinite Artikel *ein*, Personalpronomen wie *ich*, *du*, *er* etc. und das Verb *sein*, verkürzt werden oder entfallen. So heißt es im heutigen Deutsch nicht mehr «Gib dem Manne ein Bier!», sondern «Gib dem Mann ein Bier!», ohne nominale Kasusendung.[9] Im gesprochenen Deutsch werden außerdem zum Beispiel Personalendungen von Verben in der 1. Person Singular häufig weggelassen, etwa «ich sag» statt «ich sage». Eine Verkürzung von «meine Schwester» zu «mein Schwester» ist vom Prinzip her nichts anderes, sie bezieht sich nur auf andere Flexionsformen.

Auslassungen wie die des Artikels zum Beispiel in «Dann war's Fehler von Tschechien» und «Hast du Handy?» in den Ausschnitten vorne, des Verbs bei «München weit weg» und des Personalpronomens in «Kannst dir vorstellen» greifen auf ganz ähnliche Kürzungen im Deutschen zu und gehen nur einen Schritt weiter.[10] So wird der unbestimmte Artikel *ein* im gesprochenen Deutsch oft stark reduziert und an das vorhergehende Wort gehängt, eine sogenannte Klitisierung («Anlehnung» an das vorige Wort): «Hast du'n Handy?» Eine ganz ähnliche Klitisierung macht die Verbform *ist* durch. Sie wird oft zu «s» verkürzt («Wo's der Schraubenzieher denn schon wieder?») und verschwindet dann mitunter fast ganz, wenn das vorhergehende Wort schon auf «s» endet («Das's ja merkwürdig.»).

Bei Personalpronomen findet eine Klitisierung im gesprochenen Deutsch immer dann statt, wenn ein schwach betontes Pronomen direkt auf das Verb folgt, wie in «kannst du». Das Pronomen steht dann in der sogenannten Wackernagel-Position, benannt nach dem Schweizer Sprachwissenschaftler Jacob Wackernagel (1853–1938). Das heißt, wenn man in der gesprochenen Sprache tatsächlich sagt «Kannst du dir das vorstellen?» mit «kannst» und «du» als getrennt ausgesprochenen, einzelnen Wörtern, dann ist das eigentlich ein Zeichen dafür, dass man nicht fließend Deutsch kann, es zum Beispiel gerade erst als Fremdsprache lernt. Als Muttersprachler/in würde man normalerweise immer sagen «kannstu» oder auch «kannste», mit noch stärkerer Verkürzung des «du». Zu «kannst» ohne «du», wie vorne in dem Kiezdeutsch-Beispiel, ist es dann nur noch ein weiterer Schritt der Verkürzung.

In der Sprachgeschichte ist dies eine typische Entwicklung, die oft zyklisch verläuft: Aus vollen Wörtern werden, wenn sie regelmäßig an vorhergehende Wörter angehängt, «klitisiert» werden, irgendwann Endungen dieser Wörter. So sind die Flexionsendungen von Verben (im heutigen Deutschen: «ich geh-*e*», «du geh-*st*», «er geh-*t*») im Indogermanischen vermutlich aus alten Pronomen entstanden, die klitisiert wurden.[11] Anstelle der ursprünglichen Pronomen haben sich dann neue entwickelt. Hier schließt sich der Kreis: Heute werden im Deutschen diese «Pronomen der nächsten Generation» dann wieder klitisiert, während sich die Verb-Endungen zurück entwickeln.

Man könnte sich entsprechend vorstellen, dass wir auf einer nächsten Entwicklungsstufe des Deutschen wieder keine Pronomen haben, sondern volle Endungen, die sich aus den Pronomen gebildet haben. Wir hätten dann Flexionsmuster wie in (b) statt der Formen in (a):

(a) Verbflexion mit Pronomen und lautlich verkürzten Endungen:

	Singular	Plural
1. Person	ich sag	wir sagn
2. Person	du sagst	ihr sagt
3. Person	er/sie/es sagt	sie sagn

(b) Verbflexion ohne Pronomen und mit stärkeren Endungen:

	Singular	Plural
1. Person	sagich	sagnwa
2. Person	sagste	sagt(i)r
3. Person	sagter/sagtse/sagtes	sagnse

Die Entwicklung hin zu (b) ist – zumindest zur Zeit – natürlich noch nicht vollzogen (nach Vollzug könnten sich dann wieder neue Pronomen entwickeln usw. usf.). Die allgemeine Tendenz zur Verkürzung von Funktionswörtern und zur Reduktion von Flexionsendungen zeigt sich aber deutlich im heutigen Deutsch. Diese Tendenz spiegelt sich ganz natürlich auch in Kiezdeutsch wider: Verkürzungen wie in den Beispielsätzen weiter vorne bringen kein fremdes Element der grammatischen Reduktion von außen hinein, sondern führen eine bereits vorhandene sprachliche Entwicklung des Deutschen weiter. Es ist charakteristisch für Dialekte, die Vorhut bei dieser «Entfaltung der Sprache» zu bilden, da sie oft dynamischer und innovativer sind als die Standardsprache, die einer stärkeren schriftsprachlichen Normierung unterworfen ist.

3.5 «Lassma», «musstu», «ischwör» und «gibs» – Neue Aufforderungswörter und Partikeln

«Lassma» und «musstu»

Eine Entwicklung in Kiezdeutsch, die ich besonders interessant finde, weil sie gleich auf ein neues Teilsystem hinweist, ist die Entstehung von zwei neuen Aufforderungswörtern: *lass-*

ma und *musstu*. Diese Ausdrücke sind ursprünglich auch aus Verkürzungen und Klitisierungen entstanden («lass (uns) mal» bzw. «musst du»). Sie bilden nun ein Wortpaar, das so gut in das System des Deutschen passt, dass es auch außerhalb von Kiezdeutsch schon recht häufig auftritt. Hier einige Beispiele aus unserem Korpus:

Nach der Schule:
 «Yallah, lassma gehen!»
Erzählung über ein Kennenlernen:
 «Sie sagt: ‹Lassma treffen›.»
Verabredung:
 «Wir wollten doch Bowling gehen.»
 – «Keine Ahnung. Lassma nächste Woche gehen.»
Gespräch auf dem Flohmarkt beim Ausprobieren einer Leuchte:
 «Ach so, musstu Lampe reinmachen.»
Vorschlag zur Fahrschule:
 «Musstu Doppelstunde fahren!»
Überlegungen zu einem Treffen mit einer Freundin:
 «Musstu mal Pärschen-Date mit Sascha machen.»

Was wir hier beobachten, ist die Entstehung von zwei neuen Wörtern, die signalisieren, dass der Satz, in dem sie auftreten, als Vorschlag oder Aufforderung zu verstehen ist. Interessanterweise ist hier nicht nur ein einzelner neuer Ausdruck entstanden, sondern es bildet sich bereits ein neues grammatisches Subsystem, in dem die beiden Aufforderungswörter unterschiedliche, sich ergänzende Funktionen erfüllen: *lassma* leitet Aufforderungen ein, die den Sprecher selbst einbeziehen («sprecherinklusiv»; wir-Vorschläge), *musstu* leitet dagegen Aufforderungen ein, die nur dem Hörer bzw. den Hörern gelten («sprecherexklusiv»; du/ihr-Vorschläge).

«*Lassma Moritzplatz aussteigen!*» ist ein Vorschlag, gemeinsam (Sprecher + Hörer) am Moritzplatz aus dem Bus zu steigen; «*Musstu Doppelstunde fahren!*» ist dagegen ein Vorschlag nur an den Hörer, in der Fahrschule eine Doppelstunde zu belegen.

Die beiden Aufforderungswörter haben dabei die Form von sogenannten Partikeln – festen Ausdrücken, die im Satz nicht durch Flexion verändert werden. Die Entwicklung von Partikeln ist ein Phänomen, für das es auch andere Beispiele im Deutschen gibt. Partikeln entstehen typischerweise aus Wörtern, die ursprünglich veränderlich waren.[12]

So ist zum Beispiel im Standarddeutschen *bitte* eine Partikel, die auf ganz ähnliche Weise aus der ursprünglich komplexen, flektierten (konjugierten) Verbform «ich bitte» entstand. Als Partikel hat sie die Informationen und Spezifizierungen verloren, die in der flektierten Form enthalten waren, also zum Beispiel das Merkmal «1. Person Singular» aus «ich bitte». Die Partikel *bitte* kann deshalb zum Beispiel auch gebraucht werden, wenn gar kein Singular passen würde, also wenn mehrere Sprecher/innen etwas bitten, zum Beispiel wenn Eltern zu ihrem Kind so etwas sagen wie:

«Räum bitte dein Zimmer auf!»

Wenn *bitte* noch eine Verbform wäre, müsste hier stattdessen *bitten* stehen, von «wir bitten». Als Partikel bleibt *bitte* aber einfach unverändert. Genauso sind *musstu* und *lassma* nicht mehr an ihre ursprünglichen Flexionsmerkmale gebunden. So ist die Form *musstu* zwar aus einer Singularform entstanden, «musst du», die sich nur an einen einzelnen Hörer richtet (bei mehreren würde es heißen «müsst ihr»). In Kiezdeutsch ist die Entwicklung von *musstu* zu einer festen Partikel aber schon so weit fortgeschritten, dass *musstu* auch gegenüber mehreren Hörern gebraucht werden kann, also in Kontexten, in denen ursprünglich «müsst ihr» verwendet würde.

Wie kommt es zu dieser Form *musstu*? Eigentlich würde man ja eher eine Wortstellung erwarten wie «du musst», nicht «musst du». Die Abfolge «musst du» mit dem Verb vor dem Pronomen geht auf einen besonderen Typ von Aussagesätzen im informellen, gesprochenen Deutschen zurück, bei dem das Verb an erster Stelle steht, sogenannte Verb-erst-Sätze, wie wir sie sonst eher aus Fragen u. ä. kennen. Solche Sätze treten in verschiedenen Dialekten des Deutschen auf. Hier ein bairisches und ein norddeutsches Beispiel:

«MiassnS fei net traurig sei.»[13]
«Musstu halt noch mal hingehen.»[14]

Solche Verb-erst-Sätze werden typischerweise in Sprechakten zur Beschwichtigung oder Beruhigung eingesetzt.[15] Vielleicht kennen Sie die Konstruktion ganz ähnlich auch aus den notorischen «Häschenwitzen» der 1970er (Häschen beim Bäcker: *«Haddu Bienenstich?»* – Bäcker: *«Ja.»* – Häschen: *«Muddu Salbe drauf tun.»*). Wie die beiden Beispiele ebenso wie die Häschenwitze illustrieren, sind die Verben in diesen Sätzen oft Modalverben wie *müssen*. Das Subjekt folgt auf dieses Verb und ist typischerweise ein Anredepronomen (*du*, *Sie*). Als Pronomen nach dem Verb wird es in der gesprochenen Sprache verkürzt und an das Verb angehängt – das ist die sogenannte Klitisierung von Pronomen in der «Wackernagel»-Position, die wir im vorigen Abschnitt schon diskutiert haben.

Diese Verschmelzung des Pronomens mit dem Verb führt zu einer Form wie *musstu*, die in Kiezdeutsch produktiv genutzt wird: Sie wird uminterpretiert zu einer festen Partikel, und diese Partikel kann dann nicht nur für Sprechakte der Beschwichtigung oder Beruhigung genutzt werden, sondern in allen Aufforderungen.

Die Form *lassma* ist dagegen aus Aufforderungen entstanden, in denen auch im Standarddeutschen die Verb-erst-Stellung der Normalfall ist (und nicht eine besondere Variante wie in den beiden Aussagen vorne). *Lassma* geht auf «Lass uns mal» zurück, also auf eine Wortgruppe, die ursprünglich das Pronomen *uns* enthalten hat. Dieses *uns* ist der Grund dafür, dass *lassma* in Kiezdeutsch nun «wir»-Vorschläge einleitet, die den Sprecher/die Sprecherin mit einbeziehen.

Das unterscheidet diese Aufforderungspartikel von der Kurzform *lassma* in Wendungen wie «Lassma stecken», wie sie aus dem Norddeutschen bekannt sind. Dort verschmelzen lediglich *lass* und *mal*, ohne Pronomen *uns*. Entsprechend kann diese Form auch nur für du/ihr-Vorschläge gebraucht werden, die sich an den Hörer/die Hörerin richten, und nicht für wir-Vorschläge wie in Kiezdeutsch. Das norddeutsche *lassma* aus «Lassma stecken» ist in dieser Hinsicht also nichts anderes als *musstu*, das ja ebenfalls du/ihr-Vorschläge einleitet. Die kiezdeutsche Aufforderungspartikel *lassma* ergänzt dagegen *musstu* durch wir-Vorschläge. Dieses neue *lassma* konnte aus einer Verschmelzung mit Pronomen entstehen, weil in Kiezdeutsch, wie im vorigen Abschnitt gezeigt, ein Wegfall von Pronomen wie *uns* nicht ungewöhnlich ist.

Ein weiterer Unterschied ist, dass in Wendungen wie «Lassma stecken» die Bedeutung von *lassen* noch ganz die alte ist und nicht funktionalisiert wird und in die Aufforderung übergeht: Es geht um «stecken lassen», nicht nur um «stecken», während es beim kiezdeutschen «Lassma aussteigen» um «aussteigen» geht, nicht um «aussteigen lassen». Wir haben hier also im Norddeutschen lediglich eine Zusammenziehung von zwei Wörtern, während in Kiezdeutsch etwas viel Interessanteres, Komplexeres passiert, nämlich die Entstehung einer funktionalen, pragmatisch spezialisierten Partikel – und ich sage das als norddeutsche «Lassma stecken»-Sprecherin!

Das klitisierte Element *ma*, das wir sowohl im norddeutschen «Lass**ma** stecken» als auch im kiezdeutschen «Lass**ma** aussteigen» finden, ist ganz typisch deutsch: *ma* ist eine Kurzform von *(ein)mal*, die im Deutschen unter anderem als Modalpartikel gebraucht wird, um eine Aufforderung oder einen Befehl abzuschwächen und damit höflicher zu machen. Es klingt freundlicher, wenn man sagt «Lies das mal!», als einfach nur «Lies das!». Der Ausdruck *einmal* oder *ein Mal* gibt in seiner ursprünglichen Bedeutung die Anzahl von Ereignissen an: «Wie oft? – Ein Mal, zwei Mal, ...» In dieser Verwendung bleibt er immer als vollständiges Wort erhalten. Verkürzt wird er nur als Modalpartikel: Man würde auf die Frage «Wie oft?» nie antworten: Mal.»

Durch die beiden ganz unterschiedlichen Arten der Verkürzung und Verschmelzung bei *lassma* und *musstu* entstehen in Kiezdeutsch zwei Partikeln, die sich nicht nur in ihrer Bedeutung und ihrem Gebrauch ergänzen (als Aufforderungswörter für wir- bzw. du/ihr-Vorschläge), sondern die auch lautlich und grammatisch gut zueinander passen.[16] Beide haben dieselbe metrische Struktur, sie bilden Zweisilber mit einer betonten vor einer unbetonten Silbe (sog. Trochäus: lássma, músstu), und beide werden mit nachfolgenden Infinitiven kombiniert (zum Beispiel *«Moritzplatz aussteigen»*, *«Doppelstunde fahren»*).

Diese Infinitivkombination bekommen wir, weil sowohl *musstu* als auch *lassma* ja auf Verben zurückgehen, die mit Infinitiven stehen, nämlich *müssen* und *lassen*. Durch die Entwicklung von *musstu* und *lassma* zu Partikeln erhalten wir in Kiezdeutsch Sätze, in denen diese Partikeln weiterhin von Infinitiven gefolgt werden. Dass genau solche Wendungen zu Aufforderungspartikeln wurden, ist kein Zufall. Dieses Schema passt wunderbar in das System des Deutschen, wo Aufforderungen oft durch Infinitivkonstruktionen ausgedrückt werden:

«Bei Rot hier anhalten.»
«Den Rasen nicht betreten.»
«Bitte die Wildschweine nicht füttern.»

Kiezdeutsch-Sätze wie «Lassma aussteigen» oder «Musstu aussteigen» sind damit in ihrem Aufbau ganz parallel zu einem standarddeutschen Satz wie «Bitte aussteigen», in dem ebenfalls eine Partikel mit einer Infinitivkonstruktion kombiniert wird. Wir haben es hier somit wiederum mit einer Entwicklung in Kiezdeutsch zu tun, die sich in das grammatische System des Deutschen einpasst.

Lassma und *musstu* passen als neues Partikelpaar so gut in das System, dass sie auch außerhalb von Kiezdeutsch mittlerweile verbreitet sind. Meine Studierenden kennen beide Ausdrücke gut und verwenden sie häufig. Hier drei Beispiele aus anderen Kontexten: die ersten beiden sind aus dem Internet, das dritte stammt aus unseren Gesprächsdaten von Jugendlichen in Berlin-Hellersdorf, die eher den traditionellen Berliner Dialekt sprechen.

Diskussion zu Software-Problemen in einem
Internetforum:[17]
    A: «MacSOUP braucht ewig zum starten.»
    B: «**Musstu** genauer schauen, d. h. per lsof(8) mal
    gucken, ob der sich immer an gewissen Dateien festbeißt.»
Twitter-Nachrichten:
    A: «pflanzte grad einen logischen Baum»
    B: «**musstu** aufpassen, dass die wurzel oben ist»
Planung eines Kinobesuchs:
    «Wenn du Lust hast, **lassma** gehn heut abend.»

Wir haben es hier mit einer Erfolgsstory aus Kiezdeutsch zu tun, eine Neubildung, die grammatisch und pragmatisch so gut passt, dass sie auch in anderen umgangssprachlichen Kontexten genutzt wird.

«Ischwör»

Neben *lassma* und *musstu* entstehen in Kiezdeutsch eine ganze Reihe weiterer neuer Partikeln. Zwei interessante Beispiele sind *ischwör* und *gibs*. Lassen Sie uns zuerst *ischwör* betrachten, einen Ausdruck, der in der öffentlichen Diskussion zu Kiezdeutsch so prominent ist, dass ich auch schon den Ausdruck «Ischwör-Sprache» für diese Jugendsprache gehört habe. Diese Bezeichnung war in dem betreffenden Diskussionsbeitrag deutlich abwertend und ausgrenzend gemeint. Im Folgenden werden wir dagegen sehen, dass *ischwör* ein sprachliches Phänomen ist, das auf eine interessante und typisch deutsche Entwicklung zurückgeht.

Ischwör oder auch *ischwöre*, entstanden aus «ich schwör(e)», wird benutzt, um Aussagen besonders zu betonen, genauer: um ihren Wahrheitsgehalt hervorzuheben. Hier ein paar Beispiele:

(aus Kapitel 1, Auszug aus der Unterhaltung beim Tanztraining):
«Ihre Schwester is voll ekelhaft, Alter. Ischwöre.»
Abschluss einer Erzählung; der Sprecher berichtet, wie er einen Rap-Star auf der Straße getroffen hat:
«Ischwör, Alter, war so.»
Diskussion über Reisezeiten:
Samir: Mit Auto? Bis Libanon vier Stunden.
Khaled: Mit Auto hat bei uns ein Tag gedauert. Ischwöre.

Durch die Aussprache des *ch*-Lautes als *sch* (die sogenannte Koronalisierung aus Abschnitt 2.2) erhalten wir in Kiezdeutsch eine Wortfolge «isch schwör» mit zwei aufeinander folgenden *sch*-Lauten, die zu einem verschmelzen und so die Entstehung von *ischwör* als feste Partikel unterstützen. Als Diskursmarker steht *ischwör* typischerweise am Anfang oder Ende einer Aussage und kann so auch Äußerungsgrenzen markieren.[18]

Ischwör ist ein recht bekannter Kiezdeutsch-Ausdruck; in der öffentlichen Diskussion wird er daher häufig zitiert, um zu zeigen, wie andersartig und exotisch vereinfacht Kiezdeutsch ist. Dabei wird übersehen, dass die Entstehung einer solchen Partikel im Deutschen ganz normal ist, und es ist daher auch nicht überraschend, dass wir einen vergleichbaren Fall auch außerhalb von Kiezdeutsch finden, nämlich die Entwicklung von «glaub ich» zu *glaubich* als neuer Modalpartikel im Gegenwartsdeutschen. Ursprünglich ist «glaube ich» ein eingeschobener Satz, etwa in folgendem Beispiel:

«Da hinten, glaube ich, kommt der Bus.»

Im gesprochenen Deutsch wird die Flexionsendung von *glaube* oft gekürzt (→ *glaub*), und das Pronomen wird – wieder einmal geht es um die Wackernagel-Position – klitisiert, an das Verb gehängt. Hierdurch entsteht eine Verbindung *glaubich*, die sich mittlerweile zu einer eigenen Form entwickelt hat und nicht mehr nur als eingeschobener Satz, sondern auch als feste Partikel verwendet wird. Entsprechend steht diese Form dann auch typischerweise nach dem Verb (und nicht mehr auch davor, wie in dem vorigen Beispielsatz), also an derselben Stelle wie andere Modalpartikeln auch:

«Da hinten kommt glaubich/vielleicht/doch/... der Bus.»

Glaubich bezieht sich in dieser Verwendung auf den Wahrheitsgehalt der Aussage, genau wie *ischwör*: Während *ischwör* die Wahrheit der Aussage unterstreicht, schwächt *glaubich* sie ab. Wir haben damit zwei ganz ähnliche Beispiele für dasselbe Phänomen im Deutschen, eines aus Kiezdeutsch, das andere generell aus dem gesprochenen informellen Deutschen.[19]

«Gibs»

Ein letztes Beispiel für eine neue Partikel in Kiezdeutsch, das ich hier noch besprechen will, ist die Form *gibs*.[20] Diese Partikel ist entstanden aus der Wendung «es gibt», die die Existenz von etwas anzeigt (im Gegensatz zur Verwendung desselben Verbs *geben* im Sinne von «überreichen»).

Im Deutschen steht diese Wendung sehr häufig in Sätzen, in denen am Satzanfang ein Adverbial wie *da*, *dort* oder *hier* steht, so dass wir die Reihenfolge «(da/dort/hier) gibt es» bekommen.[21] Dies liefert die Basis für eine – Sie dachten es sich schon ... – Klitisierung des Pronomens in der Wackernagelposition zu *gibt's*, und daraus entsteht dann durch lautliche Verschleifung die Form *gibs*. *Gibs* kommt in der gesprochenen Umgangssprache häufig vor, ganz unabhängig von Kiezdeutsch.[22]

In Kiezdeutsch entwickelt sich *gibs* – z.T. auch noch mit *t* als *gibts* ausgesprochen – aber noch weiter, nämlich zu einer Partikel, die nicht mehr aus den zwei Elementen *gibt* und *es* besteht, sondern ein festes Wort bildet. Das führt dazu, dass *gibs* dann mit einem zusätzlichen Pronomen *es* benutzt werden kann. Hier zwei Beispiele aus längeren Gesprächspassagen (aus Interviews mit Kreuzberger Jugendlichen):

Gespräch über verschiedene Berliner Bezirke:
«Das Problem daran ist ja, dass **es** Rivalitäten **gibs**. Jeder Bezirk will der Stärkste sein. Zum Beispiel, wenn Sie jetzt nach Forty-four gehen, nach Neukölln sozusagen, ja,

> unsre Gegend: ‹Die Forty-fours sind die Stärksten.›
> Fragen Sie in Kreuzberg, die werden sagen: ‹Unser Bezirk
> is der Stärkste›. Sie gehn in, weiß nisch, äh, nach
> Wedding – Wedding wird sagn: ‹Wir sind die Stärksten.›
> Ist immer so ne Macht, Machtkampf zwischen den
> Bezirken.»

Gespräch über Einstellungen Außenstehender gegenüber Kreuzberg:

> «Ich denk einfach, dass es, dass viele Menschen es sich zu
> einfach machen, indem sie sagen: ‹Ja, is halt Ghetto und,
> halt, Jugendliche sind ja alle kriminell, kein Abschluss.›
> und so, aber **es gibts** ja auch Gründe, warum Menschen
> so sind, wie sie sind, und das, find ich, sollten die
> Menschen mehr sehn, also sich wirklich drauf einlassen,
> konfrontieren auch mit den Sachen so, und nich immer
> gleich sagen ‹He he he, ich hab damit sowieso nichts zu
> tun.› und das, weißte?»

Wenn man sich die Passagen genauer ansieht, erkennt man, dass *gibs* als Existenzanzeiger immer an der Stelle steht, an der der zentrale Gesprächsgegenstand eingeführt wird: Die Rivalitäten zwischen den Bezirken im ersten Beispiel, und im zweiten Beispiel das zentrale Argument dafür, dass man Jugendliche aus Kreuzberg nicht einfach gesellschaftlich abschreiben sollte (= der Hinweis, dass ihr Verhalten auch Gründe hat).

Die Quasi-Doppelung durch Kombination mit *es* ist ein Hinweis auf die vollzogene Verschmelzung bei *gib(t)s*. Diese Quasi-Doppelung kann man übrigens auch außerhalb von Kiezdeutsch finden. Umseitig ein Schild, das eine Doktorandin von mir, Eva Wittenberg, im bayerischen Rehau fotografiert hat.

Als Existenzanzeiger in Kiezdeutsch kommt *gibs* auch ohne zusätzliches *es* vor. Im letzten der folgenden Beispiele werden

Gibts als Partikel im Deutschen [Foto: E. Wittenberg]

beide Möglichkeiten deutlich: Einmal steht *gibs* mit *es*, einmal ohne.

Diskussion über den besten Weg:
   «Aber **gibs** auch 'ne Abkürzung.»
Gespräch über Jugendliche in Kreuzberg:
   «**Gibs** auch Jugendliche, die einfach aus Langeweile viel Mist machen.»
Im Supermarkt am Kühlregal bei den Pudding- und Grützesoßen:
   «Guck ma, was hier alles noch **gibs**.»
Unterhaltung über Grillkohle:
   «Ich war gestern Bauhaus und habe geguckt, welche Sorten **gibs**.»

Gespräch über Schuhe:
Ina: Isch hab andere. Bei mir is vorne gestreift.
Tuğba: Bei Orsay, da gabs schwarz-weiß.
Fatima: Ja.
Ina: Es **gibs** aber so ne. Isch zieh morgen wieder so an. [...] Und isch hab mir noch andere geholt, weißt du noch, meine? Die, wo du meintest, so schwarz, wo vorne eine goldene Kette is? Weißte doch, die, die in verschiedene Farben **gibs?**
Fatima: Ja.
Ina: Isch habe die als Sandalette geholt.

Interessant ist hier, dass sich dann die grammatischen Verhältnisse ändern: Bei «gibt es» war ja «es» das grammatische Subjekt, und ein Akkusativobjekt bezeichnete das, was es gibt, also zum Beispiel «Brötchen» in «Hier gibt es Brötchen», oder, etwas deutlicher wegen der Flexionsendung, ein maskulines Akkusativobjekt wie «einen Wirbelsturm» in «Hier gibt es einen Wirbelsturm». Wenn das *es* nun entfällt, weil es in der Partikel *gibs* verschluckt wurde, fehlt ein Subjekt für den Satz – etwas, das im Deutschen ja eher vermieden wird.

In Kiezdeutsch scheint das jetzt zum Teil so gelöst zu werden, dass das ursprüngliche Objekt («Brötchen», «Wirbelsturm») zum Subjekt wird. Eine solche Uminterpretation funktioniert im Deutschen gut, weil Akkusativ und Nominativ oft gleich aussehen: Bei den meisten Substantiven sind Nominativ- und Akkusativform gar nicht mehr unterschieden, bei Artikeln, Pronomen und Adjektiven nur noch in der maskulinen Singularform. So könnte im letzten Beispiel «die» in «wo die gibs» genauso gut auch ein Nominativ sein, wie zum Beispiel dasselbe «die» in «Ich weiß, wo die sind». Nur in der maskulinen Form könnte man den Unterschied noch sehen, zum Beispiel «wo den gibs» (→ Akkusativ) im Gegensatz zu «wo der gibs» (→ Nominativ).

Möglicherweise entwickelt sich *gibs* als Existenzanzeiger hier zu einem Element, das die Stelle des Verbs einnimmt. Das wäre dann ähnlich wie der türkische Existenzanzeiger *var* (verneint: *yok*), der auch kein flektiertes Verb ist, aber in türkischen Existenzsätzen an der Stelle des Verbs stehen kann. Die Türkischkenntnisse vieler Kiezdeutschsprecher/innen könnten eine solche Entwicklung für *gibs*, die zunächst durch die deutsche Wackernagel-Klitisierung ausgelöst wird, dann zusätzlich unterstützen. Das ist aber zur Zeit noch unklar, weil mehrere Verwendungsweisen miteinander zu konkurrieren scheinen, die Entwicklung ist auf jeden Fall noch nicht abgeschlossen. Es bleibt also spannend bei *gibs*!

3.6 «Machst du rote Ampel!» – Neue Funktionsverbgefüge

Kiezdeutsch hat nicht nur im Bereich der Partikeln einiges zu bieten, sondern auch bei der Entwicklung neuer komplexer Konstruktionen. Ein etwas unerwartetes Beispiel hierfür sind Sätze wie die folgenden, die zunächst eigentlich gerade nicht besonders komplex, sondern eher reduziert aussehen:

Jugendlicher zu seinem Freund, der gerade bei Rot über die Straße läuft:
  «Machst du rote Ampel!»
Kommentar zum Umzug von Freunden in eine neue Wohnung:
  «Die müssen doch erst Kündigung machen!»
Verärgerung über die Jahrgangsgruppe in der Schule:
  «Das is unser Jahrgang. *Jeder* macht Streit.»

Gespräch zwischen zwei Jugendlichen über Transportmöglichkeiten:
 «Hast du U-Bahn?» – «Nee, ich hab Fahrrad.»
Unterhaltung in der S-Bahn (die Sprecherin betont, dass die Unterhaltung das Thema gewechselt hat):
 «Wir sind jetzt *neues* Thema.»

Auf den ersten Blick fehlt hier lediglich der Artikel beim Nomen, das Ganze wirkt wie eine zufällige Verkürzung. Bei näherer Betrachtung stellt sich aber heraus, dass es sich hier um eine viel interessantere Konstruktion handelt: Neben der Veränderung in der Nominalgruppe – der Artikel fehlt – sind auch die Verben verändert, sie tragen kaum eigene Bedeutung bei und sind eng mit dem Nomen verbunden. So geht es zum Beispiel bei *machen* im ersten Beispiel nicht um so etwas wie «herstellen», sondern «rote Ampel machen» bezeichnet hier einfach einen Vorgang, der etwas mit einer roten Ampel zu tun hat. In der Sprachwissenschaft bezeichnet man dies als eine «semantische Bleichung» des Verbs.

Dasselbe Muster finden wir auch bei Wendungen wie «Ich mach dich Messer!» oder «Was guckst du – bin ich Kino?» Diese Wendungen sind in der öffentlichen Diskussion besonders gut bekannt und werden oft karikaturhaft zitiert, wenn es um Kiezdeutsch geht – vermutlich nicht zuletzt deshalb, weil sie als ritualisierte Drohungen bestimmte Klischees über die Sprecher/innen dieser Jugendsprache bedienen. Kiezdeutsch ist aber, wie wir inzwischen an vielen Beispielen gesehen haben, keine formelhafte, grammatisch reduzierte Sprache, die sich in Drohgebärden erschöpft, sondern eine Varietät mit systematischen sprachlichen Entwicklungen, die in das Deutsche passen.

Das trifft auch auf die vorne genannten Beispiele zu: Solche Verbindungen aus semantisch gebleichten Verben und grammatisch vereinfachten, oft artikellosen Nomen besitzt auch das Standarddeutsche. Es handelt sich um die sogenannten Funktionsverbgefüge, ein Konstruktionstyp, der schon im Alt- und Mittelhochdeutschen auftrat.[23] Funktionsverbgefüge sind Verbindungen wie «Angst machen», «Anklage erheben» oder auch «Pfötchen geben», die ganz ähnlich aufgebaut sind wie die Kiezdeutsch-Beispiele vorne. Zentrale Beispiele für Funktionsverbgefüge sind außerdem Wendungen, in denen noch eine Präposition zum Nomen tritt, teilweise mit (verschmolzenem) Artikel, wie «in Gefahr bringen», «in Angst versetzen» oder «zur Aufführung bringen».

Der Vorteil von Funktionsverbgefügen: Sprachliche Arbeitsteilung

In Funktionsverbgefügen finden wir eine ökonomische sprachliche Arbeitsteilung zwischen Verb und nominaler Ergänzung. Das Nomen ist für die Bedeutung zuständig: Es liefert den Hauptinhalt, ist aber grammatisch reduziert und tritt oft ohne Artikel oder mit festem Artikel auf. Das Verb leistet die wesentliche grammatische Arbeit und integriert das Nomen in den Satz, trägt aber dafür zur Bedeutung nur wenig bei. Es legt lediglich die Aktionsart fest, das heißt es zeigt zum Beispiel an, ob es um einen Zustand oder eine Handlung geht.

Man kann sich das verdeutlichen, indem man Sätze vergleicht, in denen ein Verb einmal als normales Vollverb und einmal in einem Funktionsverbgefüge auftritt:

(a1) «Er bringt das Stück zur Druckerei.» *Vollverb*
(b1) «Er bringt das Stück zur Aufführung.» *Funktionsverb*
(a2) «Sie macht ihm Tee.» *Vollverb*
(b2) «Sie macht ihm Angst.» *Funktionsverb*

In den (a)-Sätzen trägt das Verb eine eigene Bedeutung, «bringen» wird hier im Sinne von «befördern» gebraucht, «machen» im Sinne von «herstellen». In den (b)-Sätzen ist das Verb dagegen semantisch gebleicht, die Bedeutung liegt im Wesentlichen beim Nomen («Aufführung», «Angst»), und man könnte den Inhalt von Verb + Nominalgruppe auch durch ein einzelnes Verb ausdrücken, das mit dem Nomen verwandt ist:

(c1) «Er führt das Stück auf.»
(c2) «Sie ängstigt ihn.»

Ebenso könnte man in den Kiezdeutsch-Beispielen statt «Kündigung machen» auch «kündigen» sagen oder statt «Streit machen» einfach «streiten».

Weil sie komplexer als solche einfachen Verben sind, wird die Verwendung von Funktionsverbgefügen im Standarddeutschen mitunter als gestelzter und bürokratischer «Nominalstil» kritisiert. Diesen Vorwurf hat man denselben Konstruktionen in Kiezdeutsch allerdings noch nicht gemacht ... Sprachwissenschaftlich betrachtet bieten Funktionsverbgefüge aber mehrere Vorteile. Die Arbeitsteilung, die sie ermöglichen, ist nicht nur ökonomisch, weil die grammatischen Aufgaben im Wesentlichen vom Verb erledigt werden und das Nomen auf die Bedeutung spezialisiert ist. Sie hat auch einen pragmatischen Vorteil: Durch Funktionsverbgefüge kann man den wichtigen Inhalt am Ende des Satzes ausdrücken, wo er besondere Aufmerksamkeit erhält.

Wenn es einem zum Beispiel besonders um das «Aufführen» geht, dann ist vorne Satz (b1) günstiger als sein Pendant in (c1), weil im (b)-Satz die «Aufführung» am Satzende steht, während in (c) «führt» weiter vorne im Satz kommt. Und entsprechend steht im zweiten (b)-Satz (= b2) die zentrale Information «Angst» an exponierter Stelle am Satzende, in (c2) dagegen nicht. Noch deutlicher wird das, wenn die Sätze komplexer und länger sind, zum Beispiel in «Sie ängstigt ihn seit Jahren jeden Morgen mit einem unheimlichen gurgelnden

Schrei, den sie ausstößt, während sie sich unter dem Bett versteckt.» Hier erhält der Inhalt «Angst» keine zentrale Position und ist fast schon wieder vergessen, wenn man am Satzende ankommt. Prominent positioniert ist hier dagegen die Information zum Schreien unter dem Bett.

Produktive Funkionsverbgefüge in Kiezdeutsch

Kiezdeutsch macht sich die Vorteile dieser Konstruktion zu Nutze, indem es das Muster der Funktionsverbgefüge produktiv ausbaut.[24] Wir finden hier in Beispielen wie «Ampel machen», «U-Bahn haben» neue, spontane Bildungen, die ebenso wie die herkömmlichen Funktionsverbgefüge ein semantisch gebleichtes Verb enthalten und dieses Verb ebenso mit einer Nominalgruppe kombinieren, die die Hauptbedeutung trägt.

Wieder einmal baut also Kiezdeutsch vorhandene grammatische Muster des Deutschen in eine bestimmte Richtung aus, in diesem Fall durch Bildung von neuen Funktionsverbgefügen – eine im Deutschen ansonsten eher feste Gruppe mit wenig Neuzugängen.

Diese Entwicklung wird möglicherweise unterstützt durch ganz ähnliche Muster in zwei Sprachen, die auch im Kontext von Kiezdeutsch vorkommen, nämlich dem Türkischen und dem Persischen, die ansonsten aber nicht näher verwandt sind.[25] In diesen beiden Sprachen werden Funktionsverbgefüge, anders als im Deutschen, vor allem dazu genutzt, Fremdwörter grammatisch zu integrieren. Zum Beispiel wird das ursprünglich arabische Wort *da'awat* «Einladung» mit dem persischen bzw. türkischen Wort für «tun/machen» zu einem Funktionsverbgefüge mit der Bedeutung «einladen» kombiniert (persisch ‹dawet kardan› bzw. türkisch ‹davet etmek›, wörtlich «Einladung machen»).

Dies bedeutet zwar nicht, dass die türkischen und persischen Konstruktionen die Neubildungen in Kiezdeutsch ausgelöst haben. Kiezdeutsch verhält sich hier wie andere deutsche Varietäten auch: es nutzt Funktionsverbgefüge nicht speziell, um Fremdwörter zu integrieren, sondern setzt sie generell ein, gestützt durch die genannten grammatischen und pragmatischen Vorteile, die dieser Konstruktionstyp im Deutschen hat. Dass dieselben grammatischen Muster aber auch in anderen Sprachen von Kiezdeutsch-Sprecher/innen verbreitet sind, könnte die Entwicklung in Kiezdeutsch jedoch noch zusätzlich stützen.

Weil die neuen Bildungen in Kiezdeutsch im Gegensatz zu solchen wie «Angst haben» oder «zur Aufführung bringen» nicht zum Standardwortschatz des Deutschen gehören, sondern aus der Situation heraus entstehen, sind sie inhaltlich oft stark an eine bestimmte Situation gebunden und erfordern für ihr Verständnis das entsprechende Kontextwissen. Beispielsweise sind Sätze wie «Machst du rote Ampel!» oder «Hast du U-Bahn?» kaum verständlich, wenn sie aus dem Kontext gerissen sind. Das Nutzen von Kontextwissen ist jedoch typisch für gesprochene, informelle Sprache, und das gilt noch einmal ganz besonders für eine Varietät wie Kiezdeutsch, die durch viele Sprachkontaktsituationen sehr dynamisch und besonders stark in der Entwicklung begriffen ist.

3.7 «Danach ich ruf dich an.»
– Neue Wortstellungsoptionen

In Kiezdeutsch hört man oft Sätze, in denen das Verb an anderer Stelle steht als im Standarddeutschen, zum Beispiel «Danach ich ruf dich an» statt «Danach ruf ich dich an». Hier zwei Beispiele aus den Gesprächsauszügen, die ich im ersten Kapitel angeführt habe (in Kapitel 4 werden wir sehen, dass ganz ähnliche Konstruktionen auch in multiethnischen Jugendsprachen in Schweden und Dänemark vorkommen):

Gespräch über die Figur:
«Isch hab von allein irgendwie abgenommen. Isch weiß auch nisch, wie. Aber dis is so, weißt doch, **wenn wir umziehen so, isch hab keine Zeit, zu essen**, keine Zeit zu gar nix.»
Unterhaltung beim Tanztraining:
«Danach sie macht *so*. Danach sie tanzt *so*.»

Was passiert hier? Als ich einen solchen Satz zum ersten Mal gehört habe, dachte ich zuerst, das wäre vielleicht ein Hinweis darauf, dass der betreffende Sprecher Deutsch als Fremdsprache gelernt hatte, zum Beispiel weil er erst als Jugendlicher nach Deutschland gekommen wäre.

Aus dem Fremdspracherwerb sind solche Sätze ja nicht unbekannt. Wer gerade beginnt, Deutsch zu lernen, hält sich hier oft an die feste Abfolge «Subjekt-Verb-Objekt» (SVO, zum Beispiel «Ich besuche dich»), Deutsch-Anfänger/innen verändern die Abfolge auch dann nicht, wenn ein anderes Element an den Satzanfang tritt, zum Beispiel ein Adverbial wie *danach* («Danach ich besuche dich»). Dies ist grundsätzlich eine grammatische Möglichkeit für Sprachen, die zum Beispiel im Englischen auch so realisiert ist («Afterwards I'll visit you»).

Als wir die Konstruktion in Kiezdeutsch näher untersuchten, stellte sich jedoch heraus, dass die Lage hier viel komplexer ist.[26] Von einer strikten SVO-Abfolge, wie sie im Englischen besteht und auch beim Fremdspracherwerb des Deutschen auftritt, unterscheidet sie sich in zwei wesentlichen Punkten. Zum einen scheint die Konstruktion in Kiezdeutsch stärker reglementiert zu sein, und zum anderen ist sie auf bestimmte Funktionen spezialisiert (und daher nicht die einzige Wortstellungsmöglichkeit für Aussagesätze in Kiezdeutsch).

Neue Wortstellungsmuster in Kiezdeutsch

Zur stärkeren Reglementierung: In Kiezdeutsch-Sätzen dieser Art finden wir nicht beliebige Elemente (Satzglieder/Konstituenten) am Satzanfang, sondern in erster Linie Adverbiale, und diese geben oft die Zeit, manchmal auch den Ort des Satzgeschehens an. Hier noch einige weitere Beispiele (das Adverbial, um das es geht, ist immer fett gedruckt, und Ausdrücke, die besonders stark betont wurden, sind kursiv):

Gespräch über Pläne für den Nachmittag:
  «Ich wollte heut zu C & A gehen, wollt mir ein T-Shirt kaufen, **danach** ich muss zu mein Vater.»
Erzählung über einen Streit mit einem Freund:
  «Isch wusste *ganz* genau, dass er das versteht, und darum hab ich das auch gesagt, aber **jetzt** isch *hasse* ihn.»
Unterhaltung über eine Hochzeit:
  Leila: Und hat dein Freund disch wenigstens abgeholt?
  Dilek: Amina. **Danach** Aminas Freunde sind gekommen mit Auto.
  Selin: Von wem?
  Dilek: Von Amina. Die meinten, ja, meinten so: «Ja, wo is Amina?» und so. Isch meinte: «Sie is *grad* vor zehn Minuten gegangen.» **Dann** die sind zur U-Bahn gerannt.
Klage über lauten Übernachtungsbesuch zu Hause:
  «Isch schlaf gar nisch ein, ja, isch hab schon voll lange nisch mehr geschlafen. **Irgendwann in Schule** isch fang an zu schlafen, ischwöre.»

Hier sieht man, dass mit der neuen Wortstellung nicht einfach stur eine feste, «falsche» SVO-Reihenfolge nach einem Element am Satzanfang angewendet wird. So steht im zweiten Beispiel nach *darum* direkt das Verb, wie im Standarddeutschen, nämlich «darum hab ich das auch gesagt» und nicht «darum ich hab das auch gesagt». Nur im nächsten Satz, nach der Zeitangabe *jetzt*, haben wir die neue Wortstellung «jetzt isch hasse ihn» statt «jetzt hasse isch ihn». Das weist darauf hin, dass hier ein bestimmtes Konstruktionsmuster vorliegt, nämlich eine Wortstellung, bei der vor dem Verb nicht beliebige Elemente stehen, sondern ein Zeit- oder Orts-Adverbial und das Subjekt.

Dass wir in Kiezdeutsch auch Sätze wie «darum hab ich das auch gesagt» finden, zeigt weiterhin, dass die Konstruktion mit Adverbial und Subjekt vor dem Verb (Adv SVO) nur eine von mehreren Optionen für die Wortstellung in Aussagesätzen darstellt. Auch die standarddeutsche Wortstellung «Adverbial – Verb – Subjekt – Objekt» (Adv VSO) ist in Kiezdeutsch möglich.

Das ist aber noch nicht alles. Wie weiter vorne in Kapitel 3.5 in der Entwicklung der «musstu»-Konstruktion und später noch mal am Beispiel «Machst du rote Ampel» deutlich wurde, kommt zu diesen zwei Optionen noch eine dritte, bei der das Verb am Satzanfang steht, also «Verb – Subjekt – Objekt» (VSO). Das erste der beiden folgenden Beispiele dafür kennen Sie schon:

Ausruf zu einem Freund, der gerade bei Rot über die
Straße läuft:
    «Machst du rote Ampel!»
Bemerkung zum Freund nach der Notenvergabe
in der Schule:
    «Guckst du 'n bisschen traurisch.»

Aussagesätze mit Verb-erst-Stellung gibt es grundsätzlich auch anderswo im Deutschen (vgl. Kapitel 3.5). Dort sind sie aber stärker beschränkt als in Kiezdeutsch. Verb-erst-Sätze, wie wir sie bei *musstu* diskutiert haben, werden typischerweise in Gesprächssituationen genutzt, in denen sie zur Beschwichtigung oder Beruhigung dienen, und haben ein Modalverb (wie *müssen*) am Anfang. Außerdem gibt es noch den häufigen Fall der *Ellipse*, das heißt der Auslassung.[27] Hier haben wir eigentlich einen Verb-zweit-Satz, in dem aber das erste Element am Satzanfang ausgelassen wird, etwa:

«Was machst du heute abend?» – «Weiß ich noch nicht.»

Hier fehlt das Objekt von *wissen*, der vollständige Satz wäre eigentlich «Das weiß ich noch nicht», es handelt sich also nicht um einen echten Verb-erst-Satz. Ein dritter Typ sind Aussagesätze, in denen das Verb an erster Stelle steht, ohne dass ein notwendiges Element wie ein Objekt o. ä. fehlt, also echte Verb-erst-Sätze wie in den folgenden Beispielen:

Radio Fritz (rbb) vom 19. 6. 2008, Radiosendung *Blue Moon* zum Thema «Kult»:
«Ich finde, das passt wahnsinnig gut, nachdem man
Pippi Langstrumpf gespielt hat, aus dem Jahre, glaub ich,
76 oder so. **Wird** sich der Chef wieder freuen.»

Tagesspiegel vom 1. 9. 2008, Artikel über einen Vogelforscher, der sich auf Kuckucksbeobachtung spezialisiert hat («Die Eier der anderen»):
«Er hat sich ein Tarnschaf gebastelt. **Kommt** er näher an die Vögel ran.»

Die Verb-erst-Stellung dient hier typischerweise dazu, den Textzusammenhang zu verstärken; man könnte sich jeweils ein Verbindungswort wie «da» oder «dann» vor dem Verb

> **Komm'se
> doch mal vorbei!
> Freu ich mich.**

Verb-erst-Stellung beim Textzusammenhang: Werbeschild

denken.[28] Diese Sätze treten daher nicht zu Beginn eines Textes auf. Oben ein Werbeschild, auf dem diese Anbindung besonders gut deutlich wird.

In Kiezdeutsch gibt es diese Einschränkungen nicht: Verb-erst stellt eine reguläre Möglichkeit für Aussagesätze dar. Sätze mit dieser Wortstellung können, wie unsere Beispiele gezeigt haben, zu Beginn einer Gesprächssequenz stehen, ohne dass ein Textzusammenhang hergestellt wird, und sind hierbei nicht auf Textsorten wie Witze beschränkt (vgl. die oben genannten *Häschenwitze*), sie sind nicht verkürzt (elliptisch), sie stehen mit beliebigen Verben (nicht nur mit *müssen* o. ä.), und sie sind nicht auf Sprechakte der Beschwichtigung/Beruhigung spezialisiert.

Das «Vorfeld» im deutschen Satz

Wozu aber diese drei Möglichkeiten der Wortstellung in Kiezdeutsch, mit dem Verb an erster, zweiter oder dritter Stelle? Welches System steckt dahinter? Die Antwort auf diese Frage findet man, wenn man sich genauer ansieht, wozu die Position vor dem finiten Verb (also zum Beispiel «sagt» in «Kai sagt es ihr») im Deutschen dient.

In deutschen Aussagesätzen haben wir normalerweise eine Verb-zweit-Stellung, das heißt vor dem finiten Verb steht genau eine Konstituente des Satzes (ein Wort oder eine Wortgruppe, eine Phrase). Das ist häufig das Subjekt, es kann aber genauso gut auch ein Objekt oder ein Adverbial sein. Man kann sich das so vorstellen, dass die Satzglieder zunächst in ihren Positionen nach dem Verb stehen, wie sie zum Beispiel in einem Fragesatz stehen würden, und dann genau ein Satzglied nach vorne vor das Verb, ins sogenannte Vorfeld, verschoben werden:

Vorfeld	Verb				
	Gibt	Kai	dem Hund	nachher	einen Knochen?
Kai	gibt	SUBJEKT	dem Hund	nachher	einen Knochen.
Dem Hund	gibt	Kai	OBJEKT	nachher	einen Knochen.
Einen Knochen	gibt	Kai	dem Hund	nachher	OBJEKT.
Nachher	gibt	Kai	dem Hund	ADVERBIAL	einen Knochen.

Die Verb-zweit-Stellung im Deutschen

Wenn man sich diese Variationsmöglichkeiten ansieht – Vorfeld mit Subjekt, Vorfeld mit Akkusativobjekt, mit Dativobjekt oder mit Adverbial –, dann fragt man sich natürlich, was das soll. Von der Bedeutung her sind die Sätze ja alle gleich: Immer geht es darum, dass nachher ein Knochen den Besitzer wechselt, dass derjenige, der ihn gibt, Kai ist, und dass der glückliche Empfänger der Hund ist.

Die Antwort liegt auf der Ebene der sogenannten Informationsstruktur: der Art und Weise, wie die Information, die in einem Satz steckt, verpackt wird. Diese kann bei ein und derselben Bedeutung ganz unterschiedlich sein, je nachdem, was zum Beispiel die wichtige neue Information ist, die man besonders hervorheben will (der sogenannte Fokus des Satzes), oder um wen es an der Stelle in der Unterhaltung gerade geht (das «Topik» des Satzes).

Während Fokus-Ausdrücke häufig am Ende des Satzes stehen, wird das Vorfeld besonders für das Topik genutzt. Wenn es zum Beispiel gerade um Kai geht, passt die erste Wortstellungsvariante besonders gut («Kai ist ein guter Mensch. Er gibt nachher dem Hund einen Knochen»). Wenn es dagegen um den Hund geht, passt die zweite Variante besser («Kai muss noch seine Tiere füttern. Dem Hund gibt er nachher einen Knochen»), und wenn es um den Knochen geht, könnte, wie in der dritten Variante, diese Phrase typischerweise im Vorfeld stehen («Anna hat das Kotelett fast aufgegessen. Den Knochen gibt Kai nachher dem Hund»). Außer Topiks stehen noch sogenannte Rahmensetzer häufig im Vorfeld, das sind Adverbiale wie *morgen*, *danach*, *auf dem Schulhof* usw., die den Rahmen für das Satzgeschehen angeben, also anzeigen, wo, wann usw. etwas stattfindet.

Aber auch wenn es gar keinen Rahmensetzer oder kein Topik in einem Satz gibt, weil die gesamte Information neu und fokussiert ist (zum Beispiel «Es regnet» oder «Die Gardine brennt!»), muss im Standarddeutschen ein Element im Vorfeld des Satzes stehen («es»/«die Gardine»). Und ebenso kann, wenn es ein Topik *und* einen Rahmensetzer im Satz gibt, im Standarddeutschen nur eines der beiden im Vorfeld erscheinen – auch, wenn aus Sicht der Informationsstruktur eine doppelte Besetzung sinnvoller wäre.

Neue Möglichkeiten der Informationsstrukturierung in Kiezdeutsch

Wenn wir uns vor diesem Hintergrund jetzt die Wortstellungsmöglichkeiten in Kiezdeutsch ansehen, dann finden wir hier mehr Freiheiten in der Besetzung des Vorfelds und damit mehr Möglichkeiten, die Information im Satz so zu strukturieren, wie es für die Darstellung jeweils am günstigsten ist: In Kiezdeutsch muss nicht genau eine Konstituente vor dem Verb stehen, sondern es können auch zwei sein oder eben gar keine:

Vorfeld	Verb				
<u>Kai</u> TOPIK	gibt		dem Hund	nachher	einen Knochen.
<u>Nachher</u> RAHMENSETZER	gibt	Kai	dem Hund		einen Knochen.
<u>Nachher</u> <u>Kai</u> RAHMEN- TOPIK SETZER	gibt		dem Hund		einen Knochen.
	Gibt	er	dem Hund	nachher	einen Knochen.

Das Vorfeld in Kiezdeutsch

In Kiezdeutsch kann man sich also wie im Standarddeutschen im Vorfeld zum Beispiel für einen Rahmensetzer oder das Topik entscheiden (wie im ersten bzw. zweiten Satz), aber man darf auch einen Rahmensetzer *und* ein Topik im Vorfeld haben (wie im dritten Satz), und man kann schließlich auch das Vorfeld ganz leer lassen, zum Beispiel wenn man nur ein schwaches, bereits gut eingeführtes Topik hat, das man nicht extra an den Satzanfang stellen möchte, oder wenn in einem Satz gar kein Topik vorhanden ist.

Das bedeutet, dass man in Kiezdeutsch mehr Differenzierungsmöglichkeiten für Topiks hat, während das Standarddeutsche hier stärker eingeschränkt ist: Die syntaktische Auszeichnung von Elementen als Topik, Rahmensetzer usw. durch ihre Stellung im Vorfeld ist in Kiezdeutsch flexibler und lässt Sprecher/inne/n mehr Möglichkeiten als im Standarddeutschen, wo man durch die strikte Verb-zweit-Regel gezwungen ist, immer genau ein Element in das Vorfeld zu setzen – egal, wie viele Kandidaten man hierfür in einem Satz hat.

Ein Blick in die Geschichte

In der Geschichte des Deutschen war das übrigens nicht immer so. Die strikte Verb-zweit-Stellung hat sich erst ab dem Althochdeutschen schrittweise herausgebildet. Zunächst war die Position des Verbs noch sehr viel flexibler, und eine Verberst-Stellung in Aussagesätzen, wie wir sie in dem vierten Kiezdeutschsatz in unserer Tabelle haben, war bei Sätzen ohne eingeführtes Topik durchaus üblich. Zumindest im Altsächsischen, und später auch im Frühneuhochdeutschen, waren auch Sätze mit dem Verb an dritter Stelle, wie im dritten Kiezdeutsch-Satz aus der Tabelle, gängig.[29]

Im Folgenden einige Beispiele dafür. Die ersten drei Beispiele illustrieren die Variationsbreite an Hand zweier althochdeutscher Schriften, die zur Zeit Karls des Großen im 9. Jahrhundert entstanden: dem *Tatian*, einer althochdeutschen Übersetzung lateinischer Evangelientexte (rechts oben ein Bild der Originalstelle), und dem *Isidor*, einer Übersetzung von Schriften des Isidor von Sevilla.[30] Wir finden hier, ganz ähnlich wie in Kiezdeutsch heute, Sätze mit dem Verb in erster Position (= erstes Beispiel), in zweiter Position (= zweites Beispiel), und in dritter Position, nach Adverbial und Subjekt (= drittes Beispiel).

«uuarun thô hirta In thero lantskeffi»
 ‹Waren da Hirten in jener Gegend.›
«thar uuarun steininu uuazzarfaz»

Belegstelle im althochdeutschen Tatian (4. Zeile: «uuarun thô hirta ...»)

‹Dort waren steinerne Wasserfässer.›
«erino portun ih firchnussu»
‹Eiserne Türen ich zerschmettere.›

Die nächsten beiden Beispiele sind aus dem Frühneuhochdeutschen (entstanden im 15./16. Jahrhundert) und zeigen, dass auch auf dieser Stufe Sätze mit dem Verb in der dritten Position noch häufiger vorkamen:[31]

«Jm 6886. Jar der Großfuᵉrst DEMETRI hat den maᵉchtigen Tatarischen Khuᵉnig MAMAI geschlagen.»
‹Im 6886. Jahr der Großfürst Demetri hat den mächtigen tatarischen König Mamai geschlagen.›
«Dar nach die edel kungin fuer enhalb Ofen auf des Laslaes Wans guᵉter mit grossem kummer.»
‹Danach die edle Königin fuhr von Ofen [= Stadt in Ungarn] aus auf die Güter des Laslaes Wans mit großem Kummer.›

Die Entwicklung in Kiezdeutsch wirft damit ein interessantes Licht auf das Zusammenspiel zwischen Informationsstruktur und Grammatik in der Sprachgeschichte. Die Entstehung festerer grammatischer Muster kann Sprecher/innen darin einschränken, wie sie ihre Information im Satz verpacken; die Dynamik bestimmter Vorteile auf der Ebene der Informationsstruktur kann aber auch wieder zu mehr Wortstellungsvariation führen. Kiezdeutsch bringt aus dieser Sicht Auswahlmöglichkeiten in das moderne Deutsch zurück, die uns im Laufe der Sprachgeschichte verloren gegangen waren: So, wie man früher einen Satz beginnen konnte mit «Danach die edle Königin fuhr ...», kann man heute in Kiezdeutsch sagen «Danach die sind zur U-Bahn gerannt».

3.8 «Zu Hause red ich mehr so deutsch so.» – Neue Aufgaben für *so*

Ein weiteres charakteristisches Merkmal von Kiezdeutsch, das auch etwas mit der Informationsstruktur von Sätzen zu tun hat, ist die Verwendung von *so* an Stellen, an denen man es im Standarddeutschen nicht erwarten würde. Hier noch einmal ein Ausschnitt aus dem Beispiel am Anfang (die stark betonten Ausdrücke in den betreffenden Sätzen sind wieder kursiv):

Unterhaltung unter Freundinnen:
Adar: Isch bin eigentlisch mit meiner Figur *zufrieden* und so, nur isch muss noch bisschen *hier* abnehmen, ein bisschen noch *da*.
Mariam: So *bisschen,* ja, isch auch.
Adar: Teilweise **so** für *Bikinifigur* und so, weißt doch so.
[...]
Mariam: Isch hab von *allein* irgendwie abgenommen. Isch weiß auch nisch, wie. Aber dis is so, weißt doch, wenn wir *umziehen* so, isch hab keine Zeit, zu *essen,* keine Zeit zu *gar* nix.

Im Deutschen hat die Partikel *so* mehrere Funktionen, insbesondere kann sie Vergleiche anzeigen («so schnell wie Judith») und Intensität ausdrücken («So hoch!»). In der gesprochenen Sprache wird *so* darüber hinaus als sogenannter Quotativmarker verwendet, das heißt zur Einleitung von Zitaten («Ich dann so: ‹Was ist denn hier los?›»).[32] Gemeinsam ist diesen Funktionen, dass *so* einen Bedeutungsbeitrag leistet, der auf «Wie?» antwortet und umschrieben werden könnte mit «auf diese Art».

In dem Beispiel vorne kommt noch eine neue Funktion hinzu, bei der der Bedeutungsbeitrag «auf diese Art» entfällt.[33] Das Wörtchen *so* gibt hier keinen Vergleich o. ä. an, sondern ist bedeutungsleer, das heißt die Sätze hätten ohne *so* genau denselben Inhalt wie mit *so*. Stattdessen erhält *so* eine neue Funktion für die Organisation des Satzes: *so* steht jeweils vor dem Teil des Satzes, der die wichtige, besonders hervorzuhebende Information liefert (der bereits erwähnte «Fokus» des Satzes). In dem Ausschnitt ist dies am Anfang «für Bikinifigur»: Die Figur ist der Grund für den Abnehmwunsch und damit die zentrale Information im ersten Teil. Im zweiten Teil des Gesprächs geht es dann zentral darum, dass die Jugendlichen etwas unternehmen, umherziehen, was dazu führt, dass die Sprecherin gar keine Zeit mehr zum Essen hat, und *so* steht hier entsprechend direkt hinter *umziehen*.

Im folgenden Beispiel liefert die Ortsangabe «aus Schöneberg» die besonders hervorgehobene Information, sie gibt den Grund an, aus dem die Sprecherin den Rap-Sänger Alpa Gun besonders mag:

Gespräch über Rap-Sänger:
   «Ich höre Alpa Gun, weil er **so** aus *Schöneberg* kommt.»

Im nächsten Beispiel ist die wichtige Information, dass der Freund, obwohl er eigentlich Engländer ist, trotzdem «Türkeitrikot und Türkeifahne» zu Fußballspielen trägt:

Verhalten eines Freundes bei Fußball-Länderspielen:
   «Er is Engländer und er feiert mit uns. Er hat **so** *Türkeitrikot* und *Türkeifahne* um sich.»

Im nächsten Ausschnitt ist «gefoult» die zentrale Information, sie gibt an, warum der Sprecher die Situation im Spiel negativ bewertet («voll mies»):

Diskussion über einen Spieler bei einem Fußballspiel im Fernsehen:
   «Abu, war voll mies. Er wird **so** *gefoult.*»

Im folgenden Interviewausschnitt markiert *so* einen starken Kontrastfokus: «Deutsch» wird besonders hervorgehoben, nachdem der Sprecher eigentlich erst Arabisch als seine Muttersprache angegeben hatte.

Frage nach der Muttersprache:
   Christine: Also ist die Muttersprache für dich Arabisch.
   Mohammed: Arabisch. Wobei ich sie ja selber nicht perfekt kann. Ich mein, weil isch bin ja hier geboren. Isch hab ja mehr **so** *Deutsch* **so**. Zu Hause red isch mehr deutsch als arabisch.

Im letzten Beispiel nutzt der Hauptsprecher, Stefan, *so* ausgiebig zur Kennzeichnung der zentralen Elemente in den verschiedenen Aussagen:

Beim Fußballgucken; Stefan spricht über seine Freundin:
   Stefan: Siehst du, Beispiel, wie ich mit mein Schatz rede,

könntest du mit J. gar nich so *machen* **so**.
Marcel: Kann ich auch nich.
Stefan: Ich bin eigentlich **so** voll der *Battle King* und so, aber meine Freundin kann mich, macht mich voll *fertig*, voll *oft*. [lacht]
Marcel: [lachend] Auf *keinen* Fall, Mann!
Stefan: Dis find ich voll *cool* **so**. Is voll gechillte Beziehung, Mann, Alter. Is voll *witzige*. Man kann auch *Scheiße reden* **so**, alles, **so** *Blödsinn* **so** machen so.

Fokus im Deutschen

So hat hier also eine Aufgabe übernommen, die wir aus traditionellen Grammatikbeschreibungen des Deutschen noch nicht kennen: Es markiert den Fokusausdruck eines Satzes. Grundsätzlich wird im Deutschen der Fokus eines Satzes zunächst durch die Intonation markiert: Der Fokusausdruck wird am stärksten betont, er erhält den Satzakzent. Wenn man zum Beispiel in den folgenden beiden Sätzen immer den kursiven Teil besonders betonen würde, wäre in (a) «Baltrum» im Fokus, das heißt es ginge um das Urlaubsziel (= Baltrum und zum Beispiel nicht Island), und in (b) wäre der «Sommer» im Fokus, das heißt es ginge um die Zeit der Reise (= im Sommer und zum Beispiel nicht im Herbst):

(a) «Wir fahren diesen Sommer nach *Baltrum*.»
(b) «Wir fahren diesen *Sommer* nach Baltrum.»

Zudem wird der Fokus im Deutschen durch die Wortstellung unterstützt: Fokusausdrücke stehen oft in hervorgehobener Position am Ende des Satzes, das heißt tendentiell eher so wie in (a), nicht wie in (b).

In unseren Kiezdeutschsätzen zeigt sich eine weitere Option, nämlich die Verwendung eines Fokusmarkers: eines speziellen Wortes, das keine eigene Bedeutung trägt, sondern dazu dient, die Position des Fokusausdrucks im Satz anzuzeigen. Man spricht in einem solchen Fall von «Grammatikalisierung» eines Wortes: es verliert seine Bedeutung zu Gunsten einer rein grammatischen oder pragmatischen Funktion.

Die Entstehung eines Fokusmarkers

Ein anderes, bereits gut untersuchtes Beispiel für Grammatikalisierung im Deutschen ist die Verwendung der Partikel *zu*. In Konstruktionen wie «Sie liest Krimis **zur** Entspannung» begründet *zu* eine sogenannte Finalangabe, die das Ziel oder den Zweck einer Handlung angibt. *Zu* liefert hier also Bedeutungsanteile für den Satz. In Infinitivkonstruktionen wie «Sie glaubt **zu** träumen» ist *zu* dagegen grammatikalisiert: *zu* trägt hier nicht mehr zur Bedeutung bei, sondern ist ein reiner Infinitivmarker.

Wie kann man sich die Grammatikalisierung – oder genauer: Pragmatikalisierung – bei *so* vorstellen? Die Basis für die Entwicklung bildet zunächst der ursprüngliche Gebrauch von *so* als Vergleichsangabe oder Intensitätsmarker, in dem *so* auf «Wie?» antwortet und noch seine volle Bedeutung hat. Eine erste semantische Bleichung findet dann statt, wenn diese Bedeutung verallgemeinert und vage wird und *so* im Sinne von *irgendwie* gebraucht wird. Diese gebleichte Verwendung findet sich häufig. Hier zwei Beispiele, die nicht aus Kiezdeutsch-Kontexten stammen:[34]

‹Das literarische Quartett›, 17. 8. 2001, Gesprächsbeitrag der
Journalistin Iris Radisch über das Buch «Herr Lehmann» von
Sven Regener:
«Das mag originell sein und das mag irgendwie so
einen Kieztouch haben, wenn man Kreuzberg liebt,
dann liest man das nicht völlig ohne Amüsement.»

Kolumne aus der *Zeit* 33/2008 von Tanja Stelzer, in der sie die Einstellungen überambitionierter Mittelschichts-Eltern gegenüber ihren Kindern kritisiert:
> «Ich habe halt so ein romantisches Kindheitsideal, vielleicht ist das etwas altmodisch.»

Hier hat *so* zwar noch eine Bedeutung, diese ist aber gegenüber dem ursprünglichen Inhalt des Wortes nur noch sehr schwach. *So* signalisiert hier Vagheit und wird aus pragmatischer Sicht genutzt, um die Aussage etwas abzuschwächen; es ist ein sogenannter Heckenausdruck. Andere Beispiele für Heckenausdrücke sind *eigentlich*, *streng genommen* und *irgendwie*.

Ein weiterer Heckenausdruck ist *also*, das ähnlich wie *so* dann seine ursprüngliche Bedeutung verliert und nicht mehr eine Folge angibt wie in «Ich denke, **also** bin ich». Stattdessen wird es zur Abschwächung oder Verzögerung eingesetzt oder eben auch zur Markierung der Information, die dem Sprecher/der Sprecherin besonders wichtig ist, das heißt im Fokus steht. Das folgende Beispiel illustriert das; es handelt sich um zwei Ausschnitte aus Redebeiträgen von Thilo Sarrazin in einer Fernseh-Talkshow (die besonders betonten Ausdrücke sind wieder kursiv hervorgehoben).

‹Beckmann›, ARD, 30.8.2010; Diskussion zu Sarrazins Buch «Deutschland schafft sich ab»:
> «In einer Passage, wo ich darauf hinwies, dass die Integrationsunterschiede zwischen **also** den *muslimischen* Migranten und anderen Migranten rein *kulturelle* Ursachen haben, die nach meiner Ansicht im **also** muslimischen *Religionsunterricht* begründet sind [...] Das, was ich erwähnte aus dem Beispiel mit dem Rabbi und der Kaufmannstochter, kann man auch den ‹evangelischen-*Pfarrhaus*-Effekt› nennen, nämlich wenn

man als evangelischer **also** *Pfarrer* in den evangelischen Ländern im Staatsdienst vom König bezahlt – konnte man in **also** *geräumigen*, gut geheizten Häusern sechs oder sieben Kinder bekommen, was andere *nicht* hatten, und das ist der Grund, weshalb ein *wahnsinnig* hoher Teil von deutschen Professoren von evangelischen *Pfarrern* abstammt.»

Heckenausdrücke werden, wie hier noch einmal deutlich wird, oft an der Stelle im Satz eingesetzt, an der die zentrale Information steht: Hier ist eine Abschwächung der Aussage am wirkungsvollsten. Und auch eine zweite Funktion von Heckenausdrücken ist hier besonders nützlich, nämlich die des Zeitgewinns. Heckenausdrücke können zur Verzögerung eingesetzt werden, um Zeit zu gewinnen, während man nach dem passenden Wort sucht. Die zentrale Information ist oft neu, und wenn ein neues Element eingeführt wird, ist die Wortfindung häufig schwieriger, das heißt hier kommt dem Sprecher/der Sprecherin eine Verzögerung oft besonders gelegen.

Den Zusammenhang von Heckenausdrücken und fokussierten Elementen nutzen schon kleine Kinder. Die Kognitionswissenschaftlerin Celeste Kidd von der University of Rochester, USA, zeigte in einer Studie gemeinsam mit amerikanischen und kanadischen Kollegen, dass Kinder schon mit zwei Jahren Zögerungssignale wie «äh», «ähm» (oder, in diesem Fall, die englischen Pendants) als Hinweis darauf interpretieren, dass der Sprecher/die Sprecherin ein wichtiges neues Wort einführt, das ein neues Objekt benennt.[35] Wenn Sie also sicher gehen wollen, dass Ihr Kind Ihnen auch wirklich zuhört, dann machen Sie ein deutliches «ähm» vor der wichtigsten Stelle in Ihrem Satz!

Eine Partikel wie *so*, die zunächst als Heckenausdruck umfunktioniert wurde, steht somit häufig an einer Stelle, an der die zentrale, neue Information erscheint. Wenn dies oft genug vorkommt, kann es geschehen, dass sie uminterpretiert wird und als Marker für diese zentrale Information verstanden wird, das heißt als Marker für den Fokus des Satzes.

Bei dieser Uminterpretation verliert *so* dann erneut an Bedeutung: Es hat dann nicht mehr den Inhalt «irgendwie», sondern leistet gar keinen semantischen Beitrag mehr zum Satz. *So* ist in dieser Verwendung vollständig pragmatikalisiert, das heißt es ist von einem Inhaltswort zu einem Funktionswort geworden, das eine bestimmte pragmatische Aufgabe erfüllt, nämlich die Anzeige von Fokus. So wie *zu* in «Sie glaubt **zu** träumen», das auch nicht mehr zur Bedeutung beiträgt, sondern lediglich den Infinitiv markiert.

Und ebenso wie *zu* ist auch *so* in dieser Verwendung aber dadurch kein «überflüssiges Füllwort» mit «null Information», wie zum Beispiel Bastian Sick in der Kolumne *Zwiebelfisch* annimmt.[36] Als Funktionswort zur Markierung von Fokus hat *so* eine spezifische neue Aufgabe – nur liegt diese eben, wie bei allen Funktionswörtern, im strukturellen, nicht im inhaltlichen Bereich.[37]

So *als deutscher Fokusmarker*

Die Verwendung von *so* als Fokusmarker liegt also gar nicht so fern. Deswegen kann man sie, wenn man genauer hinschaut, auch in anderen informellen Varianten des Deutschen finden – auch wenn sie dort nicht so augenfällig ist wie in Kiezdeutsch. Hier einige Beispiele. Das erste ist ein Ausschnitt aus einem Chat (ich habe die Schreibweise und damit auch die Kleinschreibung so übernommen, wie sie dort war), das zweite ist aus einer Talkshow, und die letzten beiden stammen wieder aus dem ‹Literarischen Quartett›:[38]

Austausch in Chatroom «ChatCommunity by worldweb»
(5. 12. 2008):
>   G.: «was suchst du im chat?»
>   L.: «**so** coole leute zum kennenlernen»

Johannes B. Kerner im Gespräch mit Charlotte Roche (21. 10. 2008); Nachfrage, von wem sie auf ihr neues Buch angesprochen wird (besonders betonte Ausdrücke sind kursiv):

>   *J. B. Kerner:* «**So** auch auf der *Straße* kommen die Leute, oder sind das hauptsächlich dämliche Journalisten?»
>   *C. Roche:* «Ja, also, es sind hauptsächlich männliche *Journalisten* **so**, die mit mir über sowas reden wollen, aber es gibt auch Leute auf der Straße, die dann Tipps haben wollen, wie die besser im Bett miteinander sind.»

‹Das literarische Quartett›, 19. 10. 2001, Gesprächsbeitrag von Hellmuth Karasek über «Das Jahr der Wunder» von Rainer Merkel:

>   «Nein, nein, die regen sich nicht auf, sondern sie sagen: Oh, da ist eine Verschwörung im Gang und der wird mich ablösen und der wird meinen Posten einnehmen. Es sind **so** Scheinkämpfe in einer Scheinwelt. Und wenn ich ehrlich bin, und ich bin zu Firmen der New Economy oder in Werbefirmen eingeladen worden, dann sehe ich genau die Figuren, die Merkel beschrieben hat, in den genau selben Aktionen.»

‹Das literarische Quartett›, 14. 12. 2001, Gesprächsbeitrag von Iris Radisch über «Das erste Jahr» von Durs Grünbein:

>   «Ich frage mich oft, wem wird das erklärt? Es hat **so** volkshochschulhafte Züge.»

Hier wird *so*, ebenso wie in Kiezdeutsch, als Fokusmarker verwendet. Es trägt keine inhaltliche Bedeutung bei, sondern markiert stattdessen jeweils die Ausdrücke, die die wichtige, besonders hervorzuhebende Information liefern, nämlich «coole Leute» im ersten Beispiel und «auch auf der Straße» und «männliche Journalisten» im zweiten Zitat, «Scheinkämpfe» im dritten Beispiel und «volkshochschulhafte Züge» im letzten.

Wir finden hier verschiedene Kombinationsmöglichkeiten für *so*: *so* steht nicht nur mit Nominalgruppen («coole Leute», «männliche Journalisten», «Scheinkämpfe»), sondern auch mit Präpositionen und ihren Ergänzungen («auf der Straße») und mit Adjektiven («volkshochschulhaft»). In den Kiezdeutsch-Beispielen am Anfang hatten wir außerdem Kombinationen von *so* mit Verbformen: «so gefoult», «rischtisch geil verteidigt so». Diese Flexibilität ist etwas, was man von einem Fokusmarker auch erwarten kann; schließlich kann die wichtige, fokale Information in einem Satz mit Elementen ganz unterschiedlicher Wortarten ausgedrückt werden und nicht nur mit Nomen.

In den meisten Beispielen, die wir hier gesehen haben, steht *so* vor dem Fokusausdruck, aber wir haben auch Beispiele, in denen *so* dem Fokusausdruck folgt: Charlotte Roches «männliche Journalisten so» und das Kiezdeutsch-Beispiel «rischtisch geil verteidigt so». Es gibt außerdem Belege, in denen *so* eine Klammer um den Fokusausdruck bildet, und zwar sowohl in Kiezdeutsch (erstes Beispiel) als auch außerhalb (zweites Beispiel):

Diskussion unterschiedlicher Nationen:
 «Die hübschesten Frauen kommen von den Schweden.
 Also, ich mein **so** *blond* **so**.»
Ärztin zu ihrer Patientin, erklärt die Anwendung von
Cremes (Hörbeleg):
 «Die ist für die Nacht, und diese **so** für *tagsüber* **so**.»

Diese unterschiedlichen Optionen der Stellung von *so* weisen möglicherweise auf eine Differenzierung von Funktionen hin, die dieser Fokusmarker ausüben kann. Auffällig ist, dass nachgestelltes *so* oft am Ende eines Satzes auftritt. *So* könnte hier zugleich dazu genutzt werden, den Satz abzuschließen, und dazu beitragen, Informationseinheiten zu verdeutlichen. Die *so*-Klammer stellt einen besonders interessanten Fall dar, weil *so* ja quasi gedoppelt wird, ohne dass wir zwei Fokusausdrücke hätten. Durch die Möglichkeit, mit den beiden *sos* den Fokusausdruck zu umschließen, kann man die Fokusgrenzen hier besonders deutlich machen.

Wie unsere Beispiele zeigen, kommt *so* in diesen neuen Verwendungen als Fokusmarker nicht nur in Kiezdeutsch, sondern auch außerhalb vor. In Kiezdeutsch scheint es aber weiter verbreitet zu sein. Einen Hinweis darauf lieferte ein Vergleich der Kreuzberger Kiezdeutsch-Aufnahmen mit den Aufnahmen der Hellersdorfer Jugendlichen, die eher den traditionellen Berliner Dialekt sprechen, in unserer vorne erwähnten Sammlung von Sprachdaten Berliner Jugendlicher (dem Kiez-Deutsch-Korpus). In den Kreuzberger Daten fanden wir *so* etwas häufiger als Fokusmarker als in den Aufnahmen aus Hellersdorf, nämlich rund 4,0 Mal pro 1.000 Wörter (Kreuzberg) im Vergleich zu rund 3,3 Mal pro 1.000 Wörter (Hellersdorf).[39]

Der Gebrauch dieses Fokusmarkers in Kiezdeutsch ist somit zwar kein isoliertes Phänomen im Deutschen, aber die Entwicklung für *so* ist hier möglicherweise schon weiter. Kiezdeutsch nutzt also auch in diesem Fall systematisch eine Option, die an anderer Stelle im Deutschen auch genutzt wird.

Diese Verwendung von *so* ist übrigens nicht so neu, wie man denken könnte – und wie ich selbst zuerst auch dachte: Als ich *so* in Kiezdeutsch zuerst untersuchte, hielt ich das für ein ganz neues Phänomen im Deutschen. Im Archiv des Instituts für deutsche Sprache in Mannheim finden sich aber schon Aufnahmen wie die folgende von 1961, die eine ausgeprägte Verwendung von *so* als Fokusmarker bereits vor 50 Jahren belegt:[40]

> Erinnerung an einen Familienbesuch zu Weihnachten als Kind:
> «... und ich hab mit meinem Vati Skat gelernt! Also zwar Anfänger-Skat, nicht? Nicht mit **so** Re und all so'n Käse, aber es war ganz prima. Und da haben wir auch all **so** Tischfeuerwerk, haben wir **so** Stimmungskanonen losgelassen (Lachen), 's war ganz prima. Und (Pause) **so** Knallfrösche haben wir im Zimmer laufen lassen.»

Als ich dann einmal anfing zu suchen, habe ich schließlich sogar bei Lessing, in *Nathan der Weise*, eine Passage gefunden, die nach einer Fokusmarker-Verwendung von *so* aussieht.

> Lessing, *Nathan der Weise*; Akt I, Szene 3:
> *Derwisch:* [...] Lässt sich
> Aus einem Derwisch denn nichts, gar nichts machen?
> *Nathan:* Ei wohl, genug! – Ich dachte mir nur immer,
> Der Derwisch – **so** der rechte Derwisch – woll'
> Aus sich nichts machen lassen.

So als Fokusmarker hat es also möglicherweise schon im 18. Jahrhundert im Deutschen gegeben. In Kiezdeutsch mag diese Verwendung besonders ausgeprägt und damit besonders auffällig sein, aber sie ist ganz offensichtlich kein Einzelfall im Deutschen. Dies ist etwas, das wir bei unseren Forschungen zu Kiezdeutsch immer wieder bemerkt haben: Vieles, das zunächst ganz kiezdeutsch-spezifisch und ungewöhnlich wirkte, stellte sich später als verbreitetes Phänomen heraus, das sich in vielen anderen Kontexten des Deutschen auch fand. Das ist eigentlich nicht überraschend. Es zeigt nur wieder einmal, dass Kiezdeutsch eben keine exotische, fremde Sprache ist, sondern ein Dialekt des Deutschen – ein besonders dynamischer, aber eben auch nur ein Dialekt. Für uns Sprachwissenschaftler/innen ist dies ein zusätzlicher Glücksfall: In Kiezdeutsch werden uns Entwicklungen im Deutschen quasi auf dem Silbertablett serviert.

Ein ganz ähnliches Phänomen wie im Fall des deutschen *so* ist übrigens auch für eine verwandte germanische Sprache, nämlich das Englische, beobachtet worden, und zwar für den Ausdruck *like*, der ja teilweise eine ähnliche Bedeutung wie *so* hat und interessanterweise ebenfalls als Quotativmarker benutzt werden kann («I was like, ‹What's going on here?›»). Im nordamerikanischen Englisch wird *like* – ganz ähnlich wie *so* in Kiezdeutsch – als Fokusmarker verwendet und kann – wie *so* – in dieser Funktion an Stellen auftreten, an denen es im Standardenglischen nicht erwartet würde, zum Beispiel in «She's like really smart.»[41]

Die Verwendung von *so* als Fokusmarker ist damit natürlich keine Entlehnung aus dem Englischen. Der Fall von *like* zeigt, dass die Entwicklung von Fokusmarkern in germanischen Sprachen möglich ist – und zum Beispiel nicht auf afrikanische Sprachen beschränkt ist, aus denen Fokusmarker sehr viel bekannter sind.[42] Er zeigt damit, dass die Verwendung von *so* in Kiezdeutsch eine Option ist, die keinen Einzelfall darstellt – aber das bedeutet nicht, dass für diese Entwicklung ein Einfluss des Englischen nötig war, ebenso wie die anderen grammatischen Neuerungen in Kiezdeutsch, die ich in diesem Kapitel aufgezeigt habe, nicht etwa von Einflüssen aus dem Türkischen oder Arabischen abhängen.

3.9 Kiezdeutsch als Neuzugang zum Deutschen

Kiezdeutsch ist also, wie ich in diesem Kapitel gezeigt habe, etwas typisch Deutsches. Was bedeutet das zusammengefasst für unser Verständnis dieser Jugendsprache?

Es bedeutet zunächst, dass die Eigenheiten, die Kiezdeutsch aufweist, nicht einfach nur ein Hinweis auf sprachliche Reduktion sind, sondern ein eigenes System bilden – ähnlich wie in anderen Varietäten (Dialekten) des Deutschen. Wie in den Beispielen aus ganz unterschiedlichen sprachlichen Bereichen immer wieder deutlich wurde, sind die sprachlichen Verkürzungen, die in Kiezdeutsch im Vergleich zum Standarddeutschen vorkommen und die in der öffentlichen Diskussion zu Kiezdeutsch besonders oft zitiert werden, immer nur die eine Seite der Medaille. Die sprachwissenschaftliche Analyse hat uns gezeigt, dass ergänzend zu und im Zusammenspiel mit grammatischen Vereinfachungen in Kiezdeutsch neue sprachliche Formen und Konstruktionsmuster entstehen.

Dass Kiezdeutsch typisch deutsch ist, bedeutet vor diesem Hintergrund dann weiterhin, dass diese neuen sprachlichen Formen und Konstruktionsmuster grammatische Innovationen sind, die in das System des Deutschen passen. Kiezdeutsch verdeutlicht uns in den verschiedenen Bereichen, die wir hier untersucht haben, die grammatischen Möglichkeiten, die das Deutsche bietet, und die möglichen Entwicklungspfade, die sich hieraus ergeben. Durch den mehrsprachigen Kontext erhält die Entwicklung in Kiezdeutsch noch eine besondere Dynamik: wir erleben, wie bereits erwähnt, Sprachentwicklung sozusagen im Zeitraffer.

Aus der Sicht des sprachlichen Systems bildet Kiezdeutsch damit einen Neuzugang zu den Varietäten des Deutschen, der durch seine grammatischen Innovationen das Spektrum des Deutschen erweitert. Man wird Kiezdeutsch daher am ehesten gerecht, wenn man es als neuen *Dialekt* versteht, als einen Dialekt des Deutschen, der – wie andere Dialekte auch – die grammatischen Möglichkeiten unserer Sprache weiterentwickelt: ein Sprachgebrauch, der Teil des Deutschen ist, aber vom Standarddeutschen abweicht und eigene, charakteristische Merkmale im Bereich von Lautung, Grammatik und Wortschatz aufweist.

Solche Neuzugänge gibt es spannenderweise auch in anderen europäischen Ländern. Lassen Sie uns im nächsten Kapitel einmal einen Blick über die Grenze werfen und sehen, was Kiezdeutsch mit seinen europäischen Cousins gemeinsam hat.

1 «Bairisch» bezeichnet den Dialekt, während sich «Bayerisch» geographisch/politisch/kulturell auf Bayern bezieht, also ein Gebiet, in dem auch noch andere Dialekte gesprochen werden (zum Beispiel Schwäbisch).
2 Vgl. hierzu etwa Zifonun et al. (1997), Engel (2009), Hoffmann (2009).
3 Eine detaillierte Untersuchung zur *tun*-Periphrase im Deutschen, ihren grammatischen Funktionen und ihrer historischen Entwicklung liefert Fischer (2001).
4 Einen Überblick über die verschiedenen Möglichkeiten bei Pronominaladverbien im Deutschen gibt Fleischer (2002).
5 Wie der Duden feststellt, sind diese Konstruktionen des besitzanzeigenden Dativs «seit Langem im gesamten deutschen Sprachraum nachweisbar, gelten aber eigenartigerweise nicht als standardsprachlich.» (Duden 2009:827; vgl. auch Zifonun 2003, Simon 2008).
6 Robert Brauer, Ferry Dahlke & Thea Drechsel: «‹Ich bin Thomas Mann.› – Der Gebrauch bloßer Nominalphrasen zur Bezeichnung von ÖPNV-Haltestellen.» Seminarprojekt im Grundkurs «Grammatik und Wortschatz» (H. Wiese), Universität Potsdam, Institut für Germanistik, Sommersemester 2007.
7 Vgl. auch Schroeder & Şimşek (2010).
8 Beispiel nach Füglein (2000:89). Im Original heißt es «Oider» statt «Alter», in bairischer Aussprache.
9 Das -*e* an Dativformen war im Althochdeutschen noch gängig, wurde dann bereits im 13. Jahrhundert im Mittelhochdeutschen reduziert und verschwand nahezu, bis es dann im 18./19. Jahrhundert noch einmal eine Renaissance in der Schriftsprache erfuhr (vgl. von Polenz 1994–2000).
10 Auch der bestimmte Artikel wird im heutigen Deutsch, unabhängig von Kiezdeutsch, weiter abgebaut; vgl. hierzu Leiss (2010).
11 Vgl. Szemerényi (1989): Kap. 71.2. «Ursprung der Personalendungen». Siehe auch Deutscher (2008).
12 «Partikel» bezeichnet in der Sprachwissenschaft eine bestimmte

Wortart, nämlich nicht veränderliche/nicht flektierbare Wörter mit bestimmten Funktionen. Es heißt dann «die Partikel», im Plural «Partikeln». Im Gegensatz dazu ist «das Partikel» oder teilweise auch «der Partikel» ein Begriff aus der Physik, der sich auf kleine Festkörper bezieht, mit der Pluralform «die Partikel» (ohne «n»).

13 «Müssens (→ Sie) doch nicht traurig sein.»; Beispiel aus Simon (1998).
14 Beispiel aus Lehmann (1991).
15 Vgl. hierzu Simon (1998).
16 Vgl. hierzu auch Wiese (2009).
17 http://www.ureader.de/msg/128 123 759.aspx, letzter Zugriff 24. 5. 2011.
18 Vgl. hierzu auch Imo (2007), Bahlo (2010).
19 Zur sprachwissenschaftlichen Analyse von *glaubich* vgl. zum Beispiel Imo (2006).
20 Vgl. hierzu ausführlich Wiese & Duda (2012).
21 So erhält man im *Digitalen Wörterbuch der Deutschen Sprache des 20. Jahrhunderts* (DWDS) der Berlin-Brandenburgischen Akademie der Wissenschaften, das geschriebene Texte verschiedener Gattungen enthält, fast 1,5 Mal so viele Fundstellen für «gibt es»/«gibt's» vs. «es gibt».
22 Eine ausführliche Analyse der lautlichen Prozesse beim Entstehen von *gibs* und seines Status als Existenzprädikat liefert Duda (2010).
23 Siehe zum Beispiel von Polenz (1963; 1978), Engelen (1968), Heidolph et al. (1981). Zur Sprachgeschichte vgl. So (1991), Tao (1997).
24 Eine ausführliche Analyse von Funktionsverbgefügen in Kiezdeutsch findet sich in Wiese (2006).
25 Türkisch gehört zu dem Zweig der Turksprachen innerhalb der Altaischen Sprachen, zu denen zum Beispiel auch das Mongolische gehört (manchmal werden auch das Koreanische und das Japanische zu den Altaischen Sprachen gerechnet), während Persisch eine indoeuropäische Sprache ist, wie zum Beispiel auch Deutsch, Englisch und Kurdisch.
26 Vgl. Wiese (2009; 2011a), Schalowski et al. (2010).
27 Vgl. hierzu Fries (1988).
28 Vgl. hierzu Auer (1993) sowie, ausführlich zur Grammatik und Pragmatik von Aussagesätzen mit Verb-erst-Stellung im Deutschen, Önnerfors (1997).
29 Vgl. hierzu Donhauser & Hinterhölzl (2003), Hinterhölzl et al. (2005).
30 Aus Hinterhölzl et al. (2005) und Hinterhölzl & Petrova (2010).
31 Nach Speyer (2008): aus Sigmund v. Herberstein: *Moscouia der Hauptstat der Reissen/durch Herrn Sigmunden Freyherrn zu Herber-*

stein (...) zusamen getragen (...), Wien 1557; und aus Helene Kottaner: *Die Denkwürdigkeiten der Helene Kottanerin*, Wien 1445–1452.
32 Vgl. hierzu Golato (2000), Auer (2006: Kap. 2.1), Wiese (2011c).
33 Diese Funktion ist zusätzlich, das heißt in Kiezdeutsch finden wir außerdem auch alle Verwendungsmöglichkeiten von *so*, die wir im Standarddeutschen haben. Eine ausführliche Übersicht hierzu liefern Paul (2008), Paul et al. (2010).
34 Aus dem DWDS, s. o. Anm. 21, Abschnitt 3.5. Das erste Beispiel ist aus dem Teilkorpus *Gesprochene Sprache*, das zweite ist aus dem *Die ZEIT*-Teilkorpus.
35 Kidd et al. (2011).
36 «Zwiebelfisch», «Spiegel» vom 1.10.2008. Diese Fehleinschätzung ist nicht überraschend: Sicks Texte mögen unterhaltsam sein, sachlich fundiert sind sie eher nicht. Sie enthalten viele populäre Irrtümer zu Sprache und Grammatik und sind eher geeignet, sprachliche Dünkel zu unterfüttern, als über Sprache aufzuklären. Für diejenigen, die sich dafür genauer interessieren: Der Sprachwissenschaftler André Meinunger hat sich die Mühe gemacht, einige der Irrtümer bei Sick aufzuklären (Meinunger 2008; vgl. auch Schneider 2005).
37 Eine ausführliche Analyse von *so* als Fokusmarker im Deutschen findet sich in Wiese (2011c).
38 Die Beispiele aus dem Literarischen Quartett sind, wie oben, dem DWDS, Teilkorpus «Gesprochene Sprache», entnommen (siehe Anm. 34).
39 Vgl. Wiese (2011c).
40 IdS Mannheim, Archiv für gesprochenes Deutsch, Pfeffer-Korpus, 1961, Interaktion PF041, Münster. Den Hinweis auf diese Aufnahme verdanke ich einem anonymen Gutachter für die Zeitschrift *Linguistics* (zur Publikation Wiese 2011c).
41 Im Englischen wurde dies Phänomen schon Ende der 1980er Jahre sprachwissenschaftlich beschrieben; vgl. Underhill (1988), Meehan (1991).
42 Vgl. Bearth (1999), Aboh et al. (2007), Güldemann (2008).

4 Kiezdeutsch ist nicht allein: Jugendsprachen im urbanen Europa

Als ich anfing, mich für Kiezdeutsch zu interessieren, dachte ich zuerst, dass es eine solche neue Jugendsprache nur in Deutschland gäbe. Das ist aber nicht der Fall: Kiezdeutsch ist kein isolierter Einzelfall, sondern nur ein Beispiel für viele ähnliche Entwicklungen in Europa. Es gibt eine ganze Reihe von europäischen Pendants zu Kiezdeutsch, sozusagen ein «Kiezschwedisch», «Kiezholländisch», «Kiezenglisch» usw.[1] Hier zur Illustration zwei Äußerungen Jugendlicher aus den Niederlanden und Schweden, jeweils mit wörtlichen Übersetzungen:

«Hoeveel dukus?»[2]
Wieviel ‹dukus› (Sranan/Surinamesisch für «Geld»)?
«Igår   jag   var   sjuk.»[3]
Gestern ich war krank.

An diesen beiden Beispielen sieht man bereits zwei zentrale Merkmale solcher Jugendsprachen, die wir auch schon aus Kiezdeutsch kennen, nämlich Neuerungen im Bereich des Wortschatzes und im Bereich der Grammatik. So wird im ersten Beispiel mit ‹dukus› statt dem niederländischen ‹geld› (= deutsch «Geld») ein Wort aus dem Sranan, der Herkunftssprache surinamesischer Einwanderer, gebraucht (Surinam liegt nördlich von Brasilien an der Atlantikküste Südamerikas). Im zweiten Beispiel ist die Wortstellung ungewöhnlich, ein Hinweis auf eine grammatische Neuerung: Normalerweise würde im Schwedischen, genau wie im Deutschen, das Verb an zweiter Stelle stehen, also «Igår *var* jag sjuk» («Gestern war ich krank») statt, wie oben, «Igår jag var sjuk» («Gestern ich war krank»).

Im Folgenden will ich Sie auf eine kurze Reise durch einige europäische Nachbarländer mitnehmen, um dort Stippvisiten bei den Forschungsgruppen zu machen, die sich ebenfalls für urbane Jugendsprachen im Kontext von Migration und Mehrsprachigkeit interessieren und die europäischen Cousins von Kiezdeutsch erforschen.

4.1 Forschung zu neuen Jugendsprachen in Europa

Während in Deutschland die systematische Forschung zu Kiezdeutsch noch relativ jung ist, werden solche Jugendsprachen insbesondere in den skandinavischen Ländern schon seit Ende der 1980er Jahre untersucht. Eine Vorreiterin war Ulla-Britt Kotsinas, die als Erste das sogenannte *Rinkeby-Svenska* erforscht hat – benannt nach Rinkeby (ausgesprochen wie «Rinke-bü»; die Endung ist dieselbe wie in «Bullerbü», schwedisch «Bullerby»), einem Vorort von Stockholm mit hohem Migrantenanteil.[4]

In Rinkeby wurde ein von der Stadt betriebenes Forschungsinstitut gegründet, das «Språkforskningsinstitutet i Rinkeby», das mit der Universität Stockholm zusammenarbeitet. Am Zentrum für Mehrsprachigkeitsforschung der Universität arbeitet unter anderem die Gruppe um Kari Fraurud und Ellen Bijvoet zu Jugendsprache in multiethnischen Wohngebieten. Die Sprachwissenschaftler/innen untersuchen neben sprachlichen Merkmalen insbesondere auch die öffentliche Wahrnehmung dieses Sprachgebrauchs und die Einstellungen gegenüber seinen Sprecher/inne/n.[5] Auf Ergebnisse aus diesen Studien werde ich im zweiten Teil des Buches noch zurückkommen, wenn wir uns mit weit verbreiteten Mythen zu Kiezdeutsch beschäftigen.

In Großbritannien verbindet die Arbeitsgruppe um Ben Rampton vom Zentrum für Sprache, Diskurs und Kommunikation am King's College London soziolinguistische und ethnographische Methoden und untersucht die Verwendung und die gezielte Auswahl (jugend-)sprachlicher Ausdrucksmittel in einem bestimmten sozialen Kontext.[6] Ben Rampton hat den Begriff des «Crossing» für das Phänomen geprägt, dass sich Jugendliche ganz unterschiedlicher Herkunft einen sprachlichen oder nicht-sprachlichen Stil über ethnische Grenzen hinweg aneignen, auch wenn er ursprünglich für eine bestimmte Herkunft typisch gewesen sein mag.

Die Arbeitsgruppe um Paul Kerswill und Jenny Cheshire an der Universität Lancaster und der Queen Mary Universität in London betrachtet das sogenannte *Multicultural London English* stärker unter der Perspektive sprachlicher Innovation und untersucht lautliche und grammatische Neuerungen, die sich in dieser Jugendsprache entwickeln.[7] Wie Paul Kerswill

Der Kontext für *Multicultural London English* (Foto: U. Freywald)

hervorhebt, entsteht hier auf sprachlicher Ebene ein interessanter neuer Dialekt des Englischen:

> «Wir dachten, dass die Dialekte in England verwässert würden, weil Menschen häufiger umziehen. Aber in London passiert das Gegenteil – Immigration hat einen neuen Dialekt hervorgebracht, der sich weiter verbreiten könnte, wenn Sprecher aus der Innenstadt wegziehen.»[8]

In den Niederlanden wird die Jugendsprache, die sich dort in multiethnischen Vierteln entwickelt hat, oft *straattaal* ‹Straßensprache› genannt. Unter diesem Namen wurde sie erstmals 1999 von René Appel für Amsterdam beschrieben und später auch in anderen niederländischen Städten untersucht, unter anderem durch Jacomine Nortier in Utrecht.[9] Das Meertens-Institut Amsterdam befasst sich seit 2005 mit diesem neuen Sprachgebrauch im Rahmen von Projekten zur Sprachvariation und Dialektentwicklung in den Niederlanden.[10]

In Dänemark wird die entsprechende Jugendsprache als *københavnsk multietnolekt* («Kopenhagener Multiethnolekt») unter anderem an der Universität Kopenhagen im Bereich der Dialektologie von der Arbeitsgruppe um Pia Quist erforscht.[11] Quist und ihre Kolleg/inn/en verbinden grammatische Untersuchungen mit ethnographischen Studien. Sie besuchen hierfür unter anderem Schulen und untersuchen das Kommunikationsverhalten der Schüler/innen untereinander: Wer spricht wann mit wem in welchem Stil, welche Cliquen und Gruppenkonstellationen werden dadurch deutlich, welche soziale Bedeutung haben bestimmte sprachliche Stile, und wie verbinden sie sich mit anderen Stilen in der sozialen Praxis (Kleidung, Musikgeschmack u. ä.)?

In Norwegen beschäftigt sich das nationale UPUS-Projekt mit sprachlichen Entwicklungen im urbanen Raum und untersucht an der Universität Oslo unter dieser Perspektive insbesondere den Sprachgebrauch Jugendlicher in multiethnischen Kontexten mit einem großen Anteil von Familien pakistanischer Herkunft.[12]

In Deutschland gibt es sprachwissenschaftliche Forschung zu Jugendsprache in multiethnischen Wohngebieten seit etwa Anfang der 2000er Jahre.[13] Der Schwerpunkt lag dabei zunächst auf soziolinguistischen Fragestellungen – etwa, was den Gebrauch solcher Sprechweisen steuert, inwieweit sie zu sozialer Identifizierung und zu Gruppenzugehörigkeit beitragen[14] oder wie sie in Medien und Pop-Kultur verbreitet,

Ein multiethnisches Wohngebiet in Deutschland:
Türkische Verb-Endungen als Haus-Dekoration in Kreuzberg

stilisiert und verändert werden.[15] Im Fokus der Untersuchungen lagen und liegen dabei zumeist Sprecher/innen türkischer Herkunft.[16]

Demgegenüber hat meine eigene Arbeitsgruppe am Zentrum für Sprache, Variation und Migration der Universität Potsdam einen Schwerpunkt auf Untersuchungen zur sprachlichen Ebene selbst.[17] Wir untersuchen gezielt, was diese neue Jugendsprache, die hier zur Identifizierung, Stilisierung etc. genutzt wird, ausmacht, das heißt welche sprachlichen Merkmale für Kiezdeutsch typisch sind. Wir tun dies dabei grundsätzlich aus einer *multi*ethnischen Perspektive, das heißt wir beziehen Jugendliche unterschiedlicher Herkunft – türkischer ebenso wie arabischer, kurdischer, ... und eben auch deutscher Herkunft – in unsere Untersuchungen ein.

4.2 Wer spricht diese neuen Jugendsprachen?

Der Einbezug von Sprecher/inne/n ganz unterschiedlicher Herkunft ist für eine Untersuchung von neuen Jugendsprachen wie Kiezdeutsch besonders fruchtbar. Diese Jugendsprachen haben sich ja in Wohngebieten entwickelt, die durch viele verschiedene Ethnien und Herkunftssprachen charakterisiert sind. Es überrascht deshalb nicht, dass die Studien zu den verschiedenen europäischen Jugendsprachen zeigen, dass diese nicht auf Sprecher/innen einer einzelnen Herkunftssprache (etwa Türkisch) beschränkt sind und auch nicht nur auf Jugendliche mit Migrationshintergrund generell, sondern sich im gemeinsamen Alltag junger Menschen unterschiedlicher Herkunft entwickelt haben. Diese ethnische Vielfalt der Sprecher/innen spiegelt sich in dem Begriff «Multiethnolekt» wider, den Pia Quist für solche Jugendsprachen geprägt hat.[18]

Ein wichtiger Punkt ist hier, dass zu den unterschiedlichen Ethnien nicht nur die türkische, arabische, pakistanische, surinamesische Herkunft von Sprecher/innen gehört, sondern immer auch die der jeweiligen Mehrheitsgesellschaft, also deutsch, schwedisch, dänisch usw.: Diese Jugendsprachen sind, wie eingangs bereits betont, immer «Koproduktionen», sprachliche Gemeinschaftsprojekte, die Sprecher/innen mit *und* ohne Migrationshintergrund zusammenbringen.[19]

Dies sind also nicht neue Sprechweisen von Migranten, die dann auf den allgemeinen Sprachgebrauch abgefärbt hätten. Und im Gegensatz zu dem, was in der öffentlichen Diskussion zu Kiezdeutsch mitunter angenommen wird, findet man Migrant/inn/en oder «ausländische» Jugendliche unter den Sprecher/inne/n eigentlich gerade nicht. Jugendsprachen wie Kiezdeutsch werden nicht von Menschen gesprochen, die aus dem Ausland nach Europa immigriert sind, sondern von Inländern – im Fall von Kiezdeutsch von Jugendlichen, die in Deutschland geboren und mit der deutschen Sprache aufgewachsen sind. Diese Jugendlichen mögen Großeltern oder auch Eltern haben, die Migranten sind (aber noch nicht einmal dies ist ja immer der Fall), und sie mögen zu Hause noch andere Sprachen sprechen. Deutsch ist aber keine Fremdsprache für sie, sondern ihre Muttersprache oder eine Zweitsprache, die sie schon früh neben ihrer Muttersprache erwerben.

4.3 Jugendsprachen und Standardsprachen

Dementsprechend zeigte sich in verschiedenen europäischen Studien auch, dass die Sprecher/innen dieser neuen Jugendsprachen je nach Situation, das heißt je nachdem, wo und mit wem sie sprechen, auch in die Standardsprache wechseln:

Beispielsweise beherrschen *Rinkeby-Schwedisch*-Sprecher/innen meist auch Standardschwedisch, und Sprecher/innen des Kopenhagener Multiethnolekts nutzen auch das Standarddänische.[20]

Ebenso verwenden Jugendliche in Deutschland Kiezdeutsch nicht als Notlösung, weil sie nicht «richtig» deutsch sprechen können – davon handelt Kapitel 6 noch ausführlicher. Jugendliche wählen Kiezdeutsch gezielt im Gespräch unter Gleichaltrigen. Für unsere Untersuchungen stellte uns dies oft vor ein praktisches Problem: Jugendliche, die mit ihren Freunden auf der Straße gerade noch Kiezdeutsch gesprochen hatten, wechselten sofort ins Standarddeutsche oder in eine standardnahe Umgangssprache, wenn wir sie ansprachen – und nahmen uns damit die Chance, mehr über Kiezdeutsch zu erfahren. Für unsere sprachliche Datenerhebung führten wir deshalb meist keine Interviews, sondern gaben den Jugendlichen Aufnahmegeräte mit, mit denen sie sich selbst im Gespräch mit ihren Freunden aufnahmen.

Ein wichtiger Grund dafür, dass Jugendliche im Gespräch mit meinen Doktorand/inn/en und mir kein Kiezdeutsch sprechen, ist, dass wir zu alt sind: Kiezdeutsch und seine Pendants in anderen europäischen Ländern haben den Status von Jugendsprachen; sie werden von Jugendlichen und jungen Erwachsenen gesprochen. Wie alle Jugendsprachen werden diese neuen Sprechweisen auch dazu gebraucht, die Zugehörigkeit zu einer Gruppe Gleichaltriger anzuzeigen, in diesem Fall die Zugehörigkeit zur Jugendkultur in einem multiethnischen Viertel. Sie sind daher meist auf sogenannte *In-group*-Situationen beschränkt, das heißt auf Situationen, in denen Jugendliche unter sich sind. So erklärte ein Jugendlicher aus Kreuzberg im Interview:[21]

> «Ich kann nicht mit meinem Vater so reden. Das ist dann so respektlos.»

4.4 Andere Länder, gleiche (Sprach-)Sitten

Die Gemeinsamkeiten dieser neuen europäischen Jugendsprachen liegen nicht nur in ihrer Verwendung und im Status, den sie als eine von mehreren Optionen in unterschiedlichen Gesprächssituationen haben. Interessanterweise finden sich trotz der unterschiedlichen beteiligten Sprachen auch Ähnlichkeiten auf der sprachlichen Ebene selbst.

Einige Ähnlichkeiten sind Ihnen sicher schon bei den beiden Beispielen am Anfang dieses Kapitels aufgefallen: Da Sie nun mit Kiezdeutsch bereits vertraut sind, haben Sie beim ersten Beispiel, der Verwendung eines neuen Wortes (‹dukus›) im Niederländischen, sicher an Ausdrücke wie das arabische *wallah* ‹wirklich/echt› oder das türkische *lan* ‹Mann/Alter› gedacht, die oft in Kiezdeutsch gebraucht werden, und auch die Wortstellung aus dem zweiten, schwedischen Beispiel (*Igår jag var sjuk.* ‹Gestern ich war krank›) kennen Sie so ähnlich bereits aus Kiezdeutsch.

Wie eingangs erwähnt, kann man grundsätzlich drei zentrale Bereiche sprachlicher Gemeinsamkeiten für diese Jugendsprachen identifizieren, die sich über Länder- und Sprachgrenzen hinweg finden: (1) Neuerungen im Lexikon, also die Verwendung neuer Wörter und Wendungen, (2) phonologisch/phonetische Neuerungen, das heißt lautliche Innovationen und Ausspracheveränderungen, und (3) grammatische Neuerungen. Lassen Sie uns für jeden dieser Bereiche kurz einige Beispiele ansehen.

Neue Wörter und Wendungen

Neue Ausdrücke in diesen Jugendsprachen stammen, wie wir das für Kiezdeutsch bereits gesehen haben, oft aus den unterschiedlichen Herkunftssprachen der Sprecher/innen, zum Beispiel aus dem Sranan im Beispiel am Anfang. Hier einige Beispiele aus den verschiedenen Jugendsprachen:

Kiezdeutsch:
    «Ey, rockst du, **lan**, Alter.»
    (‹lan›: «Mann/Alter», türkischer Ursprung)
    «**Abu**! Lass das sein!»
    (‹abu›: «ey», arabischer Ursprung)
Niederländisches Straattaal:[22]
    «Welke **sma**?» – Welches **Mädchen?**
    (‹sma›: «Mädchen», surinamesischer Ursprung)
Rinkeby-Schwedisch:[23]
    «Har du **para**, **lan**?» – Hast du **Geld, Mann?**
    (‹para›: «Geld», türkischer Ursprung; ‹lan› s. o.)
Kopenhagener Multiethnolekt:[24]
    «Har du ikke set de der **kız**?» – Hast du nicht das
                                       Mädchen dort gesehen?
    (‹kız›: «Mädchen», türkischer Ursprung)

Diese Ausdrücke werden als neue *Fremdwörter* in diese Jugendsprachen aufgenommen und entsprechend von allen Sprecher/inne/n gleichermaßen verwendet, also nicht nur von denen, die zum Beispiel auch das Türkische oder Arabische beherrschen, ebenso, wie auch im Deutschen oder Dänischen Ausdrücke aus anderen Sprachen, zum Beispiel dem Englischen oder Französischen, als Fremdwörter von allen Sprecher/inne/n verwendet werden und nicht nur von denen, die fließend englisch, französisch etc. sprechen.

Entsprechend werden diese Wörter auch oft lautlich verändert und an die jeweilige aufnehmende Sprache angepasst. Für Kiezdeutsch haben wir das etwa in Kapitel 2.3 am Beispiel von *abu* gesehen, das in der Aussprache eingedeutscht wurde und den schwierigen arabischen Kehlkopfverschlusslaut am Anfang verloren hat.

Das türkische *kız*, das in dem Beispiel aus dem Kopenhagener Multiethnolekt auftritt, wird auch im schwedischen Pendant verwendet, hier jedoch inzwischen wie *gus* ausgesprochen. In dieser Form wurde es jetzt als neues schwedisches Wort in das renommierte Wörterbuch der Schwedischen Akademie aufgenommen.

Zusätzlich zu diesen Neuzugängen finden wir, wie generell in Jugendsprachen, häufig auch Entlehnungen aus dem US-Amerikanischen, zum Beispiel «jackpot» für positive Bewertungen oder «dissen» im Sinne von «ärgern/stören» vom englischen Verb *to dis / disrespect*:

Kiezdeutsch:[25]
 «*Jede* Schule is **jackpot**, nur *unsere* nisch!»
Niederländisches Straattaal:[26]
 «Hee, niet **dissen**!» – Hey, nicht ärgern!

Einige neue Ausdrücke stammen zwar möglicherweise aus einer anderen Sprache, ihr Ursprung ist aber nicht klar. Ein Beispiel ist *nang*, das von Londoner Jugendlichen im Sinne von «gut» benutzt wird:

Multicultural London English:
 «Last night was so **nang!**» – Letzte Nacht war super!

Woher dieser Ausdruck kommt, ist umstritten, möglicherweise ist er auch eine Neubildung. Wer sich für die Diskussion dazu interessiert, findet zum Beispiel im «Urban Dictionary», einem Online-Lexikon, eine ganze Reihe von Vorschlägen Jugendlicher, die von einem Ursprung in verschiedenen Sprachen (Bengali, Persisch, …) bis zu der Annahme reichen, dass der Ausdruck auf den Namen eines Schülers einer Londoner Schule zurückgeht.[27]

Andere Ausdrücke in multiethnischen Jugendsprachen sind nicht an sich neu, werden aber in einem neuen Sinne verwendet, ähnlich wie früher das Wort *geil*, das im Sinne von «gut» schon eine lange Geschichte in der deutschen Jugendsprache hat. Beispiele hierfür sind *nuff* (von *enough*, ‹genug›) aus London und *übertrieben* in Kiezdeutsch, die beide im Sinne von «sehr» gebraucht werden können, etwa «She is *nuff* nice»/ «Sie ist *übertrieben* nett» (beide in der Bedeutung «Sie ist **sehr** nett»).

Lautliche Veränderungen

Ein zweiter Bereich, in dem multiethnische Jugendsprachen in Europa Gemeinsamkeiten aufweisen, sind lautliche Veränderungen. Für Kiezdeutsch haben wir vorne zum Beispiel die Entwicklung von *ich* zu *isch* besprochen, die sogenannte Koronalisierung, die zu einer weniger markierten Aussprache führt (Kap. 2.2). Ähnliche Lautveränderungen sind auch für andere europäische Jugendsprachen typisch. So wird im *Multicultural London English* zum Beispiel der Doppelvokal («Zweilaut») in Wörtern wie *face* (im Standardenglischen so ähnlich ausgesprochen wie «feys») oder *go* (im Standardenglischen so ähnlich wie «gou») zu einem einzelnen, langen Vokal verändert, so dass sie eher wie «fees» oder «goh» klingen. Im *Kopenhagener Multiethnolekt* fällt oft der dänische «stød»-Laut weg, ein Laut, der dem Knacklaut im Deutschen ähnelt (also dem Laut, der zum Beispiel vor der zweiten Silbe von «beenden» ausgesprochen wird, aber nicht vor der zweiten Silbe in «gehen»).

Eine lautliche Veränderung, die für Kiezdeutsch und seine dänischen, schwedischen und norwegischen Pendants ganz ähnlich beobachtet wurde, ist eine stärker rhythmische Struktur der Sprache. Das wird vermutlich unter anderem durch eine gleichmäßigere Länge der Vokale gestützt: Lange Vokale werden etwas kürzer, kurze Vokale etwas länger ausgesprochen.[28]

Der Grund für die lautlichen Veränderungen in den verschiedenen Jugendsprachen sind zwei generelle Prozesse, die wir auch schon für Kiezdeutsch diskutiert haben. Zum einen gibt es Neuerungen, die vermutlich durch den Einfluss von Herkunftssprachen wie Türkisch, Arabisch oder Kurdisch in diese Jugendsprachen gelangt sind, zum Beispiel das gerollte, nicht vokalisierte [r] und möglicherweise auch der gleichmäßigere Rhythmus. Zum anderen zeigen sich Veränderungen, die zu einer einfacheren Aussprache führen bzw. zu einer weniger markierten, natürlicheren Lautung, zum Beispiel die Veränderung des «ich»-Lautes (von *ch* zu *sch*), die Ersetzung von Zweilauten oder manche Verkürzungen.

Grammatische Neuerungen

Auch im grammatischen Bereich sind sich die verschiedenen europäischen Jugendsprachen oft sehr ähnlich. Ein Beispiel ist die Wortstellung. In Kiezdeutsch haben wir zum Beispiel Sätze wie den im folgenden Beispiel besprochen, in denen das Verb nicht an zweiter Stelle steht wie im Standarddeutschen, sondern erst an dritter Stelle kommt, nach einem Adverbial und dem Subjekt:

«Ich wollte heut zu C & A gehen, wollt mir ein T-Shirt kaufen, **danach ich muss zu mein Vater**.»

Wie wir am Anfang dieses Kapitels gesehen haben, gibt es das auch in Schweden, hier noch einmal wiederholt (das erste der folgenden Beispiele),[29] und dasselbe Phänomen wird auch aus Kopenhagen und Oslo berichtet (zweites und drittes Beispiel):

«Igår jag var sjuk.» – Gestern ich war krank.

«Normalt man går på ungdomsskolen.»[30]
– Normalerweise man geht zum Jugendclub.

«etterpå jeg gikk og sjekka.»[31]
– Danach ich ging und sah nach.

Daneben finden wir Veränderungen in der Flexion, also zum Beispiel Verkürzungen von Endungen wie «zu mein Vater» statt «zu meinem Vater» oder die Verwendung eines anderen Genus, in ähnlicher Weise auch in den anderen europäischen Jugendsprachen. Zum Beispiel tritt der Gebrauch des sogenannten Genus commune (oder ‹utrum›) an Stelle des Neutrum im niederländischen *Straattaal* ebenso auf wie im *Rinkeby-Schwedisch* und dem *Kopenhagener Multiethnolekt*.[32]

Solche Veränderungen in Flexion und Wortstellung wirken auf den ersten Blick sicher einfach wie falsches Deutsch, Schwedisch, Dänisch etc. Die Tatsache, dass wir dies in den verschiedenen sprachlichen Umgebungen gleichermaßen finden, weist aber schon darauf hin, dass es sich hier um etwas Systematisches handelt. Wir haben es ja nicht nur mit verschiedenen Landessprachen zu tun (Deutsch, Dänisch, Schwedisch etc.), sondern auch mit unterschiedlichen Herkunftssprachen. Dazu gehören etwa Türkisch, Kurdisch, Arabisch, die allein schon drei verschiedenen Sprachfamilien angehören, aber auch Griechisch, das häufig in Schweden hinzukommt, Surinamesisch in den Niederlanden, Urdu in Norwegen, Serbokroatisch in Dänemark und zum Beispiel afrikanische Sprachen in Deutschland (etwa Kwa-Sprachen aus Ghana).

Für Kiezdeutsch hat außerdem die genauere Untersuchung einiger sprachlicher Phänomene gezeigt, dass es hier nicht nur um Abbau und Verkürzung geht, sondern auch um Aufbau und Innovation, nämlich die Entstehung neuer sprachlicher Konstruktionen – besonders solcher, die gut in das grammatische System der Landessprache passen (in unserem Fall in das System des Deutschen).

Ein länderübergreifendes neues Phänomen

Das Interessante ist, dass wir so weit gehende Parallelen in den verschiedenen europäischen Jugendsprachen finden. Diese Parallelen liegen auf sprachlicher Ebene, wo wir ähnliche Entwicklungen in Lexikon, Lautung und Grammatik beobachten können, ebenso wie im außersprachlichen Bereich, nämlich in Bezug auf die Verwendung und den Status dieser Jugendsprachen. Überall in Europa, wo Jugendliche unterschiedlicher Herkunft zusammenleben und Kenntnisse unterschiedlicher Sprachen mitbringen, haben sie dynamische neue Jugendsprachen entwickelt, und diese Jugendsprachen weisen ganz ähnliche Charakteristika auf, trotz der unterschiedlichen beteiligten Sprachen, der Unterschiede in den Bildungssystemen und der ganz unterschiedlichen Vorgeschichten und Bedingungen der Migration in den verschiedenen Ländern.

Dies zeigt nicht nur, dass Kiezdeutsch nicht allein ist – es hat offensichtlich eine ganze Reihe europäischer Cousins –, es zeigt auch, dass die Entstehung von Kiezdeutsch kein spezielles, zufälliges Phänomen ist, sondern auf allgemeine sprachliche Entwicklungsprozesse verweist. Oder, wie meine Kollegin Pia Quist aus Kopenhagen es ausdrückte:

«Diese Jugendlichen haben diese neuen Jugendsprachen nicht entwickelt, weil sie einen türkischen Hintergrund oder surinamesischen Hintergrund haben; nicht, weil sie in Dänemark oder in Deutschland leben, sondern einfach, weil sie Menschen sind und miteinander reden!»[33]

1 Und auch für Afrika sind neue urbane Jugendsprachen beschrieben worden, die einige Ähnlichkeiten zu diesen europäischen «Kiez-Sprachen» aufweisen (vgl. Kießling & Mous 2004; Kerswill 2010).
2 Beispiel aus Appel (1999:39).
3 Beispiel aus Kotsinas (1998:137).
4 Vgl. Kotsinas (1988, 1992, 1998).
5 Bijvoet (2003), Fraurud (2004), Bijvoet & Fraurud (2010), Boyd & Fraurud (2010).
6 Vgl. Rampton (1995; 2006).
7 Vgl. Kerswill (2006), Torgersen et al. (2006), Cheshire et al. (2008).
8 Meine Übersetzung (H.W.); im Original: «We thought that dialects in England were being watered down as people move around. But what's happening in London is the opposite – immigration is creating a new dialect which could spread outwards as people move out of the inner city.» (‹Researchers discover new dialect›, Lancaster University News Dezember 2006).
9 Appel (1999), Braak (2002), Nortier (2000, 2001). Zu ähnlichen sprachlichen Beobachtungen im belgischen Antwerpen vgl. Jaspers (2008).
10 Vgl. etwa Cornips (2002; 2004), Cornips et al. (2006), Hinskens (2007), Cornips & Nortier (Hg.) (2008).
11 Quist (2000; 2005; 2008).
12 Vgl. Nistov et al. (2007), Svendsen & Røyneland (2008).
13 Füglein (2000), Keim (2002), Kallmeyer & Keim (2002; 2003), Dirim & Auer (2004), Eksner (2006), Wiese (2006; 2009).
14 Keim (2002; 2007), Kallmeyer & Keim (2003), Dirim & Hieronymus (2003), Dirim & Auer (2004), Hinnenkamp (2005), Eksner (2006).
15 Keim & Androutsopoulos (2000), Androutsopoulos (2001a,b; 2007), Auer (2003), Kotthoff (2004), Deppermann (2007).
16 Keim (2002; 2004; 2007a,b), Kallmeyer & Keim (2002; 2003), Dirim & Hieronymus (2003), Kern & Selting (2006 a,b), Eksner (2006).
17 Wiese (2006; 2009; 2010; 2011a,d), Wiese et al. (2009), Wittenberg & Paul (2009), Paul et al. (2010), Freywald et al. (2012).
18 Quist (2000; 2008). vgl. auch Clyne (2000). Vgl. Nortier (2008) zu einer kritischen Diskussion des Begriffs «Ethnolekt» (vs. «Multiethnolekt»).

19 Vgl. hierzu auch Wiese (2010).
20 Vgl. Kotsinas (2001) zum Schwedischen, Quist (2000) zum Dänischen; vgl. auch Svendsen & Røyneland (2008) zum Norwegischen.
21 Aus Regel (2010).
22 Beispiel aus Nortier (2001:64).
23 Beispiel aus Kotsinas (1998:138).
24 Beispiel aus Quis (2000:156).
25 Vgl. Wittenberg & Paul (2009) zu Anglizismen in Kiezdeutsch.
26 Aus Nortier (2001:64). Zum Ausdruck *dissen* in diesem Beispiel vgl. Wiese (2006).
27 Siehe http://www.urbandictionary.com/define.php?term=nang.
28 Möglicherweise finden wir hier eine Veränderung von akzentzählendem Rhythmus, wie er zum Beispiel für das Standarddeutsche typisch ist, zu silbenzählendem Rhythmus, wie ihn zum Beispiel das Türkische und das Italienische kennen (vgl. Auer 2003, Dirim & Auer 2004:207; sowie Quist 2008 zum Dänischen, Svendsen & Røyneland 2008 zum Norwegischen, Bodén 2011 zum Schwedischen). Von der Tendenz her sind in akzentzählenden Sprachen die Abstände zwischen den *betonten* Silben gleich, silbenzählende Sprachen haben dagegen eine gleichmäßige Silbenlänge, unabhängig davon, ob die Silbe betont oder unbetont ist.
29 Zur «Adv SVO»-Stellung im Sprachgebrauch Jugendlicher in multiethnischen Wohngebieten Schwedens vgl. ausführlich Ganuza (2008).
30 Aus Quist (2000:152).
31 Aus Svendson & Røyneland (2008:75).
32 Vgl. Kotsinas (1998:137), Quist (2000:153), Nortier (2001), Wiese (2009).
33 Diskussionsbeitrag im LiRAME-Workshop, Universität Potsdam 2008; meine Übersetzung (H.W.). Im Original: «These young people did not develop those new youth languages because they have a Turkish background, or a Surinamese background, not because they live in Denmark or in Germany, but simply because they are people and they speak to each other!»

Teil 2

Kiezdeutsch als neuer Dialekt

Wenn Menschen miteinander reden, dann geht es nie nur um die reine Vermittlung von Informationen, sondern immer auch um soziale Beziehungen. Für einen Dialekt wie Kiezdeutsch bedeutet das, dass er nicht einfach neutral als eine mögliche Sprechweise im Deutschen angesehen wird, sondern immer auch sozial bewertet und oft auch abgewertet wird. Dialekte und ihre Sprecher/innen werden häufig negativ angesehen, ganz unabhängig von ihrer sprachlichen Eleganz und ihrer grammatischen Komplexität, und dies gilt für Kiezdeutsch eben auch – und oft in besonders starkem Maße. Unter dieser Perspektive wollen wir nun einen Blick auf einige weit verbreitete Missverständnisse und Mythen zu Kiezdeutsch werfen.

Im ersten Teil dieses Buches ging es um Kiezdeutsch selbst: Wir haben geklärt, was Kiezdeutsch ist, und haben uns dazu die sprachlichen Merkmale von Kiezdeutsch genauer angesehen. Das sprachwissenschaftliche Hintergrundwissen zu Kiezdeutsch, das wir dabei gesammelt haben, hilft uns nun dabei, Sachargumente in eine Diskussion zu bringen, die mitunter emotional recht aufgeladen ist.

Die Perspektive auf Kiezdeutsch als Dialekt erlaubt uns, bestimmte Vorurteile und Vorbehalte gegenüber dieser Jugendsprache in den generellen Bereich der sozialen Wahrnehmung von Dialekten und der Einstellungen gegenüber sprachlicher Variation einzuordnen. Die Vorbehalte und teilweise auch Anfeindungen gegenüber Kiezdeutsch sind grundsätzlich nichts Neues gegenüber dem, was auch andere Dialekte erleiden mussten oder müssen – nur geht es gegen Kiezdeutsch oft mit größerer Vehemenz.

Um dies zu zeigen, werde ich zunächst klären, was wir eigentlich unter einem Dialekt verstehen (Kap. 5). Auf dieser Basis will ich mit Ihnen dann drei populäre Thesen zu Kiezdeutsch unter die Lupe nehmen, die immer wieder in der Diskussion auftauchen und die sich vor dem Hintergrund unserer sprachwissenschaftlichen Erkenntnisse als Irrtümer herausstellen werden. Wir werden sehen, dass *Kiezdeutsch kein gebrochenes Deutsch ist* – so wie auch Schwäbisch nicht der gescheiterte Versuch ist, Hochdeutsch zu sprechen (Kap. 6), dass *Kiezdeutsch nicht auf mangelnde Integration weist* – so wie auch Bayern anders sprechen als Preußen (Kap. 7), und dass *Kiezdeutsch keine Bedrohung für das Deutsche ist* – so wie auch Sächsischsprecher/innen das Deutsche nicht gefährden (Kap. 8).

Doch zunächst zur Basis für diese Diskussion: Was bedeutet die neue Perspektive auf Kiezdeutsch als Dialekt genau, was heißt es, einen bestimmten Sprachgebrauch als Dialekt anzusehen?

5 Was bedeutet es, ein Dialekt zu sein?

Um die neue Perspektive auf Kiezdeutsch als Dialekt auszubuchstabieren, erläutere ich im folgenden Abschnitt zunächst den Begriff «Dialekt» und zeige vor diesem Hintergrund, was Kiezdeutsch als Dialekt ausmacht (Abschnitt 5.2). Danach gehe ich auf das Spannungsverhältnis zwischen Dialekt und Standardsprache ein (Abschnitt 5.3), das uns fruchtbare Einblicke für ein Verständnis von Kiezdeutsch und seiner öffentlichen Wahrnehmung geben wird.

5.1 Dialekte, Soziolekte, Regiolekte

In der traditionellen germanistischen Dialektologie wurden Dialekte zunächst regional verstanden, das heißt ein Dialekt ist typischerweise so etwas wie Bairisch oder Hessisch: ein Sprachgebrauch, der Sprecher/innen aus einer bestimmten Region charakterisiert. Man spricht hier von einer «horizontalen» Bestimmung von Dialekten, die auf geographischen Faktoren beruht. Etwa seit den 1980ern hat sich in Soziolinguistik und Variationslinguistik ein weiterer Dialektbegriff entwickelt, der auch «vertikale» Bestimmungen einbezieht, das heißt auch Varietäten umfasst, die durch soziale Faktoren bestimmt und für den Sprachgebrauch einer bestimmten sozialen Gruppe charakteristisch sind.[1]

Der Begriff «Dialekt» umfasst dann sowohl «Regiolekte» (die traditionellen Dialekte wie Bairisch) als auch «Soziolekte» (zum Beispiel Arbeiterklassedialekte).[2] Dieser weite Begriff von «Dialekt» erfasst, dass es in beiden Fällen um eine sprachliche Varietät geht, die eine bestimmte Sprechergemeinschaft (zum Beispiel Bayern, Arbeiter) innerhalb einer größeren Sprachgemeinschaft (zum Beispiel Deutsch) charakterisiert.

Um als solcher identifizierbar zu sein, muss ein Dialekt sprachliche Besonderheiten haben, die ihn vom Standard und von anderen Dialekten abgrenzen – er muss typische Eigenheiten im Bereich der Lautung, des Wortschatzes und der Grammatik aufweisen, die auf ein eigenes sprachliches System hinweisen.

Mit der Einordnung von Kiezdeutsch als Dialekt beziehe ich mich auf diese weite Auffassung von Dialekt, die ein charakteristisches sprachliches System voraussetzt, dabei aber geographische *und* soziale Faktoren einbezieht.

5.2 Kiezdeutsch als multiethnischer Dialekt

Die Argumente für Kiezdeutsch als Dialekt ergeben sich aus unserer sprachwissenschaftlichen Untersuchung im ersten Teil. Die genauere Betrachtung der sprachlichen Eigenheiten von Kiezdeutsch hat uns gezeigt, dass diese Jugendsprache keine reduzierte Form des Deutschen ist, sondern im Bereich von Aussprache, Wortschatz und Grammatik *systematische* Neuerungen entwickelt hat, wie sie für Dialekte charakteristisch sind.

Wir haben gesehen, dass Kiezdeutsch, wie ähnliche Jugendsprachen in anderen europäischen Ländern, durch seine vielen mehrsprachigen Sprecher/innen besonders dynamisch und offen für grammatische Innovationen ist. Dabei entsteht aber keine «Mischsprache», sondern eine produktive neue Varietät: Wie sich an vielen Beispielen gezeigt hat, ist Kiezdeutsch fest im System des Deutschen verankert und nutzt die Möglichkeiten, die sich hier bieten, für neue sprachliche Entwicklungen. Zusammengenommen stützt dies eine Sicht von Kiezdeutsch als neuen Dialekt des Deutschen.

Die Besonderheit ist hier, dass wir es mit einem *multietnischen* Dialekt zu tun haben, der nicht auf eine bestimmte Region beschränkt ist, sondern sich in ganz Deutschland in ähnlicher Weise in Wohngebieten mit vielen Sprecher/inne/n verschiedener Herkunftssprachen entwickelt hat. Kiezdeutsch ist als Sprachgebrauch bestimmter urbaner Wohngebiete zwar grundsätzlich auch räumlich bestimmt. Diese Wohngebiete sind jedoch, anders als traditionelle Dialekte, nicht einer einzigen geographischen Region zugeordnet, sondern durch ihre multiethnische Bevölkerungszusammensetzung und einen hohen Migrantenanteil definiert. Dies ist in Deutschland, ähnlich wie in einigen anderen westeuropäischen Ländern, mit sozioökonomischen Faktoren wie niedrigem Haushaltseinkommen und hoher Erwerbslosenquote verknüpft.[3] Das bedeutet, dass bei Kiezdeutsch beide Aspekte des erweiterten Dialektbegriffs, den wir hier verwenden, zusammenkommen: Kiezdeutsch ist ein Dialekt, der regional *und* sozial definiert ist.

Dies ist auch aus traditioneller Sicht nichts grundsätzlich Neues: Gerade in Deutschland waren Dialekte immer schon nicht nur geographisch bestimmt, sondern auch sozial assoziiert, und zwar in Abgrenzung zur sogenannten Standardsprache.

5.3 Dialekt und Standarddeutsch

Unser heutiges «Standarddeutsch» basiert, wie in 3.2 schon erwähnt, auf einer hochdeutschen – im Gegensatz zu niederdeutscher – Varietät, die im 17./18. Jahrhundert unter dem Einfluss sogenannter Kanzleisprachen entstanden ist. Diese Kanzleisprachen waren lokale standardisierte Schriftsprachen, die in fürstlichen und städtischen Kanzleien verwendet wurden. Eine wichtige Quelle für das Standarddeutsche war die am Meißner Hof entwickelte «Sächsische Kanzleisprache».

Wie kam es zur Identifizierung eines solchen Standards? Warum die Markierung einer bestimmten Varietät als «Standard»? Das Interessante für unsere Diskussion ist, dass das «Standarddeutsche» und seine Unterscheidung von Dialekten von Anfang an sozial motiviert war: Standarddeutsch entwickelte sich als die gesprochene Sprache einer neuen Mittelschicht, die sich hiermit abgrenzte und identifizierte.

Im 17./18. Jahrhundert bildete sich in Deutschland eine neue soziale Schicht heraus, die wegen der feudalistischen Ordnung nur geringe Möglichkeiten der politischen Machtbeteiligung hatte und ihr Selbstverständnis aus der Bildung zog. Ihre Mitglieder beschreibt der Historiker Hans-Ulrich Wehler in seinem Grundlagenwerk zur deutschen Gesellschaftsgeschichte als «akademisch geschulte, überwiegend an Karrieren im Staats- und Stadtdienst gebundene Bildungsbürger».[4] «Bildung» erhält hier die Funktion, Privilegien zu ermöglichen und zu sichern:

> «Ein Gebildeter war schließlich, wer seine Schulung an Gymnasien und Universitäten durch Prüfungszeugnisse nachweisen konnte. Bildung in diesem Sinne setzte an die Stelle der Persönlichkeitsentfaltung den Wissensenzyklopädismus, vermittelte Leistungswissen und gewährte die in Diplomen verbriefte Berechtigung zum Eintritt in attraktive Berufe. Sie diente gleichzeitig als sozialer Abwehrmechanismus, um unerwünschten Zustrom von unten zu versperren».[5]

Diese Abgrenzung gegen «unerwünschten Zustrom von unten», also aus den unteren sozialen Schichten, wurde über die Sprache unterstützt: Während die Standessprache des Adels das Französische war, identifizierte sich diese neue Mittel- und

Oberschicht über das Standarddeutsche. Es diente, wie es der Sprachgeschichtler Peter von Polenz formuliert, als «soziales Distanzierungsmittel [...] zur Gewinnung von Prestige für eine herausgehobene Gruppe gesellschaftlicher Aufsteiger».[6]

Sprache diente nicht einfach nur der Kommunikation, der Übermittlung von Gedanken, sondern hatte auch soziale Funktionen. Dies ist letztlich immer der Fall, hatte aber hier ein ganz besonderes Gewicht, wo das sich entwickelnde Standarddeutsch nicht so sehr als einheitliche, allgemein verständliche deutsche Gemeinschaftssprache entstand, sondern als abgrenzender Sprachgebrauch einer bestimmten sozialen Schicht:

> «So hatte dann das bürgerliche Bildungsdeutsch weniger der intersozialen Kommunikation als vielmehr der kulturellen Selbstdarstellung des allmählich und verspätet zur Oberschicht werdenden Großbürgertums zu dienen.»[7]

Gegenüber dieser Sprache der neuen Mittel- bzw. Oberschicht wurden nun die Dialekte abgewertet als weniger prestigeträchtige, sozial stigmatisierte Varianten gegenüber der vorgeschriebenen «Sprachnorm». Ein Dialekt wurde, in den Worten des Sprachvariationsforschers Ulrich Knoop, zur «Sprechweise, die man *nicht* verwenden soll»[8].

Bei der Identifizierung von Dialekten und ihrer Abgrenzung zum Standard ging es also nie nur um geografische Aspekte, sondern immer auch schon um soziale Faktoren. Standarddeutsch ist entstanden als die Sprache der bildungsbürgerlichen Mittelschicht, die sich damit von den anderen Schichten abgrenzt und diese eben auch von Anfang an ausgrenzt, die Sprache auch nutzt als «Mittel zur sozialen Statusmarkierung und somit als Instrument zur sozialen Diskriminierung»[9].

Dieser Aspekt der Verwendung des Standarddeutschen ist ein wichtiger Punkt für unser Verständnis von Einstellungen gegenüber Dialekten: Dialekte dienen zwar auch der positiven Identifikation innerhalb einer Gruppe, zum Beispiel der Identifikation mit einer bestimmten Region, aber die Verwendung von Dialekten im Gegensatz zum Standard ist immer auch sozial stigmatisiert bei der Abgrenzung der bildungsbürgerlichen Mittelschicht nach unten.[10]

Diese jahrhundertelange Abgrenzung führte zu einer Tendenz, das Standarddeutsche irrtümlicherweise als «Hochsprache» umzuinterpretieren, der andere Varietäten dann als «sprachlich niedriger» entgegengesetzt werden – als bestenfalls schlampiger, zum Teil aber sogar vermeintlich fehlerhafter Sprachgebrauch, der weniger differenziert, stärker restringiert sei, usw.

Wie das folgende Zitat des britischen Soziolinguisten und Dialektologen James Milroy verdeutlicht, gilt dies nicht nur für Deutschland:

> «Der Standard-Sprachgebrauch ist im Wesentlichen der Sprachgebrauch der Oberschicht und oberen Mittelschicht – eine Minderheit der Bevölkerung. Wir finden hier eine sehr ausgeprägte soziale Dimension, und ‹Nicht-Standard›-Varietäten und Dialekte werden offen diskriminiert und ‹korrigiert›.»[11]

Auf der folgenden Seite ist eine grafische Darstellung dieser Laiensicht auf Sprache zu sehen («Folk Theory of Language»), die ich einem Sammelband zur Soziolinguistik entnommen und auf das Deutsche übertragen habe.[12]

Wir haben nach dieser irrtümlichen Sicht eine Hierarchie, in der «Das Deutsche» (orig. *The Language*) verknüpft wird mit «Hochdeutsch», der positiv besetzten Standardsprache (orig. *Good Language*), die der normalen Umgangssprache

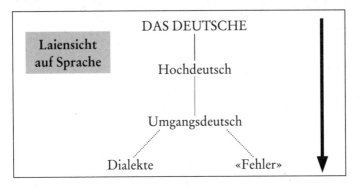

Ein verbreiteter Irrtum zur Sprache

(orig. *Ordinary Language*) übergeordnet ist, während ganz unten dann die Dialekte auf einer Stufe mit den «Fehlern» stehen. Obwohl sie keine sachliche Grundlage haben, sind solche Sprachmythen weit verbreitet. Noch in den 1970er/80er-Jahren, so erzählte mir ein Berliner Lehrer aus seiner eigenen Schulzeit, wurde zum Beispiel das Berlinische in der Schule als «Schlampdeutsch» verunglimpft.

In der Sprachwissenschaft werden Einstellungen zu Standardsprache und dialektaler Variation in unterschiedlichen Forschungsbereichen untersucht. Insbesondere sind das die «Attitude Studies», die Spracheinstellungen erforschen, die «perzeptuelle Dialektologie», die sich mit der Wahrnehmung von Dialekten und Dialektsprecher/inne/n beschäftigt, und die Sprachideologieforschung, die die Vorstellungssysteme untersucht, die unseren Bewertungen sprachlicher Varietäten und Stile und ihrer Sprecher/innen zu Grunde liegen.[13] Aus diesen Forschungsgebieten wissen wir, dass generell folgende Wahrnehmungen und Einstellungen unter Sprecher/inne/n weit verbreitet sind:

– *Eine ideologische Verbundenheit mit dem Standard:*[14] Die

Standardsprache wird nicht nur als das angesehen, was sie ist, nämlich als eine von vielen sprachlichen Varietäten (wenn auch mit einem besonderen überregionalen und schriftsprachlichen Status), sondern als eine grammatisch «bessere» Sprachform.

– *Die Bewertung von Abweichungen vom Standard als Fehler:* Aus dieser Verbundenheit mit dem Standard ergibt sich oft dann eine Bewertung sprachlicher Varianten, die vom Standard abweichen, als «falsch». Dies betrifft sowohl allgemein verbreitete Phänomene der gesprochenen Sprache (zum Beispiel *weil* mit Verb-zweit-Stellung oder *brauchen* ohne *zu*) als auch dialektale Eigenheiten (zum Beispiel die Aufspaltung von *dafür*, etwa in «Da kann ich nichts für.» im norddeutschen Raum). Die Allianz mit dem Standard führt dazu, dass solche Varianten vorschnell als bloße Fehler abgetan werden. Das verhindert, dass die sprachliche Systematik erkannt wird, die, wie sich in Kapitel 3 an vielen Beispielen gezeigt hat, hinter diesen Konstruktionen steckt.

– *Die Verknüpfung von Einstellungen gegenüber einem Sprachgebrauch mit Einstellungen gegenüber seinen Sprecher/inne/n:* Dies kann in beide Richtungen gehen. Es kann sowohl dazu führen, dass ein Dialekt negativ bewertet wird, weil seine Sprecher/innen abgelehnt werden, als auch, dass Menschen negativ bewertet werden, weil sie einen Dialekt sprechen, der als schlecht («falsch», «schlampig», ...) angesehen wird.

– *Eine negative Bewertung von Nicht-Standardsprecher/inne/ n:* Wer nicht die Standardsprache spricht, wird häufig negativ bewertet, als sprachlich inkompetent oder generell als dümmer angesehen. Die Basis hierfür ist die bereits erwähnte Einschätzung von Abweichungen vom Standard als «Fehler», die dann, wie im vorausgegangenen Punkt beschrieben, mit negativen Einstellungen gegenüber den Sprecher/inne/n verknüpft wird. Hier etwas, das der Comedy-Künstler Dominik Kuhn, den Sie vielleicht durch seine Reihe «Die Welt auf Schwäbisch» kennen, zu diesem Thema gesagt hat:

«Jemand, nur weil der Schwäbisch redet, muss ja nicht gleich dumm sein. Die Wahrnehmung ist aber so.»[15]

- *Eine negative Einstufung des Sprachgebrauchs sozial Schwächerer:* Wenn Mitglieder niedriger sozialer Schichten eine besondere sprachliche Variante sprechen, zum Beispiel einen Arbeiterklassedialekt (etwa das Londoner «Cockney»), dann wird diese Variante eher negativ, als «falsch» oder als Hinweis auf mangelnde Sprachkompetenz u. ä. bewertet als ein Dialekt, der sich in bestimmten höheren sozialen Schichten ausgebildet hat (etwa das Queen's English im englischen Königshaus oder das traditionelle Oxford English). Hier spielt auch der Zusammenhang mit Bildung eine Rolle: Menschen aus einer höheren sozialen Schicht werden typischerweise als gebildeter wahrgenommen, und die Sprache Gebildeter wird als «besser» eingeschätzt – auch wenn grammatisch gesehen das Londoner Cockney nicht weniger komplex oder systematisch ist als das Oxford English. In Abschnitt 6.6 betrachten wir den Zusammenhang zwischen Sprachform, Bildung und sozialer Schicht noch von einer anderen Seite: Die Bildungssprache der Schule ist besonders nah am Sprachgebrauch der Mittel- und Oberschicht – das ist natürlich kein Zufall, denn sie orientiert sich am Standarddeutschen des «Bildungsbürgertums» –, und Kinder aus dieser Schicht sind daher im Vorteil.
- *Eine verstärkte sprachliche Unsicherheit bei Sprecher/inne/n einer Varietät mit niedrigem Sozialprestige:* Sprecher/innen einer solchen niedrig bewerteten Varietät neigen dazu, die Außensicht zu übernehmen und ihren eigenen Sprachge-

brauch als schlecht oder falsch anzusehen, auch wenn sie ihn in ihrer sprachlichen Praxis systematisch, regelhaft und der jeweiligen Gesprächssituation angemessen als effizientes und komplexes Kommunikationsmittel nutzen:

> «Menschen in Gemeinschaften mit niedrigem Sozialprestige glauben, dass sie andere sprachliche Formen benutzen ‹sollten› als die, die sie tatsächlich verwenden, weil in der weiteren Gemeinschaft erstere hoch geschätzt und letztere abgelehnt werden.»[16]

Diese Einstellungen und Wahrnehmungen zu Sprache, sprachlicher Variation und zu den Sprecher/inne/n haben keine sachliche Grundlage in den sprachlichen Systemen selbst. Grammatisch gesehen ist eine Konstruktion wie «Sie brauch nicht tanzen» nicht schlechter als ihr standardsprachliches Pendant «Sie braucht nicht zu tanzen.». Wie ich in Abschnitt 2.1 gezeigt habe, ist sie aus grammatischer Sicht sogar systematischer, und ihr/e Sprecher/in weist sich eher als sprachkompetent denn als dumm aus.

Es geht hier also offensichtlich nicht um den Sprachgebrauch selbst, sondern um soziale Einordnung, Identifikation und auch Ausgrenzung. Sprachliche Einschätzungen finden nie im sozialen Vakuum statt. Sprache als zentrales Medium menschlicher Gesellschaften ist vielmehr immer auch sozial assoziiert, sie dient immer auch zur sozialen Einordnung und zur Konstruktion sozialer Identitäten, zur Organisation sozialer Beziehungen zwischen Gruppen und innerhalb von Gruppen, zur Anzeige von Gruppenzugehörigkeit und zur Stereotypisierung.

Völlig unabhängig von der *sprachlichen* Realität vom Status grammatischer Strukturen u. ä. können sprachliche Stile und Dialekte sozial stigmatisiert oder aber mit Prestige versehen sein – teilweise kommt beides zusammen, wenn eine bestimmte Sprechweise in der weiteren Gesellschaft negativ bewertet wird, aber ein sogenanntes verdecktes Prestige trägt und zum Beispiel die positiv verstandene Zugehörigkeit zur Straßenkultur in einem bestimmten Viertel anzeigen kann. Unterschiedliche Sprechweisen, Dialekte und auch Sprachen haben daher in der sozialen Interaktion immer auch einen bestimmten – hohen oder niedrigen – Marktwert. Sie stellen ein symbolisches und kulturelles «Kapital» dar,[17] das ihrem Sprecher/ihrer Sprecherin Prestige und Privilegien verleihen kann oder aber Herabsetzung und Ausgrenzung mit sich bringt.

Die Angewohnheit, bestimmte sprachliche Varianten mit Prestige zu belegen und andere abzuwerten, scheint tief in unserem sozialen Miteinander verwurzelt zu sein.[18] Schon unsere *akustische* Wahrnehmung von Sprache ist nicht neutral, sondern bereits durch sprachlich/soziale Stereotype gefärbt, so dass wir oft nur das hören oder bemerken, was wir bei bestimmten Sprecher/inne/n zu hören erwarten, und nicht so sehr das, was sie tatsächlich sagen. Am Zentrum Allgemeine Sprachwissenschaft in Berlin spielten Stephanie Jannedy und ihre Kolleginnen den Teilnehmer/inne/n in einer Studie Hörbeispiele vor, bei denen es um die Unterscheidung von «isch» und «ich» ging, am Beispiel von «Fichte» (= der Baum) gegenüber «fischte» (= die Verbform, also zum Beispiel in «Er fischte am Bach»). Bei den Hörbeispielen handelte es sich dabei nicht nur um klare Beispiele für «isch» und «ich», sondern es waren auch viele Übergangsstufen dabei, also Formen, die akustisch etwas näher bei «fischte» oder «Fichte» waren, aber nicht genau «fischte» oder «Fichte». Den Teilnehmer/inne/n wurde bei den Aufnahmen entweder gesagt, sie kämen von einem Kreuzberger Sprecher, oder sie kämen von einem Sprecher aus Zehlendorf (einem Berliner Bezirk, der als typischer Mittelschichtsbezirk wahrgenommen wird). In Wirklichkeit handelte es sich jedoch um genau dieselben Aufnahmen. Das

Erstaunliche war, dass die vermeintliche «Information» über den Sprecher einen so starken Einfluss hatte, dass die Teilnehmer/inne/n eher «isch» hörten, wenn sie glaubten, ein Wort würde von einem Kreuzberger gesprochen, als wenn sie glaubten, es käme von einem Zehlendorfer. Schon das, was wir hören, ist also von den Erwartungen und sprachlichen Stereotypen gefärbt, die wir im Kopf haben.[19]

Die soziale Dimension der Wahrnehmung und Bewertung von Sprecher/inne/n und Sprachgebrauch stellt generell ein großes Handicap für jeden Dialekt dar, aber insbesondere für Soziolekte, die Sprecher/innen einer schwächeren sozialen Gruppe kennzeichnen. Für Kiezdeutsch sollte man dies noch in entsprechend größerem Maße erwarten, wenn man sich klar macht, dass die Sprecher/innen dieses Dialekts – Jugendliche aus wirtschaftlich schwachen Wohngebieten mit hohem Migrantenanteil – von vorneherein mit einem sehr niedrigen Sozialprestige zu kämpfen haben.

Das sollten wir daher im Hinterkopf behalten, wenn wir nun Einstellungen gegenüber Kiezdeutsch und verbreitete Irrtümer zu diesem neuen Dialekt genauer untersuchen.

---

1 Vgl. etwa eine häufig zitierte Definition von ‹dialect› in Trudgill (1992:23): «a variety of language which differs grammatically, phonologically and lexically from other varieties, and which is associated with a particular geographical area and/or with a particular social class or status group.»
2 Mitunter werden unter «Regiolekten» auch generellere, supra-lokale Sprachformen verstanden, die für ein größeres Gebiet charakteristisch sind, in dem verschiedene lokale Dialekte auftreten können.
3 Vgl. hierzu etwa die Zahlen im OECD International Migration Outlook 2006 und im Mikrozensus 2005 des Statistischen Bundesamtes zur Bevölkerung mit Migrationshintergrund in Deutschland.
4 Wehler ([2]1989:210).
5 Wehler ([2]1989:216).
6 von Polenz (1983:8).

7 von Polenz (1983:16).
8 Knoop (1987:29).
9 Voeste (1999:14).
10 Wie etwa Ryan et al. (1982) ganz ähnlich für den angelsächsischen Raum zeigen, sind lokale Dialekte daher bei den Sprecher/inne/n oft assoziert mit Konzepten der Solidarität wie «Wärme» und «Ehrlichkeit», Standardvarietäten dagegen typischerweise mit Statuskonzepten wie «Bildung» und «Fleiß» (vgl. hierzu auch Niedzielski & Preston 2009).
11 Milroy (1998: 64); meine Übersetzung (H.W). Im Original: «Standard speech is essentially the speech of the upper and upper-middle classes – a minority of the population. There is a very strong social dimension, and ‹non-standard› accents and dialects are openly discriminated against and ‹corrected›.»
12 Niedzielski & Preston (2009:371).
13 Zu Attitude Studies vgl. Ryan & Giles (Hg.) (1982), Bradac et al. (2001), Garrett et al. (2003); zur Perzeptuellen Dialektologie vgl. Preston (Hg.) (1999), Long & Preston (Hg.) (2002); zur Sprachideologieforschung vgl. Schieffelin et al. (Hg.) (1998), Blommaert (Hg.) (1999), Kroskrity (2004).
14 «Ideological alliance with the standard», vgl. etwa Silverstein (1998).
15 SWR-Nachtcafé zum Thema «Dialekt – peinlich und provinziell?», 25.3.2011.
16 Hudson (1996: 210); meine Übersetzung (H.W.). Im Original: «In these communities [with negative prestige] people believe that they ‹ought› to use different [linguistic] forms from those they in fact do use, because the former are highly valued and the latter are rejected by the wider community.» Zur Erforschung der sprachlichen Unsicherheit (*«linguistic insecurity»*) vgl. bereits Labov (1966), sowie Übersichten in Preston (1989), Clopper & Pisone (2004). Niedzielski & Preston (2003) finden dies Phänomen beispielsweise bei Sprecher/innen von Afroamerikanischem Englisch in den USA; Hudson (1996: Kap. 6.2.3) diskutiert entsprechende Phänomene bei Cockney-Sprecher/inne/n in London.
17 Vgl. hierzu grundlegend Bourdieu (1974; 1991).
18 Ray Jackendoff, ein Sprachwissenschaftler, der sich zentral mit dem Zusammenhang zwischen Sprache und Denken beschäftigt, vermutet sogar, dass es sich hier um ein universelles Merkmal menschlicher Gesellschaften handeln könnte (Jackendoff, p.c., 2010).
19 Jannedy et al. (2011). Zu ähnlichen Beobachtungen aus den USA und Neuseeland vgl. Niedzielski (1999); Hay & Drager (2010).

6 Kiezdeutsch ist kein gebrochenes Deutsch – und Schwäbisch ist nicht der gescheiterte Versuch, Hochdeutsch zu sprechen

Dialekte haben zwar immer damit zu kämpfen, dass ihre Unterschiede zur Standardsprache als «Fehler» angesehen werden – und nicht als das erkannt werden, was sie sind, nämlich Eigenheiten des jeweiligen Dialekts, die dort genauso grammatisch richtig und angemessen sind wie die Eigenheiten des Standards in der Standardsprache. Traditionelle Dialekte haben es aber leichter, einer solchen negativen Wahrnehmung einen eigenen regionalen Stolz, eine Art sprachlichen Lokalpatriotismus, entgegenzusetzen. So kann Baden-Württemberg selbstbewusst werben:

> «Wir können alles. Außer Hochdeutsch»
> (Slogan der Landesregierung Baden-Württemberg seit 1999)

Streng genommen ist das zwar nicht ganz richtig, weil in Baden-Württemberg ja *hochdeutsche* Dialekte gesprochen werden (im Gegensatz zu nieder-/plattdeutschen), nämlich fränkische und alemannische Dialekte, zu denen unter anderem das Schwäbische und das Badische gehören. Es geht hier also nicht so sehr um die Abgrenzung zum *Hoch*deutschen, sondern eher um die zum *Standard*deutschen.

Der Sinn ist aber klar: Hier wird damit geworben, dass in Baden-Württemberg gerade nicht das Standarddeutsche gesprochen wird. Der Dialektgebrauch wird nicht als Makel versteckt, sondern selbstbewusst herausgestellt. Schwäbisch (ebenso wie Badisch usw.) ist damit nicht stigmatisiert als der gescheiterte Versuch, Standarddeutsch zu sprechen, sondern wird als eigener Sprachgebrauch einer bestimmten Region hochgehalten.

Kiezdeutsch hat es da schwieriger. Es ist nur schwer vorstellbar, dass etwa Berlin-Kreuzberg mit dem Slogan werben könnte «Wir können alles außer Standarddeutsch». Kiezdeutsch wird in der öffentlichen Diskussion nicht als eigenständige sprachliche Alternative zum Standarddeutschen angesehen, sondern als sprachliches Defizit, als «gebrochenes Deutsch» – und die Aussage, nicht Standarddeutsch zu sprechen, würde hier entsprechend nicht als Ausdruck regionaler Identität und lokalen Stolzes wahrgenommen, sondern als Eingeständnis eines Scheiterns.

Wie kommt es zu dieser Diskrepanz? Lassen Sie uns im Folgenden den Mythos vom «gebrochenen Deutsch» einmal genauer unter die Lupe nehmen.

6.1 Der Mythos

Der Mythos von Kiezdeutsch als «gebrochenem Deutsch» kursiert schon eine ganze Weile in der öffentlichen Diskussion. Besonders zu Beginn der Debatte um Kiezdeutsch (damals meistens noch «Kanak Sprak» genannt) Ende der 1990er, Anfang der 2000er Jahre fand man diese Ansicht auch in zahlreichen Zeitungsartikeln. Hier zwei Beispiele:

> «‹Kanak Sprak› ignoriert den Duden, und auf eine Notzucht mehr oder weniger an der Grammatik kommt es ihr ebenfalls nicht an.»
> (*Berliner Zeitung*, 28. 5. 1999, «Brauchst du hart? Geb ich dir korrekt»)
> «ein eigenartiges nicht Duden-kompatibles Gossen-Stakkato»
> (*Berliner Morgenpost*, 2. 9. 2001, «Voll fett krass»)

Die sprachlichen Beispiele, die dann in solchen Berichten genannt werden, sind meist vom Typ «Brauchst du hart?» wie in der Überschrift des ersten Artikels: verkürzte Sprachbrocken, in denen es inhaltlich um Drohungen und Gewalt geht. Kiezdeutsch, so der hier vermittelte Eindruck, ist eine stark reduzierte Sprachform ohne Regeln und Grammatik, in der man eigentlich nur aggressiv sein kann. Hier noch ein Zeitungsartikel von 2006, in dem eine solche Ansicht vertreten wird:

> «Der Wortschatz dieser Straßensprache gleicht einer Notation [...], und auch ihre Schrumpfgrammatik versprüht den herben Charme des Minimalismus. [...] Kompliziertere Gedankengänge, abstraktere Sachverhalte für ein Publikum jenseits des eigenen Kreises lassen sich hiermit kaum vermitteln.»
> (*Frankfurter Allgemeine Zeitung*, 22. 11. 2006, «Kiez- und Umgangssprache – Messer machen»)

Während solche Ansichten lange dominiert haben, findet sich in den Medien mittlerweile ein sehr viel differenzierteres Bild, einfach auch weil mehr über Kiezdeutsch und seine sprachlichen Möglichkeiten bekannt ist. Der Mythos vom «gebrochenen Deutsch» ist damit aber nicht ausgestorben. Er taucht in der öffentlichen Diskussion auf, in Talkshows und Internet-Foren und in den zahlreichen Zuschriften, die ich zu meinen Kiezdeutsch-Forschungen bekomme. Der Mythos tritt in drei typischen Formen auf:

1. «Kiezdeutsch ist falsches Deutsch.»: Kiezdeutsch wird nach dieser Ansicht als eine Art Standarddeutsch mit grammatischen Fehlern angesehen, als der missglückte Versuch, «richtig» deutsch zu sprechen.
2. «Kiezdeutsch ist ein verarmter Sprachgebrauch.»: Kiezdeutsch wird als verkürzte Form des Deutschen angesehen, mit kurzen Sätzen oder Satzteilen, oft Ausrufen u. ä., und mit einem geringeren Wortschatz, der im Wesentlichen aus Wörtern zum Drohen, Beleidigen usw. besteht.

3. «Kiezdeutsch hat keine Grammatik.»: Kiezdeutsch wird als willkürliches, im Wesentlichen regelloses Sprechen angesehen.

Die erste Ansicht setzt Unterschiede zum Standarddeutschen mit Fehlern gleich und spiegelt damit eine bereits diskutierte klassische Einstellung gegenüber Dialekten wider. Die zweite und dritte Aussage sind zwei weitere Spielarten solcher Einstellungen: Sie sehen Kiezdeutsch als reduzierte Sprachform an. Gemeinsam ist all diesen Ansichten, dass Kiezdeutsch als mangelhafte Version des Standarddeutschen angesehen wird.

Die sprachliche Realität von Kiezdeutsch aber ist eine andere: Wenn man die sprachlichen Besonderheiten von Kiezdeutsch unvoreingenommen untersucht, zeigt sich Kiezdeutsch als vollständige, in sich stimmige Varietät, ein neuer Dialekt, der fest im System der deutschen Grammatik verankert ist.

6.2 Die sprachliche Realität

Kiezdeutsch als neuer Dialekt des Deutschen weist, wie alle Dialekte, eine Reihe von Besonderheiten gegenüber dem Standarddeutschen auf. In Kapitel 2 und 3 habe ich Beispiele für diese sprachlichen Besonderheiten aus verschiedenen Bereichen von Lautung, Wortschatz und Grammatik vorgestellt. Dabei wurde deutlich, dass es sich hier zwar um Abweichungen vom Standarddeutschen handelt, aber nicht um sprachliche «Fehler», sondern um systematische Neuerungen, die eine eigene Dialektgrammatik für Kiezdeutsch begründen – so, wie wir das auch von anderen Dialekten kennen.

Auch das Schwäbische, das Bairische, das Sächsische etc. bilden jeweils legitime eigene sprachliche Systeme und sind nicht Ansammlungen sprachlicher «Fehler». Und ebenso, wie wir das von anderen Dialekten kennen, passen auch in Kiezdeutsch die sprachlichen Neuerungen in das System des Deutschen. Kiezdeutsch steht hier dem Schwäbischen, Thüringischen, Berlinischen usw. in nichts nach. Wie unsere Untersuchung in Kapitel 2 und 3 gezeigt hat, finden sich daher in Kiezdeutsch viele Parallelen zu Entwicklungen in anderen deutschen Varietäten, einschließlich dem Standarddeutschen. Als Dialekt mit vielen mehrsprachigen Sprecher/inne/n weist Kiezdeutsch darüber hinaus auch Einflüsse anderer Sprachen auf, zum Beispiel des Türkischen. Diese sind aber recht gering und betreffen in erster Linie neue Fremdwörter und einige wenige Bereiche der Aussprache.

So haben wir zum Beispiel im Bereich der Lautung die Aussprache «isch» statt «ich» gefunden, die ebenso im Rheinland vorkommt und sich auch im Berliner «nüscht» zeigt. Im Bereich der Grammatik fanden wir Verkürzungen wie «Ich frag mein Schwester» statt «meine Schwester», für die es ähnliche Beispiele auch in der Entwicklung des Standarddeutschen gibt, zum Beispiel wenn wir heute sagen «dem Mann» statt «dem Manne», wie in früheren Jahrhunderten, oder umgangssprachlich «ich sag» statt «ich sage».

Wir fanden neue grammatische Wörter wie «lassma» und «musstu» (aus «lass uns mal» und «musst du»), die für Aufforderungen verwendet werden – ganz ähnlich wie das standarddeutsche «bitte» (aus «ich bitte dich»). Und wir fanden Zusammenziehungen wie «ischwör» (aus «ich schwöre»), das verwendet wird, um die Wahrheit einer Aussage hervorzuheben – ganz ähnlich, wie umgangssprachlich die Zusammenziehung «glaubich» (aus «glaube ich») verwendet wird, um die Wahrheit einer Aussage abzuschwächen.

Im Bereich der Wortentwicklung fanden wir auch neue grammatische oder informationsstrukturelle Funktionen, zum Beispiel für das Wort «so», das in Kiezdeutsch nicht nur zum Ausdruck des Vergleichs gebraucht werden kann («so schnell wie Anna»), sondern auch zur Anzeige der neuen, wichtigen Information im Satz («Ich höre Alpa Gun, weil er so *aus Schöneberg* kommt.»). Diese Verwendung fanden wir auch außerhalb von Kiezdeutsch im gesprochenen Deutsch (zum Beispiel Hellmuth Karasek in ‹Das literarische Quartett›: «Es sind so *Scheinkämpfe* in einer Scheinwelt.»). Dort tritt «so» als funktioneller Marker aber (noch?) nicht so häufig und systematisch auf wie in Kiezdeutsch. Ein Parallelbeispiel aus dem Standarddeutschen, das wir in Kapitel 3.8 besprochen haben, ist die Verwendung von «zu» nicht nur als Ausdruck eines Zwecks («Sie liest Krimis zur Entspannung»), sondern auch als grammatischer Marker für Infinitive («Sie glaubt zu träumen.»).

Im Bereich komplexerer Konstruktionen haben wir zum Beispiel Wendungen wie «Doppelstunde machen» (in der Fahrschule) gefunden, die ganz ähnlich funktionieren wie «Angst machen» – sogenannte Funktionsverbgefüge, in denen ein Verb mit verallgemeinerter Bedeutung («machen», «haben» etc.) mit einem bloßen Nomen, ohne Artikel («Angst», «Doppelstunde»), kombiniert wird. In Wendungen wie «Wir gehen Görlitzer Park» (statt «*zum* Görlitzer Park») fanden wir Ortsangaben, die genauso aufgebaut sind wie umgangssprachlich «Wir sind gleich Hauptbahnhof» oder «Sie müssen Alexanderplatz umsteigen». Der Unterschied war hier lediglich, dass diese Konstruktionen außerhalb von Kiezdeutsch in erster Linie für Haltestellen öffentlicher Verkehrsmittel verwendet werden, während sie in Kiezdeutsch systematisch für Orts- und Zeitangaben auftreten.

In der Wortstellung fanden wir bei Kiezdeutsch unter anderem Neuerungen am Satzanfang: In Kiezdeutsch sind, wie in Kapitel 3.7 deutlich wurde, zum Beispiel Sätze wie «Danach ich ruf dich an» möglich, in denen Adverbial («danach») *und* Subjekt («ich») gemeinsam vor dem Verb («ruf») stehen. Dies ermöglicht eine andere, systematischere Strukturierung von Information als im Standarddeutschen, wo nur ein Element vor dem Verb auftreten kann («**Danach** ruf ich dich an» oder «**Ich** ruf dich danach an»). Dies gilt aber nur für das heutige Standarddeutsch. Früher gab es im Deutschen noch mehr Optionen, die z. T. denen ähneln, die Kiezdeutsch heute wieder einbringt. In Kapitel 3.7 habe ich hierzu zum Beispiel einen Satz aus dem 16. Jahrhundert zitiert, der in heutigem Deutsch wörtlich hieße «Im 6886. Jahr der Großfürst Demetri hat den mächtigen tatarischen König Mamai geschlagen».

Dieser kurze Überblick über einige der in Teil 1 besprochenen Beispiele zeigt bereits, dass die Neuerungen, die wir in Kiezdeutsch finden, keine willkürlichen Fehler sind, sondern systematische Entwicklungen widerspiegeln. Sie bilden eine Dialektgrammatik, die verschiedene sprachliche Ebenen zusammenbringt (Lautung, Flexion, Wortbildung, Wortbedeutung, Satzbau, Informationsstruktur). Dieses System ist keine verkürzte, gebrochene Version des Standarddeutschen, sondern eine legitime eigene Varietät.

Gerade auch im Blick auf seine Verkürzungen wirkt Kiezdeutsch möglicherweise zunächst wie eine stärker reduzierte Variante des Deutschen. Man muss sich hier aber vor Augen führen, dass Verkürzungen grundsätzlich typisch für gesprochene Sprache und insbesondere für die Umgangssprache sind. Sie wirken in unseren Kiezdeutsch-Beispielen oft nur deshalb merkwürdig, weil sie anders sind als die Verkürzungen, die wir schon kennen, und – ganz wesentlich – weil ich sie hier verschriftlicht habe. Als Schriftsprache nutzen wir aber normalerweise Standarddeutsch, deshalb wirkt Umgangssprache, wenn sie verschriftlicht ist, grundsätzlich erst einmal merkwürdig. Hier zur Verdeutlichung eine Mitschrift einer kurzen Passage aus einer Unterhaltung, die ich gestern am Telefon mit meiner Schwester geführt habe:

Aus einem Telefongespräch:
H.: «Samma, wollnwa nich ma wieder n Gartnfest mit den Kindern machen? Haste Lust nächstes Wochenende? Ich könnt Waffeln machn.»
K: «Weiß nich genau. Einklich sehr gerne, aber wir kriegn glaubich Besuch von Kais Schwester. Mussich noch fragn. Ich ruf dich noch ma an, OK?»

Dies ist kein Kiezdeutsch, sieht aber auch erst einmal sehr seltsam aus, weil man es nicht gewohnt ist, gesprochene, informelle Sprache so verschriftet zu sehen. In der schriftlichen Wiedergabe finden wir hier ebenso Verkürzungen («nich», «einklich», «könnt»), Verschmelzungen («glaubich»), Zusammenziehungen («samma» statt «sag mal» – Haben Sie das geschrieben noch erkannt?) und Auslassungen («weiß nich» statt «Das weiß ich nicht»).

In gesprochenen Unterhaltungen sind diese Abweichungen vom schriftlichen Standard ganz normal, sie treten systematisch so auf, und niemand hat mich bislang beschuldigt, «gebrochenes Deutsch» zu sprechen – auch wenn Ihnen das vielleicht zunächst in den Sinn kam, als Sie die Verschriftung gesehen haben ...

Ebenso weist Kiezdeutsch als Form der gesprochenen Sprache viele Verkürzungen, Zusammenziehungen usw. auf, diese Verkürzungen treten aber nicht auf wie Kraut und Rüben, sondern bilden zusammen mit zahlreichen Erweiterungen und Innovationen ein organisches Ganzes. Dies zeigt sich nicht nur auf der Ebene des sprachlichen Systems, die ich in diesem Abschnitt behandelt habe, sondern auch auf der Ebene des Sprachgebrauchs, das heißt bei den Sprecher/inne/n.

6.3 Fakten zum Sprachgebrauch: sprachliche Kompetenzen der Sprecher/innen

Haben Sie die folgenden Sätze so oder so ähnlich schon einmal gehört? Kommen sie Ihnen jeweils vertraut vor, oder klingen sie völlig unnatürlich?
1. Mach ma schneller.
2. Kann ich bitte die Marmelade?
3. Satz dich hier hin!

Vermutlich haben Sie Satz 3 direkt abgelehnt, weil das Verb dort «satz» statt «setz» heißt: Diesen Satz würde normalerweise niemand sagen, ich habe ihn einfach erfunden, um einen tatsächlich «falschen Satz» in meiner Liste zu haben. Satz 1 und 2 sind Ihnen dagegen wahrscheinlich vertraut, auch wenn sie geschrieben etwas ungewohnt aussehen. Es handelt sich hier um geläufige Äußerungen im gesprochenen Deutsch, die recht informell sind, aber nicht unnormal: Es sind keine Versprecher, sondern Wendungen, die in dieser Form häufig und systematisch vorkommen. In den folgenden Beispielen für sprachliche Varianten könnte man sie, was das Merkmal «formell»/«informell» angeht, ungefähr in der Mitte einordnen:
1. Beeil dich.
   Mach ma schneller.
   Mach hinne!
2. Gib mir bitte die Marmelade.
   Kann ich bitte die Marmelade?
   Lassma die Marmelade rüberwachsen!

Was wir hier sehen, sind Äußerungen, die für verschiedene sprachliche Stile oder Register charakteristisch sind und in verschiedenen Gesprächssituationen angemessen wären. Es wäre etwas unpassend, wenn man einem Kellner im Restaurant «Mach hinne!» zurufen würde, zu einem Freund könnte man das aber sagen. Dialektal kann es hier natürlich Unterschiede geben. «Mach hinne!» gehört zum Beispiel in den norddeutschen Raum, und wenn Sie aus dem Süden kommen, würden Sie stattdessen vielleicht sowas sagen wie «Dua di um!» (was, wie mir mein Kollege Horst Simon versichert, «Tu dich um»/«Eile dich» auf bairisch heißt) oder aber schwäbisch «Mach no ret!» bzw. «Jetz abba schnell!» (wie die Großmutter bzw. die Mutter meines Kollegen Matthias Granzow-Emden sagen würden).

An den Beispielen sehen wir auch einige grammatische Unterschiede zum Standarddeutschen, auf lautlicher Ebene zum Beispiel die Verkürzung von «mal» zu «ma» und die Verschmelzung bei «lassma», und im Bereich des Satzbaus zum Beispiel die Möglichkeit, das Modalverb «können» direkt mit einer Nominalgruppe («die Marmelade») zu verbinden statt mit einer Infinitivkonstruktion («die Marmelade bekommen»). Daneben finden sich neue Metaphern und Sprachspiele wie «rüberwachsen lassen» statt «geben» oder «herüber reichen».

Solche Unterschiede zum Standard werden oft nicht als dialektale oder allgemein gesprochen-sprachliche Eigenheiten erkannt, sondern als Fehler interpretiert. Wie in Kapitel 5.3 erwähnt, führt eine «ideologische Verbundenheit mit dem Standard» oft dazu, dass Sprecher/innen alle Abweichungen vom Standard als «falsch» ablehnen – auch wenn sie selbst genau so sprechen! Dies ist das Ihnen nun schon gut bekannte *«Ich verwende nie ‹weil› mit Verb-zweit-Stellung, weil das klingt furchtbar»*-Phänomen.

Wenn man in sprachwissenschaftlichen Studien daher Sprecher/innen nach der Verwendung von Konstruktionen befragen will, die nicht in der Standardsprache vorkommen – und das sind ja gerade die interessanten Fälle –, hat man ein Problem: Es gibt potentiell eine Diskrepanz zwischen dem, was

Sprecher/innen von ihrem Sprachgebrauch berichten, und dem, was sie tatsächlich in ihrem Sprachgebrauch tun.[1]

Man fragt daher die Informant/inn/en in einer Studie normalerweise nicht, ob sie etwas «richtig» oder «falsch» finden. Stattdessen testet man eher die Akzeptabilität von Sätzen (oder Wörtern), indem man sie fragt, ob sie so etwas schon einmal gehört haben, ob es vertraut oder aber ganz unvertraut und unnatürlich klingt – so wie ich dies am Anfang dieses Kapitels bei Ihnen gemacht habe. Auf diese Art versucht man, den «richtig/falsch»-Abgleich mit dem Standard zu vermeiden. Dennoch erhält man bei sprachlichen Phänomenen, die von der Standardsprache abweichen, tendenziell immer eine weitaus größere Ablehnungsquote, als dem tatsächlichen Sprachgebrauch entsprechen würde.

In dem «Mini-Akzeptanztest», den ich mit Ihnen durchgeführt habe, könnte es also sein, dass Sie einen Satz wie «Mach ma schneller» abgelehnt haben, selbst wenn Sie ihn häufig hören und im alltäglichen Sprachgebrauch auch normal finden würden. In der Situation einer solchen Befragung, isoliert vom passenden Gesprächskontext, klingt er merkwürdig. Dies zeigt sich noch stärker bei einer Jugendsprache wie Kiezdeutsch, die normalerweise auf ganz bestimmte Gesprächssituationen beschränkt ist, nämlich informelle Situationen, in denen Jugendliche unter sich sind.

Auf die Anbindung von Kiezdeutsch an informelle Situationen komme ich später noch genauer zu sprechen (Abschnitt 7.2). In einer Studie, die ich zunächst vorstellen will, haben wir in einem Akzeptanztest untersucht, ob Kiezdeutsch-Sätze von willkürlichen, «echten» Grammatikfehlern einerseits und vom Standarddeutschen andererseits abgegrenzt werden.[2] Wenn Kiezdeutsch einfach nur gebrochenes Deutsch wäre, dürfte es bei Sprecherbefragungen keinen Unterschied zwischen den Antworten zu den Kiezdeutsch-Sätzen und den Fehlersätzen geben. Wenn Kiezdeutsch aber eine eigene Varietät ist, dann sollten wir eine klare Differenz zu Fehlersätzen erwarten. Wegen der eben besprochenen «ideologischen Verbundenheit mit dem Standard» wäre weiterhin zu erwarten, dass Kiezdeutsch-Sätze, auch wenn sie besser bewertet würden als Fehler, dennoch schlechter eingeordnet würden als standarddeutsche Sätze.

Da Kiezdeutsch typisch für gesprochene, nicht für geschriebene Sprache ist, haben wir die Sätze den Probanden nicht schriftlich vorgelegt, sondern als Aufnahmen vorgespielt. Die standarddeutschen Sätze waren entsprechend in einer Form, wie sie in der gesprochenen Sprache vorkommt. Um möglichst zu vermeiden, dass Sätze abgelehnt werden, nur weil sie sich vom Standarddeutschen unterscheiden, haben wir vor der Befragung betont, dass dies kein Deutschtest war, sondern dass es uns darum ging, herauszufinden, wie Jugendliche in ihrem Alltag sprechen.

Hier einige Beispiele für Sätze aus unserer Studie:

«Das Eis schmeckt gut.»
«Paul kauft Auto das.»
«Kauft Katja gleiche Jacke?»
«Echt, der macht das!»
«Wir gehst ins Kino.»
«Es geht jetzt los.»
«Wir sind grade McDonald's.»
«München weit weg, Alter!»
«Das versucht niemand zu.»

Könnten Sie diese Sätze einordnen? Wie gut ist Ihr Kiezdeutsch inzwischen? Was sind Ihrer Meinung nach die Kiezdeutsch-Stimuli, was die Fehlersätze, und was ist gesprochenes Standarddeutsch? Hier die Auflösung:

(a) Standarddeutsch-Sätze:
 «Das Eis schmeckt gut.»
 «Echt, der macht das!»
 «Es geht jetzt los.»

(b) Kiezdeutsch-Sätze:
 «Kauft Katja gleiche Jacke?»
  → Hier steht kein Artikel vor dem Nomen
   (vgl. Abschnitt 3.4).
 «Wir sind grade McDonald's.»
  → Hier steht ein bloßes Nomen (*McDonald's*) als
   Ortsangabe (vgl. Abschnitt 3.3).
 «München weit weg, Alter!»
  → Hier steht kein Kopulaverb *ist* (vgl. Abschnitt 3.4).

(c) Fehlersätze:
 «Paul kauft Auto das.»
  → Hier steht der Artikel (*das*) hinter statt vor dem
   Nomen (*Auto*).
 «Wir gehst ins Kino.»
  → Hier passt die Verbform (*gehst*) nicht zum Subjekt
   (*wir*).
 «Das versucht niemand zu.»
  → Hier fehlt das untergeordnete Verb
   (zum Beispiel «zu *machen*»).

Wenn wir das Standarddeutsche als einzig mögliche Form des Deutschen ansehen würden, wären die Sätze im zweiten und die im dritten Block gleichermaßen falsch: In jedem der Beispiele findet sich eine grammatische Abweichung vom Standarddeutschen. Diese Abweichungen sind von den Phänomenbereichen her auch recht ähnlich, es geht um Nominalgruppen oder Prädikate, die aus Standardsicht unvollständig oder falsch gebildet sind.

Die Unterschiede zwischen den (b)- und den (c)-Sätzen liegen allein in ihrer Zuordnung zu einem sprachlichen System. Die (b)-Sätze kommen systematisch in Kiezdeutsch vor. Wie wir gesehen haben, folgen sie grammatischen Regeln, die für diesen Dialekt charakteristisch sind. Die (c)-Sätze dagegen sind unsystematische Abweichungen, sie folgen nicht den Regeln eines bestimmten sprachlichen Systems, sondern sind willkürlich von uns gebildet worden. Eine Unterscheidung zwischen den (b)- und (c)-Sätzen kann man also nur treffen, wenn man mit Kiezdeutsch als systematischer sprachlicher Varietät vertraut ist.

Wir haben hierzu Kreuzberger Kiezdeutschsprecher/innen und zum Vergleich wieder Jugendliche aus Berlin-Hellersdorf befragt. Das folgende Diagramm fasst die Akzeptanzraten für die drei Typen von Sätzen bei den beiden Teilnehmergruppen zusammen:

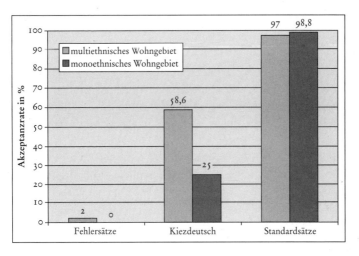

Ergebnisse der Bewertungsstudie

Wie die Tabelle zeigt, waren die Ergebnisse unserer Befragung eindeutig. In Bezug auf die Bewertung der Standardsätze und der Fehlersätze gab es keine signifikanten Unterschiede zwischen den Befragten in Kreuzberg (multiethnisch) und Hellersdorf (monoethnisch): Alle akzeptierten gleichermaßen die Standardsätze (Akzeptanzrate über 96%) und lehnten die Fehlersätze ab (Akzeptanzrate unter 3%).

Für Kiezdeutsch dagegen gab es deutliche Unterschiede: Die Akzeptanzrate in Kreuzberg lag bei rund 57%, in Hellersdorf dagegen nur bei 25% – eine Bestätigung dafür, dass Kiezdeutsch für ein multiethnisches Wohngebiet wie Kreuzberg charakteristisch ist, wenn es auch Jugendlichen aus anderen Bezirken nicht unbekannt ist.

Das Interessante hierbei ist, dass es wirklich um ein Wohngebiet geht und nicht um so etwas wie den «Migrationshintergrund» der Sprecher/innen. Die Jugendlichen aus Kreuzberg, die deutscher Herkunft waren, antworteten genauso wie die anderen Kreuzberger/innen und unterschieden sich damit deutlich von den – ebenfalls deutschstämmigen – Jugendlichen aus Hellersdorf: Wir fanden deutliche Unterschiede zwischen Hellersdorfer und Kreuzberger Teilnehmer/inne/n deutscher Herkunft, aber keine signifikanten Unterschiede zwischen Kreuzberger Teilnehmer/inne/n deutscher und nicht-deutscher Herkunft. Dies unterstreicht einen Punkt, den ich im ersten Kapitel schon erwähnt habe: Kiezdeutsch spricht man nicht, weil die Großeltern aus der Türkei gekommen sind, sondern weil man in einem multiethnischen Wohngebiet lebt und an der dortigen Jugendkultur teilhat.

Kiezdeutsch wurde jeweils auch klar von Fehlersätzen unterschieden. Die Unterschiede in den Akzeptanzraten sind deutlich und belegen damit eine klare Abgrenzung vom «gebrochenen Deutsch». Hier zur Illustration einige Kommentare, die die Kreuzberger Jugendlichen zu den Kiezdeutsch-Sätzen gaben, und im Vergleich dazu einige ihrer Kommentare zu den Fehlersätzen:

Kommentare zu Kiezdeutsch-Sätzen:
«So reden wir.»
«Ja, normal.»
«Sag ich auch, so unter Freunden so.»
«Ich weiß jetzt nicht so genau, ob ich das sage, aber es wird häufig benutzt in meiner Umgebung.»
«München weit weg, Alter? Jaa ... [lacht] Das hört sich witzig an, aber wir sagen sowas auch.»
«Ja, voll oft also. Also eigentlich alltäglich.»
«Ist eigentlich ein normaler Satz, ist nichts Schlimmes dabei.»
«Ja, doch, das benutzt die Freundin meiner Schwester und auch Freunde von mir.»

Kommentare zu Fehlersätzen:
«Das ist falsch, das passt überhaupt nicht.»
«Nee, das klingt ganz komisch, das klingt nicht so richtig nach Deutsch, so voll durcheinander.»
«Keiner redet so, ich kenn keine Leute, die so reden.»
«Nee [lacht], so redet keiner.»
«Nein. Das ist ja total durchgedreht.»
«Nein. Falsche Grammatik, falsche Satzstellung.»
«Das klingt voll komisch, das ist voll krummes Deutsch.»
«NEIIIN. Ganz ehrlich, woher haben Sie das überhaupt?!»

Auf der anderen Seite wurden die Kiezdeutsch-Sätze auch von den Standardsätzen unterschieden, sie erhielten zwar in Kreuzberg recht hohe Akzeptanzraten (fast 60%), lagen damit aber signifikant unter denen für die Standardsätze (fast

100%). Diese schlechtere Bewertung von Kiezdeutsch passt zu dem, was man von anderen Dialekten kennt, nämlich die erwähnte «ideologische Verbundenheit mit dem Standard»: Wenn etwas von der Standardsprache abweicht, wird es immer erst einmal negativer bewertet.

Die Tatsache, dass die Kreuzberger Jugendlichen die Kiezdeutsch-Sätze klar von den Standardsätzen unterschieden, weist auf einen weiteren Punkt, um den es in Kapitel 7 noch gehen wird. Für diese Jugendlichen ist Kiezdeutsch Teil eines größeren sprachlichen Repertoires: Sie sind mit dem Standarddeutschen vertraut und können es problemlos von Kiezdeutsch unterscheiden. Sie sprechen Kiezdeutsch also nicht, weil sie «schlecht» Deutsch sprechen, sondern können es bewusst auswählen, wenn es passt, nämlich in Unterhaltungen mit Freunden in einem multiethnischen Viertel.

Kiezdeutsch zeigt sich also auch hier als eigenständige Varietät, als ein Dialekt: Kiezdeutsch bildet nicht nur ein eigenes grammatisches System, sondern wird auch auf der Ebene des Sprachgebrauchs, also von Sprecher/inne/n, klar identifiziert und von Fehlern ebenso wie vom Standarddeutschen abgegrenzt. Wie kommt es also zum Mythos vom «gebrochenen Deutsch»?

6.4 Guter Dialekt, schlechter Dialekt

Nur weil ein bestimmter Sprachgebrauch auf einen Dialekt zurückgeht, der grammatisch stimmig und systematisch ist, heißt das nicht, dass jeder von diesem Sprachgebrauch begeistert sein muss. Die soziolinguistischen Studien, die ich in Abschnitt 5.3 zusammengefasst habe, zeigen, dass jeder Sprachgebrauch immer auch *sozial* bewertet wird: Ganz unabhängig von sprachlichen Fakten zum grammatischen

System haben bestimmte Sprechweisen ein höheres soziales Prestige als andere. Grundsätzlich wird ein Sprachgebrauch, der der Standardsprache nahe kommt, als «besser» und «korrekter» eingeschätzt als ein Dialekt – und seine Sprecher/innen werden entsprechend positiver bewertet. Aber auch innerhalb der Dialekte selbst gibt es Unterschiede in der sozialen Bewertung.

Unterschiedliche Sympathiewerte für Dialekte

Die Bewertungen von Dialekten können unterschiedlichen Moden unterliegen und sind generell mit Bewertungen der Bevölkerungsgruppen verknüpft, mit denen der entsprechende Dialekt assoziiert wird. Zu Goethes Zeiten etwa genoss das Sächsische ein hohes Ansehen, und wie bereits erwähnt bildete die Meißner Kanzleisprache eine wichtige Basis für unseren heutigen «Prestigedialekt», das Standarddeutsche. Heute landet demgegenüber das Sächsische oft auf einem der ersten Plätze der «Negativliste» für die Bewertung deutscher Dialekte, etwa in zwei Umfragen aus den letzten Jahren, durchgeführt vom Institut für Deutsche Sprache in Mannheim und vom Allensbach-Institut für Demoskopie (im Auftrag der Gesellschaft für deutsche Sprache).[3]

Kiezdeutsch taucht – noch! – nicht in diesen Dialektlisten auf, in der Umfrage vom Institut für Deutsche Sprache wurde aber auch nach «ausländischen Akzenten» gefragt. Die größte Gruppe der Befragten (48 %) fand keinen «ausländischen Akzent» besonders unsympathisch, aber immerhin 11 % und damit die drittgrößte Gruppe bewerteten einen türkischen Akzent als besonders negativ (nach dem russischen Akzent mit 14 %). Wenn es auch bei Kiezdeutsch nicht wirklich um einen türkischen Akzent geht, so wird Kiezdeutsch doch in der öffentlichen Wahrnehmung oft mit einem solchen «Akzent» verknüpft (mehr hierzu in Abschnitt 7.1). Diese Bewertung gibt uns damit zumindest einen möglichen Hinweis auf negative Einstellungen gegenüber Kiezdeutsch.

Einstellungen gegenüber Dialekten, die in Umfragen deutlich werden, haben oft etwas mit dem Bekanntheitsgrad zu tun: Egal, wie die Frage genau lautet, nennt man als Antwort eher Dialekte, die man gut kennt. So hat das Bairische in den genannten Umfragen einen oberen Listenplatz sowohl bei den «sympathischen» Dialekten, die die Befragten «besonders gerne hören» (Platz 2 nach dem Norddeutschen) als auch bei den «unsympathischen» Dialekten, die die Befragten «überhaupt nicht mögen» (Platz 2 nach dem Sächsischen).

Ein zweiter Faktor ist die Nähe zu einem Dialekt bzw. zu der entsprechenden Bevölkerungsgruppe: Wem man sich näher fühlt, dessen Sprechweise schätzt man auch positiver ein. Entsprechend wird das Bairische in Süddeutschland positiver bewertet als in Norddeutschland, und das Sächsische erhält in Ostdeutschland positivere Werte als in Westdeutschland.

Ein wichtiger dritter Faktor in der Bewertung von Dialekten wurde auch in Abschnitt 5.3 deutlich: die sozioökonomische Stellung derjenigen, die den betreffenden Dialekt sprechen. Kurz gesagt: Wenn jemand ärmer ist und einen niedrigeren sozialen Status hat, dann wird seine Sprechweise eher negativ bewertet, und wenn jemand reicher ist und einen höheren sozialen Status hat, wird sein Sprachgebrauch positiver eingeschätzt. Hier wird besonders deutlich, dass es bei Dialektbewertungen nie wirklich um *sprachliche*, sondern eigentlich immer um soziale Aspekte geht.

Die sprachliche Abwertung sozial Schwächerer

Ein Aspekt, der die negative Einstellung gegenüber Kiezdeutsch erklärt (wenn auch nicht rechtfertigt), ist somit ein generelles Phänomen in der sozialen Bewertung von Dialekten: die sprachliche Abwertung sozial Schwächerer. Wenn man sich nun die sozioökonomische Verteilung in Deutschland ansieht, bemerkt man, dass die negative Bewertung von Kiezdeutsch nur zu gut in dieses Bild passt. Kiezdeutsch wird ja in multiethnischen Wohngebieten gesprochen, und in Deutschland sind dies gerade auch die sozial besonders benachteiligten Wohngebiete: die Wohngebiete mit niedrigem Einkommen, hoher Arbeitslosenquote, hoher Abhängigkeit von staatlichen Transferleistungen und entsprechend niedrigem Sozialprestige.

Dies ist natürlich nicht gottgegeben, sondern hausgemacht – und letztlich ein Armutszeugnis für unser Land: Wir haben es in Deutschland bis heute nicht geschafft, diese enge Verbindung zwischen Herkunft und Armut, die enge Korrelation ethnischer und sozioökonomischer Faktoren, zu durchbrechen.

So hat die Kinderstudie 2010 des World Vision Institute gezeigt, dass fast die Hälfte der Kinder, deren Familien niedrigeren sozialen Schichten angehören, einen Migrationshintergrund hat. Das sind fast doppelt so viele, wie nach ihrem Anteil an der Gesamtbevölkerung zu erwarten wäre (26% der 6- bis 11-Jährigen in der Gesamtbevölkerung haben nach dieser Erhebung einen Migrationshintergrund). Der Armuts- und Reichtumsbericht der Bundesregierung stellt entsprechend ein sehr viel höheres Armutsrisiko bei Einwohner/inne/n mit Migrationshintergrund, und besonders bei Kindern und Jugendlichen fest: Hier sind durchschnittlich fast ein Drittel von Armut betroffen.[4]

Sehen wir uns das einmal an einem konkreten Beispiel an. Für Berlin hat die Senatsverwaltung für Stadtentwicklung Karten für verschiedene demographische und sozioökonomische Faktoren erstellt, auf denen jeweils die Wohngebiete

Anteil von Kindern und Jugendlichen mit Migrationshintergrund in Berlin, 2009 (Senatsverwaltung für Stadtentwicklung)

mit den höchsten Werten am dunkelsten gefärbt sind. Eine der Karten zeigt den Anteil von Kindern und Jugendlichen unter 18 Jahren mit Migrationshintergrund (siehe oben). Ich habe hier drei Gebiete, in denen der Anteil besonders hoch ist, durch Umkreisung gekennzeichnet, nämlich Teile von Berlin-Neukölln, Wedding/Mitte und Kreuzberg.

Wenn wir uns jetzt die Karte zu staatlichen Transferleistungen («Hartz IV» u. a.) ansehen, kennzeichnen genau dieselben Umkreisungen wiederum Gebiete mit besonders hohem Anteil (siehe S. 163). Ebenso geht es mit der Karte zur Arbeitslosigkeit, zur Jugendarbeitslosigkeit, zur Langzeitarbeitslosigkeit und zu den nicht-erwerbsfähigen Empfän-

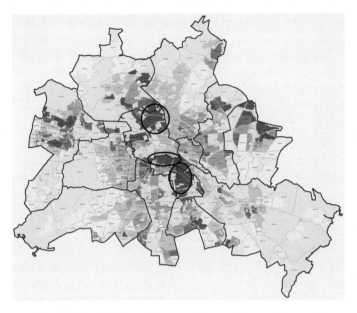

Nicht-arbeitslose Empfänger/innen von Existenzsicherungsleistungen in Berlin, 2009 (Senatsverwaltung für Stadtentwicklung)

ger/innen von Existenzsicherungsleistungen. Als ich die Karten verglichen habe, war das schon sehr bedrückend: Ich musste meine Umkreisungen um keinen Zentimeter verschieben, um wieder und wieder die Gebiete mit besonders schwierigen Bedingungen zu markieren.[5]

Multiethnische Gebiete sind sozial benachteiligte Gebiete. Kinder und Jugendliche, die in diesen Gebieten aufwachsen, kommen oft aus armen Familien.[6] Entsprechend niedrig ist das Sozialprestige dieser Wohngebiete – und eben dann auch des Sprachgebrauchs, der sich dort entwickelt. Kiezdeutsch wird als Sprechweise sozial Schwächerer wahrgenommen, und eine solche soziale Wahrnehmung führt typischerweise zu einer Abwertung des Sprachgebrauchs als «schlechtes Deutsch».

Das wurde auch in einer Umfrage im Rahmen eines meiner Germanistik-Seminare deutlich. Studierende befragten hier Einwohner/innen verschiedener Berliner Bezirke – nicht speziell Jugendliche, sondern Erwachsene zwischen etwa 30 und 50 Jahren – nach ihren Ansichten zu «gutem» bzw. «schlechtem» Deutsch und wollten unter anderem wissen, warum nach Meinung der Befragten in bestimmten Berliner Wohngegenden eher «gutes» bzw. «schlechtes» Deutsch gesprochen wurde. Eine Auffassung, die bei knapp 3 von 10 Befragten deutlich wurde, könnte man unter der Überschrift zusammenfassen «Reiche sprechen besser». Die Antworten wiesen auf eine enge Assoziation von hohem Einkommen mit positiver Sprachbewertung («gutes» Deutsch) und niedrigem Einkommen mit negativer Sprachbewertung («schlechtes» Deutsch) – und dies unabhängig davon, ob die Befragten selbst in einem eher reichen oder eher armen Viertel wohnten.[7]

Gutes Deutsch wurde nach Meinung der Befragten dort gesprochen, wo «viele Leute mit Geld» wohnen, in «teuren Bezirken» mit «hohem Lebensstandard», in «Mittelstandsbezirken» oder «Villengegenden» mit «Bildungsbürgertum», einem «betuchteren Publikum mit hohem Einkommen» und «hohem Lebensstandard», «Leute mit Einfamilienhäusern», die einer «sozial höheren Schicht» angehören. Schlechtes Deutsch fand sich nach Meinung der Befragten dagegen in «Armenbezirken» und «Arbeitergegenden» mit «niedrigem Einkommen» und «hoher Arbeitslosigkeit».

Solche Ansichten findet man übrigens auch bei Kiezdeutsch-Sprecher/inne/n selbst. So sagte ein Kreuzberger Jugendlicher in einem Interview zu Spracheinstellungen, ein Berliner Bezirk, in dem seiner Meinung nach «gutes Deutsch» gesprochen werde, sei zum Beispiel Charlottenburg-Wilmersdorf, weil «dort die Reichen wohnen und die sich so benehmen müssen».[8]

Der Mythos von Kiezdeutsch als «gebrochenem Deutsch» ist vor diesem Hintergrund dann nicht wirklich überraschend, sondern spiegelt einen Klassiker der Dialektwahrnehmung wider: Menschen neigen dazu, den Sprachgebrauch gesellschaftlich Privilegierter als «gut» zu bewerten und den sozial schwächer Gestellter als «schlecht» und «fehlerhaft» – ohne Rücksicht auf die sprachlichen Fakten.

Das allein wäre schon mehr als ausreichend, um zu Fehleinschätzungen eines Dialekts zu führen. Kiezdeutsch hat aber noch mit einem zweiten Handicap zu kämpfen: Es wird typischerweise unter Jugendlichen gesprochen, als Jugendsprache – und auch das war noch nie günstig für die soziale Bewertung einer Sprechweise.

Jugendsprache

Die Kritik an Jugendsprache ist so alt wie die Kritik an Jugendkulturen ingesamt (einschließlich Jugendmusik, -kleidung, Umgangsformen, ...). Für Deutschland stellt die Sprachwissenschaftlerin Eva Neuland in ihrem Grundlagenwerk zur Jugendsprache fest, «Jugendsprache wurde [...] zum Thema öffentlicher Diskussion, noch bevor sie Gegenstand sprachwissenschaftlicher Forschung war».[9] Wie Neuland zeigt, ist Jugendsprache oft massiver Sprachkritik ausgesetzt, bis hin zu dem Vorwurf, sie verursache einen «Sprachverfall» oder führe zum «Verlust der Schriftkultur».[10] Auf der folgenden Seite ist ein *Spiegel*-Titel aus den 1980ern zu sehen, der dies sehr deutlich zeigt.[11]

Als «Brennpunkte der aktuellen Sprachkritik» identifiziert Neuland unter anderem die Charakterisierung von Jugend-

Medienkritik an Jugendsprache ist nicht neu: Spiegel-Titel 28/1984

sprache als «Fäkalsprache» oder als grammatisch vereinfachte und reduzierte «Comicsprache» sowie den Vorwurf, Jugendsprache baue Gesprächsbarrieren auf und mache Jugendliche letztlich kommunikationsunfähig. Demgegenüber zeigt die sprachwissenschaftliche Analyse, dass Jugendsprache generell keine reduzierte Sprachform ist, sondern sprachlich innovativ, insbesondere im Bereich des Wortschatzes, aber auch in einigen Bereichen der Grammatik.[12]

Die grammatischen Innovationen in anderen Varianten der Jugendsprache gehen normalerweise nicht so weit und sind wohl auch nicht so stabil und systematisch wie in Kiezdeutsch, aber das Muster der Abwertung wird hier doch schon deutlich: Ein neuer, innovativer Sprachgebrauch wird als «schlechtes, reduziertes Deutsch» abgewertet.

Entsprechend wurden in der Umfrage, die ich vorne erwähnt habe, als Ursache für «gutes Deutsch» in einem Wohngebiet in einigen Fällen auch genannt, dass dort wenige Jugendliche lebten und wenig oder keine Jugendsprache gesprochen werde. «Schlechtes Deutsch» wurde dagegen von einigen auch durch «Jugendjargon» und «Jugendsprache und Slang» erklärt.[13]

Der Status als Jugendsprache verstärkt also die negative Wahrnehmung von Kiezdeutsch, das als Sprachgebrauch in einkommensschwachen Wohngebieten sowieso schon häufig abgewertet und als vermeintlich «schlechtes Deutsch» wahrgenommen wird.

«Linguistic Insecurity»

Die soziale Abwertung von Kiezdeutsch ist so massiv, dass sie nicht nur die Außensicht auf Kiezdeutsch bestimmt, sondern auch die Wahrnehmung der Sprecher/innen selbst beeinflusst. Obwohl Kiezdeutsch ein regelhaftes grammatisches System bildet, übernehmen die Sprecher/innen selbst oft die negative Außensicht und sehen ihren eigenen Sprachgebrauch als «falsch» oder als «schlechtes Deutsch» an.

So etwas ist aus der Forschung zur Dialektwahrnehmung gut bekannt; wir haben hier ein Beispiel für das bereits erwähnte generelle Phänomen der sprachlichen Unsicherheit: Sprecher/innen aus niedrigen sozialen Schichten tendieren dazu, ihren eigenen Dialekt für falsch zu halten – auch wenn sie ihn systematisch verwenden. Dies gilt daher grundsätzlich auch für andere Dialekte als Kiezdeutsch. Eine der Interviewten in der erwähnten Befragung zu «gutem Deutsch» antwortete auf die Frage «Sprechen Sie Ihrer Meinung nach selbst gutes Deutsch?»: «Nee, weil ich Berlinerin bin.» Andere Teilnehmer antworteten ganz ähnlich: «Nein,

Berlinerisch.» oder «Ja, außer, wenn ich im Berliner Dialekt spreche.» Der Dialekt wird hier von den Dialektsprecher/inne/n selbst als «schlechtes Deutsch» angesehen, und insbesondere im Westteil der Stadt wird der Gebrauch des Berliner Dialekts oft als Zeichen für eine niedrige soziale Schicht wahrgenommen.[14] «Gutes» Deutsch wurde dementsprechend oft (von 45 der 77 Befragten) als Deutsch ohne Dialektmerkmale charakterisiert. Ganz ähnlich antwortete auch ein Kreuzberger Jugendlicher auf die Frage «Was, denkst du, ist gutes Deutsch?»: «Hochdeutsch. Ohne Akzente und Dialekte.»

Kiezdeutsch-Sprecher/innen übernehmen ebenso die Außensicht auf ihren Dialekt als «falsches Deutsch» und gehen damit in Konflikt zu ihrem tatsächlichen sprachlichen Verhalten, bei dem sie Kiezdeutsch ganz bewusst in den passenden Kontexten, nämlich in Gesprächen untereinander, benutzen. In der folgenden Aussage einer Jugendlichen aus Kreuzberg wird das sehr deutlich. Es handelt sich um einen Kommentar zu einem Kiezdeutsch-Satz aus der Akzeptanz-Studie, die ich im vorigen Abschnitt vorgestellt habe:

> «Ja, das sagen wir [lacht]. Obwohl das nicht richtig formuliert ist; wir sagen's trotzdem.»

Weil es sich hier um ein generelles Phänomen in Dialekten handelt, wäre zu erwarten, dass wir dies auch bei den Sprecher/inne/n anderer multiethnischer Jugendsprachen in Europa finden. Das ist auch der Fall. So zitieren zum Beispiel schwedische Sprachwissenschaftlerinnen ganz ähnliche Aussagen aus ihren Studien mit Jugendlichen in multiethnischen Vierteln Stockholms.[15]

6.5 Von der Abwertung des Sprachgebrauchs zur Abwertung der Sprecher/innen

Was bedeutet es, einen Dialekt zu sprechen, der als «falsches Deutsch» (oder Schwedisch oder Dänisch) angesehen wird? Nach dem bisher Gesagten werden Sie nicht erstaunt sein, zu erfahren, dass einem das nicht wirklich zum Vorteil gereicht. «Schlechte Karten» trifft es eher. Der Grund, warum man mit einem Dialekt wie Kiezdeutsch oder *Rinkeby-Svenska* schlechte Karten hat, ist – um im Bild zu bleiben –, dass die Karten gezinkt sind: Der Dialekt selbst ist nicht «schlecht», grammatisch falsch oder reduziert etc., aber er wird «schlecht» gemacht, nämlich negativ sozial bewertet, und diese Abwertung wird auf seine Sprecher/innen übertragen.

Eine Abwärtsspirale der sozialen Bewertung

Dies führt zu einem Teufelskreis von negativer Bewertung und Ausgrenzung, oder besser gesagt: zu einer Abwärtsspirale, bei der ein niedriges Sozialprestige bestimmter Bevölkerungsgruppen eine negative Bewertung ihres Sprachgebrauchs bewirkt und diese wiederum eine negative Bewertung der Sprecher/innen nach sich zieht, was zu einer negativen Bewertung des Sprachgebrauchs führt usw. usf. (siehe Abbildung S. 170).[16]

Auf keiner Stufe dieser «Abwertungsspirale» geht es wirklich um den Sprachgebrauch selbst, um ein realistisches Bild seiner grammatischen Strukturen, seines Wortschatzes etc., sondern um die *soziale Bewertung* von Sprache. Sprachlich betrachtet ist, wie wir gesehen haben, ein Dialekt nicht weniger korrekt, weniger systematisch oder weniger elaboriert als ein anderer, und auch nicht weniger korrekt als das Standarddeutsche.

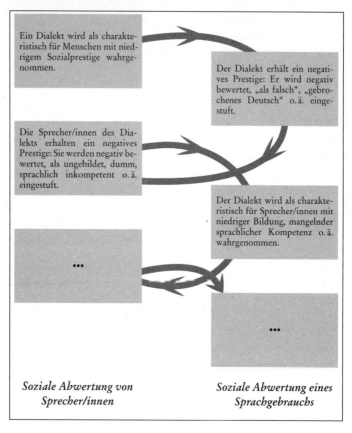

Abwärtsspirale der Bewertung: Die gegenseitige Verstärkung sozialer Abwertungen eines Sprachgebrauchs und seiner Sprecher/innen

Auch das Standarddeutsche ist letztlich nichts anderes ist als ein weiterer Dialekt, nur eben mit besonderem gesellschaftlichen Status. Ein wirklicher sprachlicher Fehler dagegen ist etwas, das versehentlich und unsystematisch gebraucht wird. Also, um ein Beispiel aus Kapitel 3 noch einmal zu bemühen, so etwas wie «Ich läufst» [*falsch*] statt «Ich laufe» [*richtig*] – oder auch «meiner Mutter sein Hut» [*falsch im Dialekt*] statt «meiner Mutter ihr Hut» [*richtig im Dialekt*].

Wenn ich also zwei sprachliche Konstruktionen habe, die in verschiedenen Varietäten (Dialekten und/oder dem Standarddeutschen) systematisch gebraucht werden, ist keine von ihnen sprachlich ein Fehler. Je nach der sozialen Bewertung der Varietät, zu der sie gehören, wird aber oft eine von ihnen als «Fehler» und eine als «richtiges Deutsch» angesehen. Wenn man dann als Sprecher/in die erste Konstruktion verwendet, wird man gleich als vermeintlich «inkompetent» mit abgewertet.

Deshalb ist es für viele auch *sozial* wichtig, sich von solchen Konstruktionen zu distanzieren – auch wenn sie sie gut kennen und ihre grammatischen Merkmale systematisch beherrschen. Wenn ich auf einem öffentlichen Vortrag oder auch bei Studierenden im ersten Semester ein Beispiel wie «meiner Mutter ihr Hut» anführe, um grammatische Strukturen in Dialekten zu verdeutlichen, reagieren immer viele mit Lachen oder Ekelausdrücken wie «ieh», «uh» oder verziehen das Gesicht. Die Beispielsätze an sich sind ja weder lustig noch eklig, und natürlich geht es hier nicht um eine neutrale sprachliche Betrachtung solcher Sätze. Lachen und Ekeläußerungen sind vielmehr Ausdrücke sozialer Sanktion: Man benutzt sie, um sich von etwas zu distanzieren, in diesem Fall um zu zeigen, dass man selbst natürlich nie so sprechen würde. Solche Distanzäußerungen dienen dazu, der sozialen Abwertung zu entgehen, die mit der dialektalen Sprechweise verbunden ist.

Macht Standarddeutsch sympathisch und intelligent?
Disqualifiziert Berlinisch? Macht Kiezdeutsch aggressiv und dumm?

Die Abwertung von Sprecher/inne/n eines Dialekts geht weiter, als man zunächst vermuten würde. Die Einstufung dialektaler Besonderheiten als «Fehler» ist aus sprachwissenschaftlicher Sicht zwar Unsinn, aber wenn man einmal diesem Irrglauben anhängt, folgt dann zumindest die Einstufung der Sprecher/innen als «sprachlich weniger kompetent» einer gewissen internen Logik – auch wenn sie ebenso unzutreffend ist. Diese Einstufung wird dann aber oft noch mit weiteren negativen Bewertungen verknüpft, die mit dem Bereich der Sprache gar nichts mehr zu tun haben. Und anders herum gilt dann: Wer die «richtige» Sprechweise benutzt, nämlich die mit hohem Sozialprestige, der wird nicht nur sprachlich, sondern insgesamt positiver eingeschätzt. In den Worten des britischen Sprachwissenschaftlers Richard Hudson:

> «Welche positiven Eigenschaften auch immer in einer
> Gesellschaft wertgeschätzt werden: Von manchen
> Sprecher/inne/n wird geglaubt, dass sie diese in größerem
> Umfang besitzen, als tatsächlich der Fall ist, einfach weil sie die
> ‹richtige› Sprechweise haben.» [17]

So fand der Soziolinguist und Dialektologe Ulrich Ammon bereits in den 1970ern, dass Dialektsprecher/innen nicht nur *sprachlich* negativer bewertet wurden, sondern generell als niedriger qualifiziert und weniger intelligent eingestuft wurden.[18] Im Projekt «Stadtsprache Berlin» wurden in den frühen 1980ern unter der Leitung der Soziolinguisten Norbert Dittmar und Peter Schlobinski Ost- und West-Berliner/innen zu ihren Einstellungen gegenüber dem Berlinischen befragt. Während die Ost-Berliner/innen den Dialekt positiv bewerteten (schlecht kam hier eher das mit der damaligen DDR-Regierung assoziierte Sächsische weg), wurde Berlinisch in West-Berlin typischerweise mit Eigenschaften wie «vulgär», «ordinär» oder «schnoddrig» beschrieben – Begriffe, die über sprachliche Bewertungen im eigentlichen Sinne weit hinausgehen und eine deutliche soziale Komponente einbringen.[19]

In Schweden haben Kari Fraurud und Ellen Bijvoet an Stockholmer Schulen solche Bewertungen erstmals für den Sprachgebrauch Jugendlicher in multiethnischen Wohngebieten untersucht.[20] Fraurud und Bijvoet nutzten hierfür ein gängiges Verfahren der perzeptuellen Dialektologie, die die soziale Wahrnehmung von Dialekten und ihren Sprecher/inne/n untersucht. Hierbei werden Aufnahmen verschiedener Dialektsprecher/innen vorgespielt, die dann bewertet werden sollen, wobei bestimmte Eigenschaften bzw. Eigenschaftspaare wie «intelligent/dumm», «freundlich/unfreundlich» vorgegeben sind.[21]

In der schwedischen Studie hörten Schüler/innen Aufnahmen, in denen Jugendliche am Telefon mit einem Freund/einer Freundin sprachen und dabei verschiedene sprachliche Stile benutzten. Unter anderem war dabei eine Sprechweise, wie sie für multiethnische Wohngebiete charakteristisch ist (das sogenannte Rinkeby-Svenska), und eine andere, die nah am Standardschwedischen ist. Auch hier wurde der standardnahe Sprecher bei Eigenschaften wie «intelligent», «nett», «gut organisiert» besser bewertet, also bei Eigenschaften, die gar nicht mehr den Bereich des Sprachgebrauchs selbst betreffen. Der Sprecher des «Rinkeby-Schwedisch» dagegen bekam von den Schüler/inne/n eher bessere Werte bei Eigenschaften wie «selbstbewusst», «tough», aber auch «humorvoll».

Das Bemerkenswerte an diesem Ergebnis ist, dass es sich bei den beiden Aufnahmen in Wirklichkeit um ein und denselben Sprecher handelte. In beiden Fällen hatte das Telefongespräch ein Jugendlicher aus Rinkeby aufgenommen, der türkische Eltern hatte, aber selbst in Schweden geboren und aufgewachsen war. Dennoch wurde er als Person ganz unterschiedlich bewertet, je nachdem, welchen Dialekt er gebrauchte.

Diese sogenannte Matched Guise Technique[22] wird benutzt, um sicher zu gehen, dass die soziale Bewertung allein auf der Basis des Sprachgebrauchs stattfindet – und zum Beispiel nicht mit unterschiedlichen Stimmen o. ä. zusammenhängt, die einem vielleicht eher sympathisch oder unsympathisch sind. Ergebnisse solcher Studien machen damit den Schritt von rein sprachlichen Unterschieden zur sozialen Bewertung von Sprecher/inne/n besonders offenkundig.

Im Folgenden will ich Ihnen nun vorstellen, was für Bewertungen wir in ähnlichen Befragungen für Kiezdeutsch bekamen.[23] Wir übernahmen dabei in weiten Teilen den Versuchsaufbau der schwedischen Studie. Wir spielten den Befragten verschiedene Aufnahmen vor, in denen sich Jugendliche am Handy mit ihren Freunden unterhielten. Das Thema des Gesprächs war möglichst neutral und bei allen gleich: Es ging immer darum, dass der Anrufer in der U-Bahn Kinokarten gewonnen hatte und sich mit seinem Freund für den Abend verabreden wollte, um die Karten einzulösen. Weil der Akku seines Handys fast leer war, konnte er dem Freund nur schnell Bescheid sagen und bat ihn, noch weitere Freunde mitzubringen. Den Teil mit dem Akku nahmen wir hinzu, um besser zu motivieren, warum in dem «Gespräch» fast die ganze Zeit nur einer spricht, nämlich der zu bewertende Anrufer.

Die Jugendlichen, die wir als Sprecher aufnahmen, bekamen als Vorlage einen Comic, der das Geschehen weitgehend bildlich darstellte und davon abgesehen nur kurze Überschriften hatte:

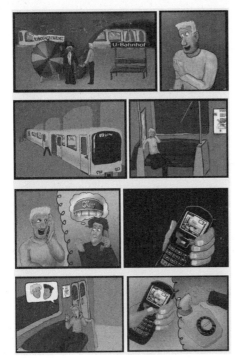

Comic-Vorlage für die Aufnahmen der verschiedenen Sprecher (Grafik: Sebastian Zorn)

Den Comic verwendeten wir statt einer schriftlichen Anleitung als Vorlage, um sicher zu gehen, dass die Jugendlichen für das fingierte Handygespräch möglichst ihre eigenen Worte benutzten und sprachlich nicht von uns beeinflusst wurden.

Wichtig war außerdem, dass es sich bei dem Beispiel um ein Gespräch unter Freunden handeln sollte, in dem die Verwendung von Jugendsprache durchaus angemessen war. Das heißt, das Beispiel sollte erst einmal nichts darüber aussagen, ob der Sprecher auch die Standardsprache beherrscht, die in formellen Situationen angemessen wäre, zum Beispiel im Schulunterricht oder in einem Bewerbungsgespräch.

Anders als in der schwedischen Studie gab es bei uns keinen «Matched Guise», sondern alle Sprachbeispiele wurden von verschiedenen Sprechern gesprochen, um einen möglichst authentischen Sprachgebrauch sowohl bei Kiezdeutsch als auch beim Berlinischen zu sichern. Wir wählten die Sprecher aber so, dass sie einander – abgesehen vom Sprachgebrauch – möglichst ähnlich waren: Sie waren alle männlich, lebten seit ihrer Geburt in Berlin, hatten eine ähnliche Schulbildung und waren etwa gleich alt (zwischen 17 und 20 Jahre).

Wir verwendeten Aufnahmen von drei Sprechern. Sprecher 1 hat türkische Eltern und lebt in Berlin-Neukölln. Die Aufnahme, die er für uns machte, hat Kiezdeutsch-Charakteristika. Sprecher 2 lebt in Berlin-Hellersdorf, seine Aufnahme hat Merkmale des Berlinischen. Sprecher 3 lebt in Berlin-Tempelhof und verwendete in seiner Aufnahme eine standardnahe Umgangssprache. Die Aufnahme des Berlinisch-Sprechers (Sprecher 2) brachte im Vergleich zur schwedischen Studie noch eine zusätzliche Komponente: Durch den Einbezug dieser Aufnahme konnten wir neben Einstellungen gegenüber Kiezdeutsch-Sprechern auch die gegenüber Sprechern des traditionellen lokalen Dialekts untersuchen.

Damit Sie sich ein Bild von den verschiedenen Aufnahmen machen können, hier die Transkripte (die Verschriftung gibt jeweils die gesprochene Sprache wieder, enthält also auch alle üblichen Verkürzungen):

Sprecher 1:
«Ey, Atze, alles klar? Was machst du so? – Auch, ja. – Ja, isch wollte dir Dings sagen, isch hab vier Kinokarten. Wills du komm? Isch bin grad U-Bahnhof. – OK. Ey, mein Akku is fast leer. Ruf ma noch paar andre Freunde. Isch hab vier Karten. – OK? – OK, danke.»

Sprecher 2:
«Äh, ey, Atze, ick hab vier Kinogutscheine jewonn. Ruf ma, ick bin grade inne U-Bahn, ruf ma die andern an, ob die mitkomm wolln. – Jut, bis nachher, ick muss schlussmachn, der Akku is alle.»

Sprecher 3:
«Digga, ähm, also Folgendes: Ich hab grad hier aufm U-Bahnhof, ähm, vier Freikartn gewonn für Kino. Bin grad unterwegs in der U-Bahn und, äh, wollt fragn, ob wir uns, äh, treffen wolln, von wegn, äh, ins Kino gehen und so. – Jo, aber mein, beeil dich mal n bisschen, mein Akku is leer, und, ähm, lad dir noch n paar andere Atzen ein, damit wir zu viert hin könn halt. – Ja, dann beeil dich. Ciao.»

Diese Aufnahmen spielten wir in unterschiedlichen Durchläufen verschiedenen Hörer/inne/n vor (Studierenden, Lehrer/innen an verschiedenen Schulen, Passanten in Berlin) und baten sie, die Sprecher in Bezug auf verschiedene Eigenschaften einzuschätzen. Hierzu gehörten neben «sprachlich kompetent/inkompetent» auch Eigenschaftspaare wie «sympathisch/unsympathisch», «intelligent/dumm», «freundlich/unfreundlich», «verträglich/aggressiv», «selbstbewusst/unsicher» und «kreativ/fantasielos». Diese Liste von Eigenschaften deckt Bereiche ab wie persönliche Anziehung («sympathisch»), generelle geistige Fähigkeiten («intelligent», «kreativ»), emotionale Stärke («selbstbewusst») und Sozialverhalten («freundlich», «verträglich»).

Um die Sprecher in Bezug auf solche Eigenschaften einzuschätzen und zu vergleichen, müsste man sie eigentlich gut kennen oder zumindest in verschiedenen Situationen beobachten können. Bloße Gesprächsaufnahmen, in denen es bei allen um dasselbe neutrale Thema geht, bieten hierfür überhaupt keine sachliche Grundlage. Eine sinnvolle Antwort auf unsere Frage nach der Einschätzung wäre deshalb zum Beispiel gewesen: «Die Frage ist völlig absurd.» Aber diese Antwort gab niemand.

Dies liegt zum einen an der Kooperationsbereitschaft von Teilnehmer/inne/n an solchen Studien. Wenn man an einer wissenschaftlichen Untersuchung teilnimmt, ist man erst einmal bereit, mitzumachen, und will antworten, auch wenn es etwas absurd wird. Ganz wesentlich liegt es aber eben auch am Phänomen der Spracheinstellungen: Wir alle beurteilen Menschen immer auch danach, wie sie sprechen, und machen dabei eben auch soziale Zuordnungen und Bewertungen. Deswegen finden wir die Fragen derartiger Studien intuitiv gar nicht so absurd, obwohl sie es streng genommen sind.

In den Ergebnissen mehrerer Untersuchungen auf Basis unserer Aufnahmen war auffällig, dass der Kiezdeutsch-Sprecher immer sehr ähnliche Werte bekam wie der Berlinisch-Sprecher, nämlich grundsätzlich negativere als der Standard-Sprecher. Kiezdeutsch-Sprecher/innen haben also mit ganz ähnlichen sozialen Abwertungen zu kämpfen wie Sprecher/innen anderer Dialekte mit niedrigem Sozialprestige. Was wir bei Kiezdeutsch erleben, ist also auch hier im Prinzip nichts Neues.[24]

So bewerteten Studierende von Potsdamer und Berliner Universitäten den Kiezdeutsch- und den Berlinisch-Sprecher als weniger sympathisch, intelligent, sprachkompetent, kreativ, höflich und verträglich als den Standard-Sprecher, wobei der Kiezdeutsch-Sprecher hier z. T. noch niedrigere Werte erhielt als der Berlinisch-Sprecher, nämlich bei den kognitiven Merkmalen (Intelligenz, Sprachkompetenz, Kreativität) und bei den affektiven Merkmalen (Sympathie).

Ähnliche Bewertungen fanden sich bei einer Befragung von Berliner Lehrer/inne/n: Der Kiezdeutsch- und der Berlinisch-Sprecher wurden als signifikant weniger sympathisch, intelligent, kreativ und freundlich und als aggressiver als der Standard-Sprecher eingestuft.[25]

Auch diese Studie macht also die soziale Dimension der Bewertung von Sprachweisen deutlich. Hier hat unabhängig von Fragen der Grammatik immer der verloren, der schon auf der ersten Stufe der skizzierten Abwärtsspirale benachteiligt war. Diese Abwertung trifft nicht nur Kiezdeutsch, sondern auch das Berlinische, das von Teilnehmer/inne/n der bereits angesprochenen Dialektstudie *Stadtsprache Berlin* in West-Berlin nicht nur als «vulgär» und «ordinär», sondern zum Beispiel auch abwertend als «proletenhaft» und «Putzfrauensprache» bezeichnet wurde.[26]

Die Erwartungsfalle

Im Bereich der Schule können derartige Vorurteile gegenüber Sprecher/inne/n bestimmter, sozial stigmatisierter Dialekte besonders negative Konsequenzen haben. Lehrer/innen stehen selbstverständlich nicht außerhalb der Gesellschaft und sind deshalb, wie wir alle, auch nicht immun gegen die soziale Bewertung bestimmter Sprechweisen und Bevölkerungsgruppen. Dies zeigt sich nicht nur in unserer «Handy»-Studie, sondern auch in direkten negativen Assoziationen, in denen die Zuordnung zu sozioökonomisch schwächeren Schichten einhergeht mit der Einschätzung als weniger intelligent und damit als schulisch schwächer.

Sehr deutlich wurde dies in der sogenannten Kevin-Studie, die an der Arbeitsstelle für Kinderforschung der Universität Oldenburg durchgeführt wurde und vor einiger Zeit durch die Medien ging.[27] Hier wurden Grundschullehrer/innen aufgefordert, an Hand einer Liste von Vornamen – und ohne jegliche weitere Informationen! – Kinder einzuschätzen. Kinder mit Vornamen, die in Deutschland besonders in niedrigeren sozialen Schichten beliebt sind, zum Beispiel «Kevin» oder «Chantal», wurden als deutlich weniger leistungsstark und verhaltensauffälliger bewertet als solche mit typischen Mittelschichts-Namen wie «Alexander» oder «Marie». Die Studie wurde besonders durch den Kommentar einer Lehrerin bekannt: «Kevin ist kein Name, sondern eine Diagnose.» Die «Diagnose» könnte hier sinnvollerweise eigentlich nur sein, dass Kevin aus einer einkommensschwachen Familie kommen könnte. Dies wird dann aber direkt mit geringeren Schulleistungen assoziiert. Wenn man durch seinen Namen als Kind aus einer niedrigeren sozialen Schicht wahrgenommen wird, ist man damit in der Schule von Anfang an viel negativeren Erwartungen ausgesetzt als Mittelschichts-Kinder.

In diese Richtung gehen auch Beschreibungen, die die Lehrer/innen in unserer «Handy»-Studie gaben, als sie den Sprachgebrauch in den verschiedenen Aufnahmen charakterisieren sollten. Zu Kiezdeutsch kamen Kommentare wie «kann es nicht besser» und «Ghetto-Sprache», die auf eine soziale Abwertung und auf negative Erwartungen zur Sprachbeherrschung hinweisen. Das Berlinische wurde ebenso mit niedriger sozialer Schicht assoziiert und abwertend mit Beschreibungen wie «prollig» oder «Gossensprache» charakterisiert. Die Aufnahme im Standarddeutschen (genauer: in standardnaher Umgangssprache) ging auch hier als Gewinner hervor; sie wurde als «gutes Deutsch» beschrieben, als Sprachgebrauch eines Jugendlichen, der «gut sozialisiert» und «gebildet» ist.

All das passt zu Ergebnissen der IGLU-Studie 2006 über gruppenspezifische Gymnasialempfehlungen, in der festgestellt wurde:

«Kinder aus bildungsfernen Elternhäusern erhalten von
ihren Lehrern und Eltern erst bei deutlich höheren Leistungswerten eine Gymnasialpräferenz als Kinder aus bildungs-

nahen Elternhäusern. [...] Bei gleichen kognitiven Fähigkeiten und gleicher Leseleistung haben Kinder von Eltern aus der oberen Dienstklasse eine mehr als zweieinhalb Mal so große Chance, von ihren Lehrern eine Gymnasialpräferenz zu erhalten, als Kinder von Facharbeitern und leitenden Angestellten.»[28]

Schüler/innen aus unteren sozialen Schichten haben also ein massives Handicap, und Sprache als Signal für soziale Zugehörigkeit spielt hier eine wichtige Rolle. Wenn jemand Kiezdeutsch oder Berlinisch gebraucht, kann dies zur Abwertung führen, auch wenn er dies in einer Situation tut, in der Jugendsprache ihren Platz hat (wie in unserer «Handy»-Studie), die also gar keine Rückschlüsse zum Beispiel auf Kompetenzen im Standarddeutschen zulässt.

Um es noch einmal zu betonen: Die Stereotype, die hier deutlich wurden, sind weit verbreitet und finden sich nicht nur bei Lehrer/inne/n und nicht nur in Deutschland. Ähnliche Ergebnisse schwedischer Befragungen von Jugendlichen haben wir bereits gesehen, und Untersuchungen aus den USA fanden zum Beispiel vergleichbare Einstellungen gegenüber Sprecher/inne/n des afroamerikanischen Englisch. Schüler/innen, die diesen Dialekt benutzten, wurden von Lehrer/inne/n negativer eingeschätzt als solche, die Standardenglisch sprachen, und zwar auch in Bezug auf allgemeine Schulleistungen und Intelligenz.[29]

Wir alle stecken Menschen in der einen oder anderen Weise in Schubladen. Dies ist einfach eine Folge davon, dass wir uns in Gesellschaften, in denen nicht jeder jeden persönlich kennt, oft mit wenigen, nicht hinreichenden Informationen ein Urteil bilden müssen. Das kann in vielen Situationen zu einem gewissen Grad auch sinnvoll sein. Wir können nicht mit jedem Passanten wieder bei Null anfangen. Oder, wie die Kneipenwirtin in der TV-Serie «Der letzte Bulle» beim Thekenphilosophieren so treffend antwortete, als Brisgau (der «Bulle») sie fragte: «Warum haben Menschen Vorurteile?» – «Weil's Zeit spart.»[30]

Problematisch ist dies aber, und zwar für uns alle, wenn negative Bewertungen ohne eine sachliche Basis zur systematischen Abwertung ganzer Bevölkerungsgruppen führen und wenn es im Fall der Schule den Blick auf das Leistungspotential von Schüler/inne/n verstellt. Schulpsychologische Studien haben gezeigt, dass sprachliche Eindrücke für die erste Einschätzung von Schüler/inne/n entscheidend sind.[31] Die hieraus resultierenden negativen Erwartungen von Lehrer/inne/n können nicht nur zu schlechteren schulischen Einschätzungen von dialektsprechenden Schüler/inne/n führen, wie sie sich in den erwähnten Gymnasialempfehlungen widerspiegeln.[32] Ein mindestens ebenso großes Problem ist, dass solche negativen Erwartungen auch *reale* Verschlechterungen von Schulleistungen der betroffenen Kinder nach sich ziehen können, und zwar auf zwei Arten.

Erstens führen solche negativen Einstellungen gegenüber ihrem Sprachgebrauch bei den betroffenen Schüler/inne/n zu einem negativen sprachlichen Selbstbild, das sich schädlich auf ihren Lerneifer und ihre schulische/akademische Selbstsicherheit auswirken kann.

Zweitens können Erwartungen von Lehrer/inne/n die Form sich selbst erfüllender Vorhersagen annehmen. Dieses Phänomen der «self-fulfilling prophecy» ist in der Psychologie seit Ende der 1960er gut bekannt. In zahlreichen Studien zeigte sich, dass Schüler/innen einfach auch dann signifikant besser wurden, wenn ihre Lehrer/innen das von ihnen erwarteten – ohne dass die Schüler/innen von sich aus ein besonderes, überdurchschnittliches Leistungspotential mitgebracht hätten.

Diese Erwartungen werden von den Lehrer/inne/n gar nicht bewusst eingesetzt, sondern unbewusst kommuniziert und wahrgenommen und führen zu subtilen Verhaltensänderungen: Lehrer/innen stellen einem Schüler, von dem sie mehr erwarten, zum Beispiel interessantere Fragen mit mehr Herausforderungen, loben ihn für schwierigere Erfolge und konzentrieren sich weniger auf seine Fehler.

In einer klassischen Studie hierzu wurde Lehrer/inne/n einer amerikanischen Grundschule zu Beginn des Schuljahres gesagt, Tests hätten ergeben, dass bestimmte Schüler/innen ihrer Klasse ein besonderes Potential zur Verbesserung ihrer Leistungen hätten. In Wirklichkeit waren diese Schüler/innen aber völlig willkürlich ausgesucht worden. Bei einem Test zu Ende des Schuljahres hatten sie sich dann aber tatsächlich signifikant gegenüber den anderen gesteigert, die Vorhersage hatte sich selbst erfüllt.[33] Martha Boehlert fasst das Phänomen in einem Handbuch zur Schulpsychologie folgendermaßen zusammen:

> «Einfach gesagt, ist es wahrscheinlich, dass sich Erwartungen zu einem bestimmten Verhalten erfüllen. [...] Die Überzeugungen, die Lehrer/innen, Eltern und andere Erwachsene zum Verhalten eines Schülers haben, können einen signifikanten Einfluss auf sein tatsächliches Verhalten ausüben.»[34]

Im Fall von positiven Erwartungen können solche sich selbst erfüllenden Prophezeiungen eine Leistungssteigerung bewirken. Umgekehrt besteht damit aber bei negativen Erwartungen von Lehrer/inne/n die Gefahr, dass sie die Leistungen von Schüler/inne/n *negativ* beeinflussen: Trotz bester Intentionen der Lehrer/innen werden Schüler/innen benachteiligt durch subtile, unbewusste Signale in Körpersprache und Verhalten des Lehrers bzw. der Lehrerin.

Kurz gesagt: Wenn man als Lehrer/in fest genug daran glaubt, dass ein Schüler «es nicht besser kann», weil er mit seinen Freunden Kiezdeutsch spricht, dann kann sich das auch bewahrheiten. Und wenn man fest genug daran glaubt, dass eine Schülerin wenig leisten wird, weil sie aus einer niedrigeren sozialen Schicht kommt, dann ist es wahrscheinlich, dass genau das auch eintritt.

Ein anderes Phänomen, das zu einer negativen Erwartungshaltung gegenüber Jugendlichen aus multiethnischen Wohngebieten beiträgt, ist das Schreckgespenst der «Doppelten Halbsprachigkeit». Dieses Gespenst erhebt immer dann sein Haupt, wenn es um die Mehrsprachigkeit Jugendlicher mit einer Herkunftssprache geht, die – das wird Sie jetzt nicht wirklich überraschen – ein niedriges Sozialprestige hat.

6.6 Das Schreckgespenst der «Doppelten Halbsprachigkeit»

Vor kurzem meinte meine Nachbarin im Gespräch zu mir: «Ich finde es toll, dass ihr in eurer Familie zwei Sprachen sprecht und eure Kinder zweisprachig aufwachsen. Das ist eine tolle Chance für die; ich beneide euch richtig!» Ich fühlte mich zwar sehr geschmeichelt, war aber auch etwas verblüfft – die Familie meiner Nachbarin ist nämlich auch zweisprachig! Als ich das erwähnte, sagte sie: «Stimmt eigentlich, das war mir gar nicht so bewusst.» Wie kam es dazu?

«Gute» und «schlechte» Zweitsprachen

Die Antwort liegt, denke ich, in den Zweitsprachen, um die es hier geht: Mein Mann ist Brite und spricht Englisch mit unseren Töchtern. Die Familie meiner Nachbarin hat dagegen türkische Wurzeln und die Kinder wachsen mit dem Deutschen und dem Türkischen auf. Vom Sprachlichen her haben ihre Kinder daher eigentlich viel größere Vorteile: Sie lernen schon früh eine Sprache, die aus einer ganz anderen Sprachfamilie kommt, und erwerben damit eine viel größere sprachliche und grammatische Weitläufigkeit als meine Kinder, die mit Englisch und Deutsch zwei sehr eng verwandte germanische Sprachen sprechen.

Es geht hier jedoch offensichtlich wieder einmal nicht um sprachliche Fakten, nicht um die Sprachen selbst, sondern um unterschiedliche Bewertungen von Sprache und um soziale Faktoren. Englisch lernt man in der Schule, das muss also etwas mit Bildung zu tun haben. Englisch hat daher ein hohes gesellschaftliches Ansehen, und Englischkenntnisse werden als Bildungsvorteil wahrgenommen. Wer in Deutschland Türkisch spricht, kommt dagegen häufig aus einem Nicht-Akademikerhaushalt mit entsprechend geringem Sozialprestige.

Mein Kollege Christoph Schroeder, der mit einer Professorin aus Istanbul verheiratet ist, erlebt es häufig, dass Menschen völlig ungläubig darauf reagieren, dass Türkisch auch in Akademikerfamilien in Deutschland gesprochen werden kann. Er und seine Frau sprechen Türkisch miteinander, die gemeinsame Tochter wächst zweisprachig auf und spricht Deutsch mit ihrem Vater und Türkisch mit ihrer Mutter. Wenn die Familie in der U-Bahn in Berlin unterwegs ist und sie sich auf Türkisch unterhalten, werden sie oft gefragt, welche interessante Sprache sie denn sprechen. Die Fragenden reagieren dann mit Überraschung und Verblüffung, wenn sie erfahren, dass das Türkisch ist. Dies passt offensichtlich nicht zu ihrem ersten Eindruck der Familie (nach Kleidung, Auftreten): Türkisch ist als Sprache sozial Benachteiligter gebrandmarkt und wird nicht als Familiensprache von Akademikern erwartet.

Vor diesem Hintergrund wird der Erwerb des Türkischen bei Kindern (oder Enkeln) türkischer Migranten dann gar nicht als zusätzliche sprachliche Kompetenz wahrgenommen. Türkischkenntnisse zählen nicht als Bildung, sondern eher als Nachteil – eine Fehleinschätzung, die nicht nur negative Auswirkungen für die betroffenen Kinder selbst hat, sondern auch zu einer Verschwendung sprachlicher Ressourcen in unserer Gesellschaft führt. Die Hamburger Erziehungswissenschaftlerin Ingrid Gogolin spricht hier von einer regelrechten «Kapitalvernichtung»:[35]

> «So gelten das Englische oder das Französische hier zu Lande als legitime Sprachen, weil sie Teil des offiziellen Bildungssystems sind und ihre Aneignung von diesem System gesteuert und kontrolliert wird. [...] Aber Mehrsprachigkeit ist keineswegs unter allen Umständen gesellschaftlich anerkannt. [...] Die mitgebrachten Sprachen der Zuwanderer unterliegen nämlich in Deutschland üblicherweise nicht den traditionell legitimierenden und damit zugleich marktwerterhöhenden Mechanismen [...]. *Der offizielle Umgang, den sich Deutschland mit den Sprachen Zugewanderter leistet, trägt Züge von Kapitalvernichtung.* Eine Sprachpolitik und Sprachbildungspolitik, die nicht auf Kapitalvernichtung setzen würde, sondern auf die Vermehrung des sprachlichen Reichtums in Deutschland, könnte aus dem Vollen schöpfen. Sie müsste sich nur darum bemühen, die unter den Menschen vorhandenen sprachlichen Fähigkeiten aufzugreifen und anzuerkennen, sie zur Entfaltung zu führen und ein Klima zu schaffen, in dem jeder Mann oder jede Frau die sprachliche Vielfalt um sie oder um ihn herum im Stande ist, als Reichtum zu erleben.»

Dieser sprachliche Reichtum wird beim Türkischen nicht als solcher anerkannt. Türkisch-Kenntnisse werden nicht als Bildungswert, sondern als regelrechtes Handicap gesehen – und hier taucht dann das Gespenst der «Doppelten Halbsprachigkeit» regelmäßig auf: Mehrsprachige Kinder sprechen nach dieser Auffassung plötzlich gar keine Sprache mehr «richtig», sondern beide nur noch halb.[36] Kindliche Äußerungen, wie sie typisch sind im Lernprozess, zum Beispiel die Übertragung grammatischer Muster der einen Sprache auf die andere, werden dann als Hinweis auf eine solche drohende «Halbsprachigkeit» angesehen und nicht als das erkannt, was sie sind, nämlich ganz normale, gesunde Entwicklungsstufen im mehrsprachigen Spracherwerb.

Mit Englisch passiert einem das nicht. Meine Töchter haben auch schon grammatische Regeln der einen Sprache auf den Bereich der anderen übertragen und zum Beispiel so etwas gesagt wie «Warte für mich!» (= Übertragung der englischen Wendung «wait for me» mit Präposition ‹for› *für* auf das Deutsche) oder auch «I want that haven!» (= deutsche Verb-Grammatik mit Infinitiv wie in ‹haben› für das englische Verb *have*). Dies wird dann eher als niedlich angesehen oder – ganz zutreffend – als Hinweis auf sprachliche Flexibilität und komplexes sprachliches Wissen. Kein Mensch beschwört hier das Schreckgespenst der doppelten Halbsprachigkeit.

Wer spricht Schulsprache?

Der Begriff «Halbsprachigkeit» kam in den 1960ern in Schweden auf und wurde später insbesondere von Jim Cummins in Nordamerika aufgegriffen und verbreitet.[37] Das Konzept bezog sich hier jedoch von Anfang an nur auf schriftsprachliche Kompetenzen und den formellen Sprachgebrauch in der Schule. Cummins spricht von der «Cognitive-academic language proficiency» (CALP), der «kognitiv-schulischen/-akademischen Sprachfertigkeit» oder auch «Bildungssprache», wie Ingrid Gogolin als Alternativbegriff vorschlägt.[38] Dies ist eine wichtige Einschränkung: Der Sprachgebrauch, dem Kinder in der Schule begegnen, unterscheidet sich ganz wesentlich von der Alltagssprache, er bildet eine eigene Sprachform, die «Schulsprache», wie sie der Pädagoge Rico Cathomas nennt.[39]

Diese «Schulsprache» ist näher an der Schriftsprache als am gesprochenen Deutsch und wird oft in einer Weise verwendet, die für die Domäne der Schule charakteristisch ist, in anderen Umgebungen aber unpassend und künstlich wirken würde. Cathomas schreibt dazu:[40]

> «Der artifizielle oder fiktive Charakter der Schulsprache wird durch oftmals fiktive Lehrer-Schüler-Dialoge, durch unechte Fragen, konstruierte Problem- bzw. Aufgabenstellungen und durch den zunehmenden Gebrauch von Fachbegriffen (‹Technolekte›) noch verstärkt.»

Auf diese besondere Sprachform der Schulsprache sind Kinder aus Ober- und Mittelschichtfamilien besser vorbereitet als andere Kinder. Grundsätzlich unterscheiden sich Sprecher/innen immer darin, dass sie unterschiedliche sprachliche Erfahrungen und ein unterschiedliches Repertoire in verschiedenen Bereichen haben.[41] Dies kann ganz unterschiedliche Bereiche wie Fußball, Computer oder auch Inneneinrichtung betreffen und bezieht sich nicht nur auf den Wortschatz, sondern auch auf Besonderheiten der Aussprache.

Meine Schwester, die eine Firma leitet, sagte mir zum Beispiel, dass man in vielen Industrieunternehmen die Abteilung, die die Bestellannahmen macht, «Vértrieb» nennt, mit Betonung auf der ersten Silbe, statt, wie man normalerweise sagen würde, «Vertríeb» mit Betonung auf der zweiten Silbe. Ebenso können bestimmte Sprecher/innen grammatische Konstruktionen kennen, die nur in einem speziellen sprachlichen Kontext vorkommen. Zum Beispiel habe ich erst bei der letzten Fußball-Weltmeisterschaft gelernt, was die Wendung «gut geklärt» bedeutet, und auch Sätze wie «Özil zu Schweinsteiger, Schweinsteiger zu Khedira» sind außerhalb der Fußball-Domäne kaum geläufig.

Wenn es um die Domäne der Schulsprache geht, ist eine Vertrautheit mit dieser Sprachform ein wesentlicher Vorteil für den Schulerfolg, und diesen Heimvorteil haben Kinder aus oberen sozialen Schichten auf zwei Ebenen. Zum einen orientiert sich der schriftsprachliche Standard in Deutschland sehr eng am Sprachgebrauch der Mittelschicht. Kinder, die aus Mittelschichtsfamilien kommen, können also leichter an den Sprachgebrauch anknüpfen, dem sie in der Schule begegnen.

Zum anderen sind auch die speziellen Kommunikationssituationen der Schule ihnen bereits vertraut. So ist es in der bildungsbürgerlichen Mittelschicht gang und gäbe, Kindern Fragen zu stellen, die als echte Fragen ganz unsinnig wären, die aber typisch für «Prüfungs»-Fragesituationen in der Schule sind: Fragen, deren Antwort man eigentlich schon weiß, die aber das Wissen des Gefragten testen sollen. Als ich heute Morgen meine jüngere Tochter zum Kindergarten brachte, sah sie auf dem Landwehrkanal mehrere Schwäne und sagte zu mir: «Guck mal, Mami, da sind zwei Schwäne! Und hier sind noch mal drei!» Ich fragte sie darauf hin: «Wie viele sind das denn insgesamt?» Wenn man diese Frage als normale Frage ernst nimmt, also als Aufforderung, eine Wissenslücke beim Fragenden (also in diesem Fall bei mir) zu füllen, dann wäre eine sinnvolle Antwort zum Beispiel «Mami, kannst du etwa nicht bis fünf zählen?»

So etwas antwortete meine Tochter aber nicht. Sie versuchte stattdessen, die richtige Antwort zu finden, und war stolz, als sie es geschafft hatte – und sie tat dies, weil sie als Mittelschichtskind mit solchen «unnormalen» Fragen vertraut ist. Damit hat sie, wenn sie in einem Jahr in die Schule kommt, dann den typischen Mittelschichtsvorteil: Sie erfährt die

Schulsprache und ihre Verwendungen nicht als Bruch, sondern als Fortführung dessen, was sie schon von zu Hause kennt. Entsprechend wird sie vermutlich problemlos damit umgehen können und wird dann als sprachlich kompetent wahrgenommen, und sollte sie einmal Eigenheiten in ihrem Sprachgebrauch zeigen, ist es dementsprechend weniger wahrscheinlich, dass sie dann als «doppelt halbsprachig» angesehen wird.

Auch der Mythos der «Doppelten Halbsprachigkeit» hat somit eine klare soziale Komponente. Er erinnert damit stark an ein anderes Motiv aus der Mottenkiste der sprachlichen Vorurteile: die in den 1960ern verbreitete Auffassung, Arbeiterklassekinder würden einen «restringierten Code» sprechen, eine gegenüber dem «elaborierten» Sprachgebrauch bildungsnaher Schichten angeblich eingeschränkte Sprechweise – eine Auffassung, die ebenfalls in zahlreichen empirischen Studien als Mythos entlarvt wurde.[42]

Ähnlichen Vorurteilen sahen sich entsprechend zum Beispiel auch Kinder in den USA gegenüber, die einen afroamerikanischen Dialekt des Englischen sprechen. Bereits 1970 zeigte William Labov, einer der Begründer der modernen Soziolinguistik, dass diese Kinder z. T. als sprachlich defizitär eingestuft wurden, einfach, weil sie mit bestimmten Testsituationen nicht vertraut waren, die für Mittelschichtkinder einfacher waren.[43] Für diese Kinder wurden dann «Sprachförder»-Programme entwickelt, in denen sie «richtig» sprechen lernen sollten, indem sie zum Beispiel immer in ganzen Sätzen antworten mussten. Auf die Frage «Wo ist das Eichhörnchen?» durften sie dann zum Beispiel nicht antworten «Im Baum», sondern mussten sagen «Das Eichhörnchen ist im Baum»[44] – eine völlig unnatürliche Art, zu antworten, die normalerweise eher auf mangelnde sprachliche Kompetenzen hinweisen würde als auf «richtiges» Sprechen.

Aber auch die sprachliche und soziale Situation selbst hat einen Einfluss. Sprachtests werden typischerweise von Mittelschicht-Prüfern, mit ihrem Mittelschichts-Sprachgebrauch, durchgeführt, und Kinder aus anderen sozialen Schichten neigen dazu, dann eher schüchtern zu sein und nicht viel zu sagen. Wenn solche sprachlichen Kompetenzen getestet werden und es um Fähigkeiten in der «Schulsprache» geht, dann sagt ein schlechteres Abschneiden von Kindern mit türkischer, arabischer u. a. Zweitsprache somit nicht unbedingt etwas über ihr Sprachvermögen aus, noch deutet es auf «Halbsprachigkeit» hin.

Entsprechend schneiden auch einsprachige Kinder bei Sprachtests schlecht ab, wenn sie nicht aus der Mittelschicht kommen. Die Mehrsprachigkeitsforscher Christoph Schroeder und Wilfried Stölting berichten beispielsweise in ihrer Kritik an herkömmlichen Sprachstandserhebungen, dass 2001 in Berlin 13 % der einsprachig deutschen Schulanfänger/innen nach solchen Tests als sprachlich retardiert eingestuft wurden.[45] Dies wird in der Öffentlichkeit dann aber oft nicht als Problem der Tests gesehen, sondern als Problem der Kinder. So wurde in der Wochenzeitung *Die Zeit* vom 1.7. 2010 behauptet,

> «dass die Sprachfähigkeit in den unteren sozialen Schichten abnimmt, die deutsche wohlgemerkt, und zwar keineswegs nur bei Migrationskindern».[46]

Das ist natürlich Unsinn – einmal ganz abgesehen von der eigenartigen Wortschöpfung «Migrationskinder» (Kinder der Migration?). Die Sprachfähigkeit ist etwas, das unsere Spezies Homo sapiens so definiert wie der Rüssel den Elefanten und der Gesang den Kanarienvogel. Jedes Kind ist sprachlich kompetent, jedes Kind lernt eine Sprache (oder auch mehrere) – aber eben nicht zwangsläufig die Sprache der Mittelschicht.

Spracherwerb gehört zum Menschsein dazu und wird durch angeborene geistige Grundlagen ausgelöst, die jeder von uns hat: den «Sprachinstinkt», wie der Linguist Steven Pinker dies in seinem Grundlagenwerk zum menschlichen Sprachvermögen nennt.[47]

So betont die Spracherwerbsforscherin Rosemary Tracy, dass Sprache grundsätzlich unabhängig von der Intelligenz und ohne explizite Unterweisung oder Korrektur erworben wird, wobei auch Erfahrungen mit unterschiedlichen Sprachvarianten von Anfang an normal sind. Auch einsprachige Kinder wissen, dass es unterschiedliche Sprechweisen in einer Sprache gibt, allein schon dadurch, dass kleine Kinder noch anders sprechen als Erwachsene, das heißt dass Erwachsene und Kinder unterschiedliche sprachliche Systeme nutzen. Mehrsprachige Kinder durchlaufen daher beim Spracherwerb ganz ähnliche Phasen wie einsprachige Kinder, mit denselben «Fehlern» – die natürlich gar keine Fehler sind, sondern typische Abweichungen von der Erwachsenensprache, die in normalen Entwicklungsstufen im Spracherwerb auftreten.[48]

Bei «Halbsprachigkeit» könnte man an so etwas wie Kaspar Hauser denken,[49] aber nicht an ein normal entwickeltes Kind, das mit zwei oder mehr Sprachen aufwächst. Eine tatsächliche «Halbsprachigkeit» als sprachliches Defizit mehrsprachig aufwachsender Kinder wurde entsprechend auch in zahlreichen Studien widerlegt – ganz ähnlich wie der Mythos vom «restringierten Code» aus den 1960ern –, und auch Cummins nutzt mittlerweile den Begriff «Halbsprachigkeit» nicht mehr.[50]

Das vermeintliche Defizit im Deutschen, das einige mehrsprachige Kinder haben, entpuppt sich damit vor allem als Problem in der formellen Schulsprache, aber nicht als Problem ihrer Mehrsprachigkeit.[51] Entsprechend unterscheidet zum Beispiel das europäische Forschungsprojekt «Languages in a Network of European Excellence»⁵² zwischen «Bildungs-Mehrsprachigkeit» (*educated bilingualism*) und «natürlicher Mehrsprachigkeit» (*natural bilingualism*). Zweisprachige Kinder können volle Kompetenzen in natürlicher Mehrsprachigkeit besitzen, auch wenn ihnen die Bildungssprache, die Sprache der Schule, noch fehlt.

Entsprechend konnten in einer Untersuchung der sprachlichen Leistungen von Kindern an Berliner Grundschulen keine Unterschiede zwischen Kindern deutscher und nichtdeutscher Herkunftssprache festgestellt werden, wenn der sozioökonomische Hintergrund der Familien gleich war. Andrea Eckhardt, die die Studie durchführte, stellt dazu fest:

«Dieses Ergebnis verdeutlicht, dass die beobachteten Leistungsunterschiede zwischen den Schülergruppen nicht auf den Sprachhintergrund der Kinder zurückzuführen sind, sondern vor allem im Zusammenhang mit dem sozioökonomischen Status der Familien stehen.»⁵³

Dennoch hält sich der Mythos von der «Doppelten Halbsprachigkeit» hartnäckig in der Öffentlichkeit und taucht bis heute selbst in pädagogischen und bildungspolitischen Schriften mitunter noch auf. Vor diesem Hintergrund haben kürzlich mehrere sprachwissenschaftliche Forschungseinrichtungen, darunter auch meine, in einer gemeinsamen Stellungnahme öffentlich dem Mythos der «Doppelten Halbsprachigkeit» widersprochen. Sie finden die Stellungnahme im Anhang dieses Buchs abgedruckt.

Die Leidtragenden solcher Mythen sind die Kinder, die, einmal als «sprachlich defizitär» gebrandmarkt, von Anfang an mit Handicaps zu kämpfen haben, von negativen Erwartungen der Schule bis zu einem negativen sprachlichen Selbstbild. William Labov schrieb bereits 1970 sehr treffend über solche Defizit-Hypothesen gegenüber Kindern aus Familien, in denen nicht die Standardsprache der Mittelschicht gesprochen wurde:

> «Dass die Pädagogische Psychologie stark durch eine Theorie beeinflusst ist, die so wenig den sprachlichen Fakten entspricht, ist bedauerlich. Aber dass Kinder die Opfer dieses Unwissens sein sollten, ist untragbar.»[54]

Ein altbekanntes Missverständnis in neuem Kleid:
Sprachvariation und Standardsprache

Die andere Seite des Mythos von der «Doppelten Halbsprachigkeit» ist die Abwertung der Kompetenzen, die mehrsprachige Kinder in der Herkunftssprache ihrer Familie haben, also zum Beispiel im Türkischen oder Arabischen. So meint zum Beispiel der türkische Imam Furat Akdemir, vom türkischen Amt für Religiöse Angelegenheiten nach Leverkusen entsandt, um die sunnitische Gemeinde zu betreuen, im Interview mit der Berliner Zeitung:[55]

> «Die Kinder in meiner Gemeinde können weder deutsch noch türkisch gut sprechen.»

Auch auf dieser Seite entspricht der Mythos nicht den sprachlichen Fakten. Zum einen wird bei solchen Aussagen das besondere Sprachprofil mehrsprachiger Kinder nicht berücksichtigt, die ihre beiden Sprachen zum Beispiel ganz unterschiedlich in formellen und informellen Gesprächssituationen nutzen, im Gespräch untereinander zum Teil virtuos von einer Sprache in die andere und zurück wechseln und Ausdrücke einer Sprache in die andere integrieren.[56] Dieser mühelose Wechsel («Code-Switching») ist nicht Ausdruck von Hilflosigkeit, sondern von hoher sprachlicher Kompetenz. Er folgt systematischen Grammatik- und Diskursregeln und wird gezielt in mehrsprachigen Gesprächssituationen eingesetzt und zum Beispiel nicht gegenüber Einsprachigen gebraucht, die die andere Sprache nicht verstehen.[57]

Ganz zentral für das Verständnis von Kompetenzen in den Herkunftssprachen mehrsprachiger Kinder ist zudem, dass diese Sprachen ja im neuen Land (hier Deutschland) nicht konserviert werden, sondern sich auch hier weiter entwickeln. Im Kontext von Migration werden Sprachen in eine neue Umgebung «mitgebracht», dort unter neuen sprachlichen und sozialen Bedingungen weiter verwendet und eben auch weiter entwickelt und verändert.

Das ist ein bekanntes Phänomen: Im Ausland entstehen neue Dialekte und sprachliche Varietäten, die sich von der Standardsprache im Herkunftsland unterscheiden. Hier ein Beispiel aus dem Sprachgebrauch deutscher Auswanderer in den USA, dem sogenannten Texas German:[58]

> *Interviewer:* «Und Sie hatten hier auf der Farm dann Hühner oder Pferde, oder was hatten Sie alles die letzten 50 Jahre?»
> *Sprecherin:* «Oh, mein Mann hat ein Pfer , ein paar Pferde gehabt, und der hat sogar friher, als junger Mann ham mal Rodeos gehabt. Da sind denn die junge Männer, sind zusammen gekommen, und die die ham denn ..., you know, Ziegen geropt oder Kälber geropt. Das war Sonntags nachmittags, habn sie denn Rodeo abgehalten.»

Am neuen Ort ist hier eine neue Varietät des Deutschen entstanden. Ihre Sprecher/innen sind nicht «halbsprachig», sondern beherrschen diese Varietät vollständig. Es handelt sich nur eben um eine Varietät, die nicht eins-zu-eins mit der Standardsprache in Deutschland übereinstimmt, sondern eigene sprachliche Merkmale hat. Im Ausschnitt oben ist dies zum Beispiel die Aussprache «friher» (statt «früher»), die möglicherweise dialektal aus Deutschland mitgebracht wurde, sich aber auch erst in den USA entwickelt haben könnte, und auch Neuerungen, die auf einen direkten Einfluss der neuen Landessprache Englisch zurückgehen, zum Beispiel «geropt» (englisch «to rope», ‹mit dem Lasso einfangen›). Typischerweise gehören hierzu auch unterschiedliche, kreative Formen der Mischung von Sprachen, zum Beispiel das schon erwähnte «Code-Switching», in unserem Beispiel etwa die Verwendung der Wendung «you know» in einem deutschen Satz.

Im Kontext von Migration findet also immer auch eine Veränderung der Herkunftssprache statt. Sprachen, die verwendet werden, sind lebendig und dynamisch, sie entwickeln sich weiter. Das beobachten wir auch für das Türkische, das in Europa gesprochen wird. Auch hier hat sich eine neue Varietät gebildet, das sogenannte Nordwesteuropäische Türkisch, das sich von der Standardsprache, die in der Türkei gesprochen wird, in einigen Bereichen von Aussprache, Wortschatz und Grammatik unterscheidet.[59] Speziell das in Deutschland gesprochene «Deutschlandtürkisch» besitzt zwar relativ wenige Unterschiede zum Türkeitürkischen, aber die Abweichungen sind für Türkeitürk/inn/en auffällig und werden dann als «schlechtes Türkisch» wahrgenommen.[60]

Im Fall des Deutschlandtürkischen wird diese Abwertung noch durch eine soziale Abwertung der ursprünglichen türkischen Dialekte der Migrant/inn/en verstärkt: Die Angehörigen der sogenannten Gastarbeiter-Generation der 1960er/70er Jahre kamen vor allem aus ärmeren ländlichen Regionen der Türkei und sprachen andere Dialekte als die bürgerliche Mittelschicht zum Beispiel in Ankara oder Istanbul. – Und hier begegnen wir dann gleich wieder dem inzwischen vertrauten Phänomen der automatischen sozialen Abwertung eines Sprachgebrauchs, der mit sozial Schwächeren verbunden wird. Hier ein Zitat des türkischstämmigen Schriftstellers

Feridun Zaimoğlu, in dem diese Einstellung deutlich wird:[61]

> «Man soll nur nicht glauben, dass die Türkisch- und Kurdischstämmigen der ersten Generation wirklich Türkisch sprechen. Es ist ein Allgäu-Türkisch, ein bäuerliches Türkisch.»

Die Abwertung des Türkischgebrauchs ist damit ein weiteres Beispiel für das verbreitete Missverständnis, dass Abweichungen von der Standardvarietät, zum Beispiel in Dialekten, grundsätzlich sprachliche «Fehler» sind. Dies gilt jedoch für herkömmliche Dialekte im Türkischen und Deutschen genauso wenig wie für Dialekte, die sich durch die Migration in ein neues Land entwickeln. Deutsche Jugendliche türkischer Herkunft sind nicht «doppelt halbsprachig» und können kein richtiges Türkisch sprechen, sondern sie sprechen einen lokalen türkischen Dialekt, das Deutschlandtürkische.

Die Vorteile früher Mehrsprachigkeit

Zusammengefasst ist das Schreckgespenst der «Doppelten Halbsprachigkeit» damit genau das: ein Schreckgespenst, das sich bei näherem Hinsehen als Täuschung entpuppt. Kinder, die von klein auf zwei oder mehrere Sprachen sprechen, erwerben damit kein Handicap. Entsprechend stellt beispielsweise Rosemary Tracy die Ansicht, dass Sprachmischung zu Verwirrung führe und kindliche Mehrsprachigkeit ein Risiko darstelle, unter die Überschrift «Mythen, Ideologien, Unsinn».[62] Ein Risiko besteht für diese Kinder allein in der sozialen Abwertung von Mehrsprachigkeit und in der Abwertung bestimmter Zweitsprachen. In diesem Sinne stellt etwa die Gesellschaft für bedrohte Sprachen fest:

> «Alles spricht dafür, dass Mehrsprachigkeit, in Europa oft als Kuriosität bestaunt, nicht nur unproblematisch, sondern

vielmehr natürlich und wünschenswert ist. Insbesondere Kinder können mühelos zwei oder auch mehr Sprachen nebeneinander erwerben. [...] Für Menschen, die eine regionale Sprache oder einen Dialekt neben der Mehrheitssprache oder Standardsprache sprechen, ist dies deshalb nur dann ein Nachteil, wenn es von der Mehrheit abgelehnt wird. Wo die Zugehörigkeit zu mehreren Kulturen anerkannt und nicht als Problem oder Stigma angesehen wird, kann sich eine gesunde, vielschichtige Identität entwickeln.»[63]

Um eine solche positive Entwicklung zu fördern, müssen wir uns von dem «monolingualen Habitus» trennen, der nicht unserer gesellschaftlichen Wirklichkeit entspricht.[64] Wir sollten anerkennen, «dass die bundesrepublikanische Gesellschaft mehrsprachig ist – einfach weil ein nicht unerheblicher Teil der Bevölkerung mehrsprachig ist.»[65] Wir sind kein einsprachiges Land, und das ist gut so. Mehrsprachigkeit ist eine wertvolle Ressource für eine Gesellschaft, und sie ist auch etwas ganz Normales. Mehrsprachigkeit, nicht Einsprachigkeit ist der Normalfall in menschlichen Kulturen, und zu diesem Normalfall gehören eben auch sprachliche Varianten, die sich besonders in mehrsprachigen Kontexten entwickeln.

Wie etwa François Grosjean, einer der führenden Mehrsprachigkeitsforscher, betont, ist mindestens die Hälfte der Weltbevölkerung heute mehrsprachig.[66] Dass jemand nur mit einer Sprache aufwächst und weitere Sprachen erst später mit viel Mühe als «Fremd»-Sprachen lernen muss, wie das zum Beispiel bei mir der Fall war, ist nichts Positives, sondern eher eine sprachliche Verarmung.

Ein besonders sprachenreiches Land, und zugleich ein besonders positives Beispiel für Einstellungen gegenüber Mehrsprachigkeit, ist Indien. Nach der letzten Zählung werden dort 427 Sprachen gesprochen,[67] etwa 65 % der Bevölkerung sind mehrsprachig, darunter viele, die von klein auf mit mindestens drei Sprachen aufwachsen. Viele sprechen auch Englisch, und durch den verbreiteten Gebrauch hat sich in Indien eine eigene Variante des Englischen, das *Indian English*, entwickelt (mit Besonderheiten in Aussprache, Wortschatz und Grammatik).[68] Dies löst dort aber keine Furcht vor Sprachverfall, Halbsprachigkeit o. ä. aus, sondern *Indian English* wird selbstbewusst als weitere indische Sprache verstanden und damit als ein weiteres Element des indischen Sprachenreichtums.

Dagegen scheinen wir in Deutschland mit unseren «Halbsprachigkeits»-Mythen immer noch in der alttestamentarischen Angst vor einer babylonischen Sprachverwirrung gefangen. Dabei gibt es – um im biblischen Rahmen zu bleiben – den positiven Gegenentwurf hierzu schon im Neuen Testament. Der Segen der Mehrsprachigkeit des «Pfingstwunders» ist uns heute noch einen Feiertag wert:

> «Und als der Pfingsttag [das jüdische Schawuot-Fest] gekommen war, waren sie alle an einem Ort beieinander. Und es geschah plötzlich ein Brausen vom Himmel wie von einem gewaltigen Wind und erfüllte das ganze Haus, in dem sie saßen. Und es erschienen ihnen Zungen, zerteilt, wie von Feuer; und er setzte sich auf einen jeden von ihnen, und sie wurden alle erfüllt von dem heiligen Geist und fingen an, zu predigen in andern Sprachen, wie der Geist ihnen gab auszusprechen.»
>
> (Apostel 2,1–4)

Wenn wir uns nicht von Schreckengespenstern den Blick verschleiern lassen, können wir Mehrsprachigkeit als den Vorteil nutzen, der sie ist: für uns alle als gesellschaftliche Ressource und für die einzelnen Sprecher/innen als zusätzliche sprachliche Kompetenz, aber auch in einem weiteren Sinne als Vorteil im Bereich geistiger Kompetenzen.

Nach unserem Ausflug in biblische Zeiten hierzu ein kurzer Blick auf heutige Forschungsergebnisse zu mehrsprachigen Kindern und Erwachsenen. Aus kognitionswissenschaftlichen und psychologischen Studien wissen wir, dass Kinder, die schon früh eine zweite Sprache lernen, besser als einsprachige Kinder bei Tests abschneiden, die die sogenannten exekutiven Hirnfunktionen fordern, nämlich geistige Flexibilität sowie kognitive Kontrolle und Arbeitsgedächtnis. Wenn man nicht auf eine Sprache beschränkt ist, sondern mehrere im täglichen Leben verwendet, dann stehen diese Sprachen im Kopf quasi miteinander im Wettbewerb: Eine Sprache muss immer unterdrückt werden, wenn die andere gebraucht wird. Diese Konkurrenz ist eine positive Herausforderung für das Gehirn, sie trainiert täglich die exekutiven Hirnfunktionen.[69]

Dieser Vorteil bleibt auch bei Erwachsenen erhalten. So zeigte etwa Ellen Bialystok, die für ihre Forschung kürzlich den kanadischen *Killam Prize* gewann, in verschiedenen Studien, dass Mehrsprachigkeit den geistigen Abbau im Alter hinausschieben kann.[70] Mehrsprachige Kinder tun sich bei gleichen Rahmenbedingungen auch leichter in der Mathematik, wo es ja ähnlich wie bei verschiedenen Sprachen auch um verschiedene Systeme geht und wo, gerade zu Beginn des Mathematiklernens, ganz wesentlich auch das Arbeitsgedächtnis eine wichtige Rolle spielt.[71]

Die Entwicklungspsychologen Ágnes Melinda Kovács und Jacques Mehler zeigten in einer Studie, dass Kinder, die von Anfang an mehrsprachig aufwachsen, bereits im Alter von einem Jahr, also bevor sie selbst zu sprechen anfangen, sprachliche Muster besser erkennen können als einsprachig aufwachsende Kinder:[72] Der frühe Kontakt mit mehreren Sprachen ist offensichtlich ein geistiges Training, das Kinder befähigt, abstrakte Strukturen flexibler und effizienter zu verarbeiten.

Frühe Mehrsprachigkeit ist somit eine kognitive Herausforderung, der Kinder problemlos gewachsen sind und die zu kognitiven Vorteilen führt, die gerade im Bildungsbereich genutzt werden können – wenn, wie hier immer wieder deutlich wurde, die Rahmenbedingungen dieselben sind, das heißt wenn Kinder aus unterschiedlichen sozialen Schichten und mit Zweitsprachen unterschiedlichen sozialen «Marktwerts» dieselben Chancen haben: wenn sie in der Schule denselben positiven Erwartungen begegnen, wenn ihre sprachlichen Kompetenzen gleichermaßen wahrgenommen werden und sich diese Wahrnehmung auf sprachliche Fakten, nicht auf das soziale Prestige unterschiedlicher Dialekte und Sprachen, stützt.

1 Vgl. hierzu ausführlich Labov (1996).
2 Wiese et al. (2009).
3 Siehe Eichinger et al. (2009) und Hoberg et al. (2008).
4 Die sogenannte Armutsrisikoquote beträgt bei Kindern und Jugendlichen unter 15 Jahren mit Migrationshintergrund 32,6%, bei solchen ohne Migrationshintergrund dagegen nur 13,7% (Quelle: «Lebenslagen in Deutschland. Der Dritte Armuts- und Reichtumsbericht der Bundesregierung. 2009»). Als «arm» gelten hierbei Personen, deren verfügbares Nettoeinkommen unter 60% des Durchschnittseinkommens (Median) liegt.
5 Zur sozialen Lage von Migrant/inn/en in Berlin vgl. exemplarisch Brenke (2008).
6 Zu ganz ähnlichen Zusammenhängen von sozialer Schicht und multiethnischer urbaner Jugendsprache in Großbritannien vgl. Rampton (2010 a,b).
7 Claudia Blankenstein, Wassiliki Kaloudaki, Carolin Pohlmann, Lisa Schlönvogt & Alina Schubert: «Gutes Deutsch?». Seminarprojekt im Seminar «Variation in der Sprache» (H. Wiese), Universität Potsdam, Institut für Germanistik, Wintersemester 2009/10.
8 Regel (2010).
9 Neuland (2008:1).
10 Neuland & Volmert (2009:53).
11 Vgl. Neuland (2008:5).

12 Vgl. hierzu auch Androutsopoulos (1998), Schlobinski et al. (1993).
13 Eine derartige Antwort gaben 5 von 77 Befragten.
14 Vgl. hierzu Dittmar et al. (1988).
15 Bijvoet (2003) berichtet beispielsweise, dass einige Sprecher/innen der Meinung sind, dass «es falsch ist, Rinkeby-Schwedisch zu verwenden, selbst für den Austausch unter Gleichaltrigen, aber sie verwenden es trotzdem.» (Meine Übersetzung, H. W.; im Original: «[some of the adolescents] are of the opinion that it is incorrect to speak Rinkeby Swedish, even for peer-peer interaction, but they use the variety anyway.») Godin (2006) berichtet Vergleichbares aus multiethnischen Vierteln in Botyrka in der Nähe von Stockholm.
16 Diese Abwärtsspirale beinhaltet unter anderem eine sprachideologische Verschiebung im Sinne Silversteins (2003) von einer «Indexikalität erster Ordnung» zu einer «Indexikalität zweiter Ordnung», bei der bestimmte Sprechweisen, die als charakteristisch für Mitglieder einer bestimmten Gruppe angesehen werden, mit *Typen* von Menschen assoziiert werden (vgl. hierzu auch Woolard 1998), also ein bestimmtes Schubladendenken auslösen, in unserem Fall zum Beispiel das von «Migrantenjugendlichen».
17 Hudson (1996:205); meine Übersetzung (H.W.). Im Original: «whatever virtues are highly valued [in a particular society], some speakers are thought to have more of them than they really have, simply because they have the ‹right› way of speaking».
18 Ammon (1978). Zu negativen Einstellungen gegenüber Dialektsprecher/inne/n, insbesondere an der Schule, vgl. auch Löffler (1980) und Steinig (1980).
19 Vgl. Dittmar et al. (1986; 1988), Schlobinski (1988:1261).
20 Fraurud (2003; 2004), Bijvoet (2003), Fraurud & Bijvoet (2004), Bijvoet & Fraurud (2010).
21 Die Bewertung erfolgt auf einer sogenannten *semantischen Differenzial-Skala*, zum Beispiel von «1-freundlich» bis «6-unfreundlich», vgl. etwa Garrett et al. (2003), Preston (2002).
22 Die Technik wurde von in den 1950/60ern von dem kanadischen Psychologen Wallace Lambert entwickelt, der hiermit zuerst Einstellungen gegenüber Englisch und Französisch in Kanada untersuchte (vgl. Lambert 1967).
23 Mayr et al. (2011).
24 Zu herkömmlichen deutschen Dialekten gab es hierzu bereits in den 1960ern einige Arbeiten; vgl. etwa Reitmajer (1966) zu schulischen Nachteilen für Dialektsprecher/innen des Bairischen.
25 Siehe Meschko (2009), Mayr et al. (2011).

26 Dittmar et al. (1988). Ganz ähnlich stellt bereits Ammon (1978) fest, dass Dialektsprecher/innen als eher der Unterschicht angehörend eingeschätzt werden.
27 Kaiser (2010).
28 Bos et al. (Hg.) (2007: Zusammenfassung S. 19).
29 Vgl. Cecil (1988).
30 «Der letzte Bulle», Krimiserie, Deutschland 2011, 60 Min.; Staffel 2, Folge 4 («Wer findet, der stirbt»). Brisgau in seiner Stammkneipe im Gespräch mit der Wirtin.
31 Vgl. hierzu bereits Giles & Powesland (1975:3).
32 S. o. das Zitat aus der IGLU-Studie.
33 Rosenthal & Jacobson (1966). Vgl. auch Rosenthal & Jacobson (1968), Tsiplakides & Keramida (2010).
34 Boehlert (2005:491); meine Übersetzung (H.W.). Im Original: «Simply put, expectations for behavior are likely to come true. […] Teachers›, parents›, and other adults› beliefs about a student's behavior may have a significant impact on the actual behavior demonstrated by the individual student.»
35 Gogolin (2003); Hervorhebung von mir (H.W.).
36 Vgl. hierzu auch Wiese (2011 b).
37 Vgl. Hansegård (1968), Kotsinas (1998:134) zum Begriff der «Halbsprachigkeit» in der öffentlichen Diskussion in Schweden; Cummins (1979) für Nordamerika.
38 Gogolin (2005; 2006).
39 Cathomas (2005). Vgl. auch Schroeder (2007) zur konzeptionellen Schriftlichkeit der Schulsprache.
40 Cathomas (2005:52).
41 Eine ausführliche Übersicht hierzu gibt zum Beispiel Hudson (1996: Kap. 6).
42 Vgl. beispielsweise Lawton (1968), Edwards (1994), MacLure (1994).
43 Vgl. Labov (1970).
44 Vgl. hierzu auch Feilke (2010).
45 Schroeder & Stölting (2005).
46 Ulrich Greiner: «Ist Deutsch noch zu retten?». *Die Zeit*, 1. 7. 2010.
47 Pinker (1994).
48 Vgl. Tracy (2006; 2007; 2009).
49 Kaspar Hauser war ein pathologischer Fall, der im 19. Jahrhundert weites öffentliches Aufsehen erregte: Es handelte sich um einen jungen Mann, der 1828 in Nürnberg auftauchte, geistig zurückgeblieben schien und kaum sprechen konnte und später erzählte, er sei in völliger Isolation in einer dunklen Kammer aufgewachsen (diese Beschreibung wurde oft bezweifelt; die Vergangenheit Kaspar Hausers ist bis heute unklar).

50 Vgl. exemplarisch Edelsky et al. (1983), Oksaar (1984), Martin-Jones & Romaine (1986), MacSwann (2000), MacSwann et al. 2002); vgl. Paulston (1983) zu Kritik am Konzept der «Halbsprachigkeit» in Skandinavien. Cummins (1994:3814): «There appears to be little justification for continued use of the term ‹semilingualism› in that it has no theoretical value and confuses rather than clarifies the issues.»

51 Vgl. hierzu auch Leung et al. (1997), die sich gegen die auch in Großbritannien verbreitete Auffassung wenden, dass mehrsprachige Schüler/innen automatisch ein Sprachproblem in der Majoritätssprache haben, und die Konzeptualisierung von Kindern und Jugendlichen mit Migrationshintergrund als sprachliche und soziale Außenseiter verurteilen, die damit einhergeht.

52 Dies ist ein EU-Verbundprojekt zur Sprachenvielfalt in Europa, an dem neun europäische Universitäten und rund 80 Forscher/innen beteiligt sind (http://www.linee.info/). Koordinator ist Iwar Werlen von der Universität Bern.

53 Eckhardt (2008:208). Vgl. auch ähnliche Ergebnisse bei Dollmann (2010), der türkisch- und deutschstämmige Grundschulkinder verglich. Gresch & Kristen (2011) stellen in einer Studie zur vergleichenden Bildungsbeteiligung zusammenfassend fest. «Die bestehenden Bildungsdisparitäten zwischen der Bevölkerung mit und ohne Migrationshintergrund ergeben sich empirisch als Ergebnis einer *durch die soziale Herkunft bedingten* Bildungsungleichheit» (Gresch & Kristen 2011:222; Hervorhebung durch mich, H. W.).

54 Labov (1970:260); meine Übersetzung (H.W.). Im Original: «That educational psychology should be strongly influenced by a theory so false to the facts of language is unfortunate; but that children should be the victims of this ignorance is intolerable.»

55 *Berliner Zeitung* vom 1.4. 2010, Ulrike Pape: «‹Die Kinder können keine Sprache richtig› – Imame in Deutschland lehnen türkische Gymnasien ab. Sie plädieren für bilinguale Schulen».

56 Vgl. etwa Schroeder (2007).

57 Vgl. hierzu etwa Gumperz (1982), Milroy & Muysken (1995), Auer (1998), Poplack (2004).

58 Transkript aus dem Texas German Dialect Archive, Boas (2002). Zum Texas German vgl. auch Boas (2003).

59 Vgl. etwa Boeschoten (1990; 2000), Rehbein (2001), Schroeder (2007).

60 Cindark & Aslan (2004). Vgl. auch Pfaff (1991; 1994); Schroeder & Şimşek (2010).

61 Feridun Zaimoğlu, 29. 4. 2008, Beitrag im Forum der *Frankfurter Allgemeinen Zeitung* (FAZ-Lesesaal) zur Frage «Gibt es ein Grundrecht

auf Muttersprache?» Zum unterschiedlichen Sozialprestige von Herkunftssprachen und -dialekten im Herkunftsland vgl. Brizić (2009); zum niedrigen Prestige bäuerlicher Dialekte in der Türkei vgl. Robins (2000).
62 Tracy (2009).
63 Gesellschaft für Bedrohte Sprachen: Informationsbroschüre «Sprachen verschwinden», S. 16–17.
64 Gogolin (1994). In ähnlichem Sinne charakterisieren die Sprachwissenschaftler und Migrationsforscher Michael Bommes und Utz Maas das in vielen europäischen Ländern verbreitete Motto «one country, one people, one language» als «counter-factual ideological construction» (Bommes & Maas 2005:182), das heißt als nicht der Realität entsprechende ideologische Konstruktion.
65 Schroeder (2007:7).
66 Vgl. Grosjean (2010).
67 Vgl. Lewis (2009).
68 Vgl. hierzu etwa Wells (1982), Sailaja (2009).
69 Etwa Wilburn Robinson (1998), Bialystok (2001), Carlson & Meltzoff (2008), Kovács (2009), Feng et. al. (2010).
70 Vgl. etwa Bialystok et al. (2004; 2007).
71 Vgl. hierzu zum Beispiel Bull & Scerif (2001), Blair & Razza (2007).
72 Kovács & Mehler (2009).

7 Kiezdeutsch weist nicht auf mangelnde Integration – und a Bayer tät nie so redn als wie a Preiß

«Sacklzement, schleich di, sonst fangst oane, du Saupreiß du greisliger! – Dieses Sprachkauderwelsch stellt keine Bereicherung, sondern eine Verhunzung der deutschen Sprache dar; bairische Mitbürger haben die Pflicht, die deutsche Sprache zu lernen, wenn sie tatsächlich den Willen haben, sich zu integrieren.»

Wenn Ihnen diese Aussage gelinde gesagt merkwürdig vorkommt, ist das nicht erstaunlich. Schließlich wäre es auch absurd, Dialektgebrauch mit mangelnder Integration gleichzusetzen. Erstaunlich ist nur, dass ganz ähnliche Aussagen oft gar nicht als merkwürdig gelten, wenn es um Kiezdeutsch geht. Und genau darum ging es auch in dem Text ursprünglich. Dies ist ein Beitrag eines Nutzers in einem Internet-Forum, in dem die Empörung über Forschungsergebnisse meiner Arbeitsgruppe hohe Wellen schlug. Ich habe oben in seinem Beitrag einfach «türkische Migranten» durch «bairische Mitbürger» ersetzt und seine angeblichen «Kiezdeutsch»-Zitate (bei denen es sich, wie so oft, um fingierte Beleidigungen und Drohungen handelte) durch bairische Pendants ersetzt. (Dankenswerterweise hat mir mein Kollege Horst Simon dabei geholfen – das hätte ich als Norddeutsche alleine nicht geschafft!)

Wie wir gesehen haben, ist Kiezdeutsch aus sprachlicher Sicht genauso ein deutscher Dialekt wie das Bairische und ebenso in Grammatik, Wortschatz und Aussprache fest im System des Deutschen verankert – und ebenso auch unterschiedlich vom Standarddeutschen. Die soziale Wahrnehmung von Kiezdeutsch ist, wie in den vergangenen Kapiteln deutlich wurde, aber eine andere, Kiezdeutsch hat es hier noch schwerer als alteingesessene Dialekte. Neben dem verbreiteten Mythos vom «gebrochenen Deutsch» spielt dabei noch ein weiterer Mythos über Kiezdeutsch mit, auf den ich nun genauer eingehen will: der Mythos von der «mangelnden Integration» der Kiezdeutsch-Sprecher/innen.

7.1 Der Mythos

Die Ansicht, die diesen Mythos begründet, lässt sich folgendermaßen auf den Punkt bringen: «Wer Kiezdeutsch spricht, spricht kein ‹richtiges› Deutsch und zeigt damit, dass er sich nicht in die deutsche Gesellschaft integrieren will.» So bezeichnete zum Beispiel eine Teilnehmerin in unserer «Handy»-Studie, die ich in Abschnitt 6.5 beschrieben habe, den Sprachgebrauch des Kreuzberger Sprechers als «Code aus sogenannter Parallelgesellschaft». Wer Kiezdeutsch spricht, so scheint es, ist nicht in die eigentliche Gesellschaft integriert, sondern gehört einer an, die parallel dazu existiert.

Dieser Mythos ist eng mit dem Mythos vom «gebrochenen Deutsch» verknüpft, den ich im vorangegangenen Kapitel besprochen habe. Kiezdeutsch ist nach dieser Auffassung kein «richtiges» Deutsch, und wird dann auch als Hindernis für die Integration betrachtet. Diese Einstellung klingt auch in der folgenden Äußerung des türkischen Staatspräsidenten Abdullah Gül gegenüber der *Süddeutschen Zeitung* an:[1]

«Abdullah Gül wünscht sich von den Türken in
Deutschland, dass sie Teil der deutschen Gesellschaft
werden. Sie sollten Deutsch lernen, ‹und zwar fließend
und ohne Akzent›, sagte er der *Süddeutschen Zeitung*.»

Nicht nur ein Deutsch, das nicht fließend ist, sondern auch eines mit «Akzent» erscheint hier als Hindernis dafür, Teil der deutschen Gesellschaft zu werden.

Ein Akzent ist eine Aussprachebesonderheit, die als sprachliches Phänomen an sich so etwas wie Integration und gesellschaftliche Teilhabe weder auslösen noch verhindern kann, sondern erst durch eine *soziale* Bewertung mit solchen Aspekten verknüpft wird: Wenn ein Passauer das «r» rollt, schottet er sich damit nicht von der deutschen Gesellschaft ab, sondern verwendet die lokale bairische Aussprache. Warum sollte dann ein gerolltes «r» in Kiezdeutsch Abschottung mit sich bringen? Wieso sollte das «isch» in Kiezdeutsch ein Problem sein, während es im Sprachgebrauch des Rheinlands völlig in Ordnung ist? Und warum sollte das Kreuzberger «isch» ein Integrationshemmnis darstellen, das traditionelle Berliner «ick» aber nicht?

Auch hier geht es also nicht um sprachliche Fakten, sondern um die soziale Be- und Abwertung bestimmter Sprechweisen. Ein Akzent selbst, ob er auf einen Dialekt oder auf eine andere Herkunft verweist, verhindert nicht die gesellschaftliche Teilhabe. Dies bewirkt erst die negative Bewertung, die er von anderen erfährt – und die ist eben auch hier nicht gottgegeben, sondern entsteht aus gesellschaftlichen Vorurteilen, die eine Gesellschaft durchaus auch vermeiden kann.

Wäre dies nicht so, dann hätten die USA heute einen Nobelpreisträger weniger: Henry Kissinger, der als Heinz Alfred Kissinger in Fürth geboren wurde, 1938 als Kind mit seiner Familie in die USA floh und seinen deutschen Akzent nie verloren hat, wurde dennoch amerikanischer Außenminister und erhielt 1973 im Rahmen seiner Tätigkeit – die ja an sich schon auf eher intensive gesellschaftliche Teilhabe schließen lässt – gemeinsam mit Lê Đúc Thọ den Friedensnobelpreis.

Aussprachebesonderheiten sind, ebenso wie grammatische Besonderheiten, Teil des großen Spektrums an Dialekten und Stilen, das das Deutsche, wie jede Sprache, umfasst. Eine Sprache wie das Deutsche ist, wie in diesem Buch nun schon vielfach deutlich wurde, grundsätzlich kein homogenes Ganzes. Vielfalt ist eine Grundbedingung einer lebendigen Sprache ebenso wie einer normalen Gesellschaft, und Kiezdeutsch ist Teil dieser sprachlichen Vielfalt.

7.2 Die Realität:
Vielfalt als sprachliche Grundbedingung

Normalerweise haben wir kein Problem mit der Vielfalt regionaler, situativer und sozialer Varianten, Register und Stile, die zu jeder Sprache dazu gehören. Niemand würde sich fragen: «Ist das jetzt Thüringisch oder Deutsch?» Thüringisch ist ein Teil des Deutschen und nicht ein Hinweis auf Abschottung und Integrationsverweigerung. Das Gleiche gilt für Kiezdeutsch.

Vielfalt als sprachliche Grundbedingung bezieht sich nicht nur auf die Sprache selbst, das heißt die unterschiedlichen Dialekte und Stile, die eine Sprache umfasst, sondern auch auf das sprachliche *Repertoire* der Sprecher/innen, das heißt die verschiedenen Sprechweisen, die sie beherrschen. So, wie es nicht «das eine Deutsch» gibt, sondern viele Dialekte und Stile, spricht auch niemand nur «ein Deutsch». Wir wählen je nach Gesprächssituation unterschiedliche Varianten aus und sprechen zum Beispiel anders in einer formellen Situation, etwa im Dienstgespräch mit einem Vorgesetzten, als abends beim Bier mit Freunden oder – wie in meinem persönlichen Beispiel in Kapitel 6.2 – beim Telefonat mit der Schwester.

Ebenso wie man sich nicht fragen würde: «Ist das jetzt Thüringisch oder Deutsch?», käme auch niemand auf die Idee zu fragen: «Sprechen Sie gerade Umgangssprache oder Deutsch?» Unterschiedliche Formen der Umgangssprache, wie wir sie in informellen Situationen benutzen, gehören ebenso zum Deutschen wie formellere Varianten, und es ist Teil der normalen Sprachkompetenz, je nach Situation aus diesen verschiedenen Varianten auszuwählen.

Diese sprachliche Flexibilität haben wir alle schon von Kindesbeinen an. Bereits Kindergartenkinder wählen gezielt aus ihrem sprachlichen Repertoire aus. So zeigte Matthias Katerbow in einer Studie in Wittlich, einem kleinen Ort im moselfränkischen Dialektgebiet, dass Kindergartenkinder, die normalerweise untereinander den regionalen Dialekt sprechen, sehr viel stärker das Standarddeutsche nutzen, wenn sie «Kaufmannsladen» spielen und so tun, als wären sie Verkäufer oder Kundin, also in einer eher formellen Gesprächsstituation.[2]

Hier ein Ausschnitt aus dem KiezDeutsch-Korpus, in dem Jugendliche sich über sprachliche Auswahlmöglichkeiten unterhalten: Zwei Freundinnen telefonieren nachmittags und reden über verschiedene Sprachstile, ausgelöst durch einen Freund, dessen Art, SMS zu schreiben, sie merkwürdig finden.

> *Ines:* Ich hätt ja schreiben müssen, na ja, ganz ehrlich? «Von *jedem* Menschen, der was schreibt, versteh ich es. Ich kann nichts dafür, wenn du so 'n bisschen anders schreibst.»
> *Amira:* Mhm.
> *Ines:* Dann hätte er geschrieben: «Ach so. Ich bin jetzt – ich schreib dir zu *hoch,* wa? Die anderen kennen das ja nich» oder irgendwie so. Dann wär wieder so 'n Spruch gekommen.

Amira: Als ob andere – alle anderen so dumm wären und er so *schlau* wäre, ne?
Ines: Wirklich.
Amira: Denkt er wirklich, er is der *Einzige,* der so gehoben sprechen kann? Jeder kann so gehoben sprechen, wenn der sich nur Mühe gibt.
Ines: Ja. Würde er dann sowas sagen, dann würde ich sagen: «Ey, ganz ehrlich, tu mal jetz nich so, als ob als du hier sonst wie hart wärst oder sonst wie schlau.»
[...]
Amira: Jeder is ja auch irgendwie anders als zum Beispiel in der *Schule* oder sonstwie. Da is ja jeder anders. Zum Beispiel, wir würden hier auch ganz an – wir gehen ja ganz anders miteinander um, als wenn ich jetzt jemanden *nicht* kenne; dann spreche ich mit dem auch nich so locker.

Genauso spreche ich auf einem öffentlichen Vortrag nicht so locker wie mit meiner Schwester am Telefon, sondern eben förmlicher. Und umgekehrt: Wenn ich mit meiner Schwester so sprechen würde wie auf einem öffentlichen Vortrag, wäre das kein Zeichen dafür, dass ich besonders «gut» Deutsch spreche, sondern ein Hinweis auf mangelnde Sprachkompetenz: Ich könnte offensichtlich nicht situationsangemessen aus meinem Sprachrepertoire auswählen.

Auch Kiezdeutsch ist für seine Sprecher/innen immer ein Teil eines größeren sprachlichen Repertoires. In der vorne erwähnten «Handy»-Studie wurde das besonders deutlich. Für die Aufnahmen, die wir in der Studie benutzten, baten wir die jugendlichen Sprecher so zu sprechen, wie sie am Handy mit ihrem Freund sprechen würden, und ihm zu erzählen, dass sie Kinokarten in der U-Bahn gewonnen hätten. In der Aufnahme des Kreuzberger Sprechers, die ich in Abschnitt 6.5 vorgestellt habe, fanden sich dabei Konstruktionen wie «Isch bin grad U-Bahnhof», die wir aus Kiezdeutsch kennen, und einige typische umgangssprachliche Verkürzungen.

Im Anschluss daran baten wir die Sprecher, sich nun einmal vorzustellen, sie würden mit einem Angestellten im Kino-Center telefonieren, um die gewonnenen Karten einzulösen.[3] In den Aufnahmen, die wir davon machten, benutzten die Jugendlichen einen ganz anderen Sprachstil, passend zu der formelleren Situation. Hier die beiden Aufnahmen des Kreuzberger Sprechers zum Vergleich:

Gespräch mit einem Freund:
«Ey, Atze, alles klar? Was machst du so? – Auch, ja. – Ja, isch wollte dir Dings sagen, isch hab vier Kinokarten. Wills du komm? Isch bin grad U-Bahnhof. – OK. Ey, mein Akku is fast leer. Ruf ma noch paar andre Freunde. Isch hab vier Karten. – OK? – OK, danke.»

Gespräch mit einem Angestellten im Kino-Center:
«Guten Tag. Savı mein Name. Und zwar hab ich vier Kino-Gutscheine bei einer Verlosung gewonnen. – Ja, in der U-Bahn. Könnt ich die heut Abend einlösen? – Super, danke! – Mhm. Isch weiß nicht. Was läuft denn momentan? – Hm. Ja. – Okay. Welches steht denn auf Platz 1? – Ah, von dem hab isch schon gehört. Ja, super. Wann läuft denn die Abendvorstellung? – 20:30 Uhr wäre passend. – Ja, gerne in der letzten Reihe. Würden Sie dann gleich vier Plätze reserviern? Auf ‹Savı› bitte. – Wunderbar. Ich bedank mich bei Ihnen. Auf Wiederhören!»

Hier wird ganz deutlich, dass jemand, der Kiezdeutsch spricht, sich damit nicht etwa weigert, Standarddeutsch zu lernen. Kiezdeutsch ist Teil eines Repertoires, in dem das Standarddeutsche ebenso seinen Platz hat. Sprachkompetenz bedeutet auch, aus diesem sprachlichen Repertoire je nach Situation eine angemessene Wahl zu treffen. Im Gespräch mit einem Angestellten im Kino-Center ist eine förmlichere, standardnahe Sprechweise wie im zweiten Beispiel angemessen, in anderen Situationen passt Kiezdeutsch besser, nämlich in informellen Gesprächen wie dem ersten.

In solchen Situationen ist Kiezdeutsch eine legitime sprachliche Variante, die die Zugehörigkeit zur Jugendkultur in einem multiethnischen Wohngebiet anzeigt. Der Gebrauch von Kiezdeutsch hat nichts mit mangelndem Integrationswillen oder der Abschottung in einer «Parallelgesellschaft» zu tun, sondern hat seine Berechtigung in informellen Gesprächen mit Freunden. Ein Jugendlicher aus Kreuzberg drückte diese Zuordnung von Kiezdeutsch sehr nett aus, als er auf die Frage «Sprichst du mit deinen Eltern zu Hause anders?» antwortete:

> «Ja, auf jeden Fall. Zu Hause sprech ich schon respektvoller gegenüber meinen Eltern, weil meine Eltern sind ja die, die mich gezeugt haben und so, und meine Freunde sind ja so, die ich kennengelernt habe, deswegen sprech ich schon anders.»

Die schwedische Sprachwissenschaftlerin Marie-Noëlle Godin berichtet Ähnliches aus ihren Untersuchungen in multiethnischen Wohngebieten in der Nähe von Stockholm: Die Jugendlichen dort verwenden ihre Jugendsprache als «eine Art, entspannt unter Freunden zu sprechen, als etwas, das man gemeinsam hat», während sie außerhalb des Freundeskreises eher Standardschwedisch verwenden.[4]

Durch die Wahl einer bestimmten sprachlichen Variante passt man sich nicht nur der Gesprächssituation an, sondern man positioniert sich auch auf bestimmte Weise gegenüber seinen Gesprächspartner/inne/n, sagt etwas über sich selbst aus und über seine soziale Identifikation. *A Bayer tät nie so redn als wie a Preiß*, ich würde im Telefonat mit meiner Schwester nicht reden wie auf einem öffentlichen Vortrag – und Jugendliche in multiethnischen Wohngebieten sprechen untereinander nicht gestelztes Standarddeutsch, sondern ihre lokale Jugendsprache, Kiezdeutsch. Hier die Antwort einer Jugendlichen in Berlin-Neukölln auf die Frage, wie sie es fände, wenn jemand hier mit ihr Hochdeutsch sprechen würde:

> «Na, er ist so – er denkt, er wär dann was Besonderes und ist eben so spießig [lacht]. Zum Beispiel jetzt, also, wir reden ganz normal deutsch, also sozusagen wie im Ghetto, so, und er kommt und denkt, er wär was – also, er ist besser als uns: ‹Ihr Dingsda, ich kann besser als euch deutsch reden, ihr seid unter meinem Niveau!› sozusagen.»

Eine ganz ähnliche Antwort, wenn auch mit anderer dialektaler Färbung, könnte man auch in einem bayerischen Dorf bekommen – bis auf die Beschreibung des eigenen Umfelds als «Ghetto», die hier noch einmal verdeutlicht, wie eine negative Außensicht auf multiethnische Wohngebiete von der Gemeinschaft selbst übernommen wird. Hochdeutsch – oder genauer: Standarddeutsch – ist in bestimmten Kontexten einfach nicht angemessen, und der Gebrauch eines bestimmten Dialekts oder Stils signalisiert hier auch lokale Identität, ohne dabei gleich ein ganzes Fass zur «Integrationsunwilligkeit» aufzumachen.

Sprache ist nie neutral, sie dient nie nur der Vermittlung von Informationen, so wie auch Kleidung zum Beispiel nicht nur zum Wärmen dient, sondern die Wahl eines bestimmten Kleidungsstils immer auch eine soziale Dimension hat – sonst hätte Imelda Marcos nicht über 1000 Paar Schuhe. Eine Kombination aus Jeans und T-Shirt ist deshalb kein fehlgeschlagener Versuch, einen Anzug zu tragen, sondern eine Bekleidungsvariante, die in sich stimmig ist und in bestimmten Situationen angemessen ist, in denen ein dreiteiliger Anzug einfach fehl am Platze wäre.

Der Schauspieler Murat Ünal vergleicht Kiezdeutsch entsprechend mit der schwarzen Mütze, die er als Markenzeichen für «Tiger Kreuzberg» trägt, eine Comedy-Figur, die mit geläufigen Stereotypen über Jugendliche in Berlin-Kreuzberg spielt. In einem Interview für eines meiner Germanistik-Seminare sagte er einmal über Jugendliche in Kreuzberg, die Kiezdeutsch verwenden:

> «Jeder von denen ist in der Lage, normal deutsch zu sprechen. Nur, es ist unschick, uncool. Sprache ist wie ein Stück Kleidung, wie dieses Käppi, das ich habe, dasselbe mache ich mit der Sprache.»

Als Jugendsprache ist Kiezdeutsch Teil einer Jugendkultur, in die die Jüngeren nach und nach hineinwachsen. Für Lehrer/innen kann das dann so wirken, als ob Schüler/innen, die früher «gutes» Deutsch gesprochen haben, plötzlich «Fehler» machen. Eine Kreuzberger Grundschullehrerin meinte zu mir:

> «Es ist so schade, dass die Schüler anfangen, so zu reden, wenn sie älter werden. C., zum Beispiel, hat früher sehr gut deutsch gesprochen, aber jetzt, wo sie in der 6. Klasse ist, fängt sie an, so zu reden wie die Älteren, und macht ganz viele Grammatikfehler.»

C. ist natürlich nicht plötzlich dümmer geworden, sie hat keine sprachlichen Kompetenzen eingebüßt, sondern ganz im

Tiger Kreuzberg (mit «Käppi»)

Gegenteil: Sie fügt mit Kiezdeutsch ihrem sprachlichen Repertoire ein neues Element hinzu, nämlich einen multiethnischen Dialekt, der wie alle Dialekte in verschiedenen Bereichen vom Standarddeutschen abweicht (die vermeintlichen «Grammatikfehler»).

Das sprachliche Wissen zum Standarddeutschen und die Kompetenzen in der Schriftsprache der Schule betrifft dies erst einmal nicht. Wichtig ist hier die Unterscheidung der passenden Situation für die verschiedenen Sprachvarianten, die sogenannte Registerdifferenzierung. Kiezdeutsch kann so gemeinsam mit formellerer, standardnaher gesprochener Sprache und Schriftsprache im Repertoire jugendlicher Sprecher/innen koexistieren.[5] Eine Lehrerin und Fachbereichsleiterin für das Fach Deutsch an einer Kreuzberger Schule fasste ihre Erfahrungen dazu folgendermaßen zusammen:

«Manche unserer Schüler sind hervorragend im schriftlichen Ausdruck, manche sind noch schwächer, aber an Kiezdeutsch liegt das nicht: Kiezdeutsch sprechen sie alle untereinander!»

Diese Aussage betont auch einen anderen Aspekt von Kiezdeutsch noch einmal, den ich in früheren Kapiteln schon hervorgehoben habe: Kiezdeutsch ist nicht der Sprachgebrauch einer isolierten, sich abschottenden Gruppe von Jugendlichen einer bestimmten Herkunft (zum Beispiel türkisch), sondern bezieht *alle* Jugendlichen in multiethnischen Wohngebieten ein und wird von Jugendlichen mit und ohne Migrationshintergrund gesprochen. Kiezdeutsch ist damit kein Zeichen für mangelnde Integration, sondern ganz im Gegenteil ein Beispiel für eine besonders gelungene sprachliche Integration: ein neuer integrativer Dialekt, der sich im gemeinsamen Alltag ein- und mehrsprachiger Jugendlicher, deutscher ebenso wie anderer Herkunft, entwickelt hat.

7.3 Ein kurzer Exkurs: Was ist ein «Deutschtürke»?

Kennen Sie das «Unwort des Jahres»? Es handelt sich um ein Wort, das jährlich von einer Jury in Frankfurt am Main (ursprünglich Teil der Gesellschaft für deutsche Sprache) ausgewählt wird und beispielhaft sein soll für «Wörter und Formulierungen aus der öffentlichen Sprache, die sachlich grob unangemessen sind und möglicherweise sogar die Menschenwürde verletzen». Als solche «Unwörter» ausgewählt wurden zum Beispiel Begriffe wie *Rentnerschwemme* und *betriebsratsverseucht*. Hier ein besonders guter Kandidat für ein «Unwort des Jahres»: das Wort *Deutschtürke*.

Dieses Wort spiegelt meiner Meinung nach, anders als der Gebrauch von Kiezdeutsch, ein *tatsächliches* sprachliches Integrationshindernis wider, nämlich eine Ausgrenzung durch Sprache. Um das zu verdeutlichen, lassen Sie uns kurz die Wortbildung im Deutschen ansehen.

Das folgende Bonmot von Eugen Roth, einem deutschen Lyriker (1895–1976), illustriert sehr anschaulich ein zentrales Merkmal zusammengesetzter Wörter im Deutschen:

> «Ein Sommerregen ist erfreulich, ein Regensommer ganz abscheulich.»

Der Bedeutungsunterschied zwischen «Sommerregen» und «Regensommer» ensteht aus der unterschiedlichen Reihenfolge ihrer Bestandteile. Das rechte Element ist im Deutschen immer der sogenannte Kopf eines zusammengesetzten Wortes, das heißt es gibt die Klasse des Bezeichneten an: Ein Sommerregen ist eine Art von Regen, ein Regensommer dagegen eine Art von Sommer.

Entsprechend bezeichnet das Wort «Russlanddeutscher» einen Deutschen, nämlich einen Deutschen, der aus Russland stammt, und ein Deutschamerikaner ist ein Amerikaner mit deutschen Wurzeln (zum Beispiel Henry Kissinger), nicht ein Deutscher mit amerikanischen Wurzeln. Und ebenso sollte «Deutschtürke» dann einen Türken bezeichnen, der aus Deutschland stammt, also zum Beispiel einen deutschen Auswanderer, der in Istanbul lebt.

Stattdessen wird das Wort aber für Bewohner Deutschlands verwendet, die türkische Wurzeln haben. Oft geht dies so weit, dass sogar Menschen damit gemeint sind, die selbst gar nicht mehr aus der Türkei stammen, sondern in Deutschland geboren sind, deren türkische Wurzeln also eine oder sogar zwei Generationen zurückliegen.

Hier wird die Grammatik auf den Kopf gestellt – oder eher in den Dienst der Ausgrenzung? Der Gebrauch des Wortes «Deutschtürke», wie wir ihn heute in Deutschland finden, reproduziert eine Haltung, nach der Menschen auch nach Generationen des Lebens in Deutschland immer noch nicht als Deutsche angesehen werden. Er signalisiert die Unfähigkeit, Einwanderer, ihre Kinder und selbst noch ihre Enkel als Bürger dieses Landes zu akzeptieren, und trägt zu einer Teilung der Gesellschaft bei, die uns allen schadet. Wenn wir von Inländern als Deutsch*türken* sprechen – und nicht, wie es angemessen wäre, von Türk*deutschen* –, machen wir sie zu Ausländern und nehmen sie auch so wahr.

Wenn wir tatsächlich sprachliche Integrationshemmnisse beseitigen wollen, sollten wir über Missstände wie diesen besorgt sein – nicht darüber, dass Jugendliche im gemeinsamen Alltag einen neuen Dialekt verwenden.

1 *Süddeutsche Zeitung* vom 16. 10. 2010, «Abdullah Gül: ‹Es ist gut, dass Özil für Deutschland spielt›», von C. Schlötzer und K. Strittmatter.
2 Katerbow (2011).
3 Mayr et al. (2010; 2011).
4 Godin (2006:134); meine Übersetzung (H.W.). Im Original: «a way of speaking and relaxing among friends, as something to have in common with them.» Vgl. für Belgien auch Jaspers (2008) zum weiteren Repertoire von Sprecher/inne/n aus multiethnischen Wohngebieten; für die Niederlande Cornips (2008) zur bewussten Wahl bestimmter grammatischer Merkmale in In-Group-Situationen.
5 Inken Keim hat die Breite dieses Repertories im Rahmen eines Projekts am Institut für Deutsche Sprache sehr eindrucksvoll in einer ethnographisch-linguistischen Studie zu einer Gruppe junger Mannheimerinnen türkischer Herkunft belegt (Keim 2007a). Vgl. auch Quist (2010) zum größeren Repertoire von Sprecher/inne/n in Kopenhagen.

8 Kiezdeutsch ist keine Bedrohung – und Sächsisch-Sprecher gefährden nicht das Deutsche

In der öffentlichen Diskussion wird Kiezdeutsch oft nicht nur als «schlechtes Deutsch» abgewertet, sondern regelrecht als Bedrohung angesehen, als ein Sprachgebrauch, der sich negativ auf das Deutsche auswirke oder gar zum «Sprachverfall» führen könne. Auch solche Einstellungen sind nicht wirklich neu oder originell, sondern spiegeln Vorbehalte und Ängste wider, die man häufig gegenüber neuen sprachlichen Entwicklungen beobachten kann.[1]

In einer repräsentativen Untersuchung, die das Allensbach-Institut 2008 im Auftrag der Gesellschaft für deutsche Sprache durchführte, meinten 65% der Befragten, die deutsche Sprache drohe zu «verkommen», und über die Hälfte glaubte, die Jugendlichen heute sprächen die deutsche Sprache schlechter als Gleichaltrige vor 10 oder 20 Jahren.[2] Der *Spiegel* machte vor einigen Jahren die «Verlotterung der Sprache» gar zur Titelgeschichte (*Spiegel* 40/2006) und warnte, das Deutsche würde «total verhunzt», etwa durch Anglizismen, aber auch durch «Krassheiten des Jugendjargons».

Solche Bedrohungsszenarien und Ängste vor einem «Sprachverfall», gerade auch durch den Sprachgebrauch Jugendlicher, gehören offensichtlich in jeder Generation dazu – ungeachtet der Tatsache, dass es sich hier noch nie eine reale Gefahr gab. Zur Einstimmung hierzu ein schönes Zitat des Linguisten und Sprachwandelexperten Rudi Keller, der zu den Klagen über einen vermeintlichen «Sprachverfall» trocken bemerkt:

«Seit mehr als 3000 Jahren ist die Klage über den Verfall der jeweiligen Sprachen literarisch dokumentiert, aber es hat bislang noch nie jemand ein Beispiel einer ‹verfallenen Sprache› nennen können.»[3]

8.1 Der Mythos

Wie äußert sich der Mythos des «Verfalls» der deutschen Sprache nun in Verbindung mit Kiezdeutsch? Warum wird Kiezdeutsch als «Bedrohung» für das Deutsche empfunden? Auch hier geht es wieder um das vermeintlich «gebrochene Deutsch» mehrsprachiger Jugendlicher und, damit zusammenhängend, um Einflüsse der Herkunftssprachen, vor allem Türkisch. So behauptete die Tageszeitung *Die Welt* in einem Bericht über Jugendsprache in multiethnischen Wohngebieten:

> «Deutsche Sprache driftet ins Türkische ab: [...] Die deutsche Sprache verändert sich immer mehr durch den Einfluss von Migranten. [...] So schrumpft beispielsweise der Gesamtwortschatz kontinuierlich und Wörter wie ‹Ich› werden phonetisch zu ‹Isch›.» (*Die Welt*, 25. 2. 2007)

Der *Berliner Kurier* prophezeite gar «Das ‹-ch› stirbt aus» und behauptete unter der Überschrift «Schluss mit Türksprech!»:

> «Immer mehr Jugendliche sprechen ein völlig falsches Deutsch. [...] Die Sprache wird verhunzt, weil die Teenies es nicht anders gelernt haben. [...] Bei der Aussprache hakt es oft, weil der Singsang der Muttersprache aufs Deutsche übertragen wird.»
>
> (*Berliner Kurier*, 21. 10. 2010)

Solche eher reißerischen Formulierungen sind glücklicherweise nicht der Regelfall. Sie verdeutlichen aber eine verbreitete Tendenz, von der Fehlwahrnehmung von Kiezdeutsch als «gebrochenem Deutsch» oder gar als türkisch-deutscher Mischsprache auf eine Bedrohung für die deutsche Sprache zu schließen. Wenn die Sprechweise Jugendlicher wie in dem Artikel hier als «völlig falsches Deutsch» abgewertet wird, dann ist es nur noch ein kleiner Schritt zu der – empirisch unhaltbaren – Behauptung, durch Einflüsse dieser Sprechweise würde das Deutsche «verhunzt» oder sein «Gesamtwortschatz schrumpfe».

Die Zeitungszitate machen dabei deutlich, dass hier nicht nur der Sprachgebrauch im Deutschen abgewertet wird, sondern auch das Türkische als Herkunftssprache: Türkisch ist etwas, in das die deutsche Sprache vermeintlich «abdriftet» und das anscheinend statt phonologischer Regeln nur einen «Singsang» aufweist, der dann auf das Deutsche übertragen wird. Vor diesem Hintergrund werden dann Aussprachebesonderheiten wie «isch», die im Rheinischen kommentarlos durchgehen, als Problem ausgelegt und gar zu einer Gefahr für das Deutsche aufgebauscht.

Auch beim Mythos der «Bedrohung des Deutschen» geht es also offensichtlich nicht um sprachliche Fakten, sondern um soziale Bewertung und Abgrenzung. Das folgende Zitat aus einem Internet-Forum von *Yahoo!* zu Schule und Bildung macht dies noch einmal deutlich. Es handelt sich um einen Diskussionsbeitrag zu der Frage: «Warum kann sich die heutige Jugend nicht mehr verständlich ausdrücken?» Die Schreiberin beklagt die Übernahme von Begriffen (etwas, das natürlich im Widerspruch zur angeblichen «Wortschatzschrumpfung» aus dem obigen Zitat steht) und sieht dabei anscheinend einen direkten Bezug zur «Islamisierung»:

«Außerdem hat die Islamisierung auch etwas damit zu tun. Die Jugendlichen sprechen ja oft so ein absichtlich gebrochenes Deutsch, teils absichtlich, weil es sich cool anhören soll. Ich finde es zwar nicht cool sondern schade, denn nach einigen Generationen gehen dann auch Begriffe in die deutsche Sprache mit über.»[4]

Die religiöse Begründung für ein «absichtlich gebrochenes Deutsch» mag hier kurios wirken, die Verbindung von Herkunftssprache, Herkunftsreligion und sozialer Abwertung ist aber gar nicht so selten, wie man erwarten sollte. Teilweise offenbart sich ein regelrechtes ethnisch-religiöses Feindbild hinter der Ablehnung von Kiezdeutsch. In Abschnitt 8.3 werde ich am Beispiel von Zuschriften, die ich zu meiner Forschung bekommen habe, zeigen, welche Formen so etwas mitunter annehmen kann.

Die Vorstellung, man müsse einer sprachlichen «Bedrohung» Einhalt gebieten, findet sich nicht nur in Deutschland. Hier ein Kommentar eines britischen Lesers zu einem BBC-Bericht über *Multicultural London English*, eines der schon erwähnten europäischen Pendants zu Kiezdeutsch:

«Wir sollten dem wirklich Einhalt gebieten, dass dieser Slang in die englische Sprache eindringt und sie ruiniert und dadurch zur akzeptierten Norm wird. Hierfür müssen wir aufhören, jedes Jahr diese neuen Wörter und Ausdrücke im *Oxford English*-Wörterbuch zu akzeptieren.»[5]

Auch hier findet sich wieder die Sorge, neue Ausdrücke könnten die Sprache «ruinieren». Wie kommt es zu solchen Auffassungen, und wie sieht die sprachliche Realität aus? Sind Sprachen wie Englisch und Deutsch tatsächlich vom Ruin bedroht?

8.2 Die Realität: Deutsch ist keine bedrohte Sprache

Die schon ausführlich besprochene Wahrnehmung von Kiezdeutsch als «falsches Deutsch» spielt offensichtlich auch beim Mythos der «Bedrohung des Deutschen» eine wichtige Rolle. Sie bildet hier die Basis für eine Vorstellung, nach der dieses «falsche Deutsch» negative Auswirkungen auf «das Deutsche» hat.

Auf so eine Idee kommt man dann, wenn man meint, es gäbe ein einziges «Deutsch», und auch dieses nur in einer Variante, die unveränderlich bewahrt werden müsste. Wie wir gesehen haben, ist jedoch erstens jede Sprache einem ständigen Wandel unterworfen. Dieser Wandel ist gerade kein Hinweis auf Bedrohung oder Verfall, sondern auf Vitalität: Eine Sprache hört erst auf, sich zu verändern und sich weiter zu entwickeln, wenn sie nicht mehr gesprochen wird. Und zweitens gibt es nicht «das Deutsche», das es zu bewahren und vor Angriffen neuer Sprechweisen zu beschützen gilt, sondern Deutsch umfasst wie jede Sprache unterschiedliche Stile, Varietäten und Dialekte.

Kiezdeutsch ist eine dieser Varietäten und daher ebenso wenig eine Bedrohung wie zum Beispiel das Sächsische. Sächsisch-Sprecher/innen gefährden nicht das Deutsche, sondern tragen mit ihrem Dialekt zum vielfältigen Spektrum deutscher Varietäten bei. Ebenso bereichert auch Kiezdeutsch das Varietätenspektrum des Deutschen, indem es ihm ein neues Element hinzufügt. Eine Bedrohung für das Deutsche entsteht durch einen solchen Zuwachs nicht.

Deutsch ist in keiner Weise gefährdet, sondern eine lebendige, florierende Sprache, die, wie etwa der Präsident des Goethe-Instituts, Klaus-Dieter Lehmann, betont, nicht nur von etwa 100 Millionen Menschen als Muttersprache gesprochen wird, sondern von weiteren 100 Millionen als Fremdsprache.[6]

Bedroht sind Sprachen, die nur noch sehr wenige Sprecher/innen haben, meist, weil sie von dominanteren Landessprachen verdrängt werden. Dies ist zum Beispiel bei vielen australischen Sprachen der Fall, etwa beim *Alawa*, das 2004 laut einer staatlichen Erhebung zu indigenen Sprachen nur noch 22 Sprecher/innen hatte, oder beim *Gajerrong* mit sogar nur noch zwei Sprecher/inne/n.[7]

Ähnliches trifft aber zum Beispiel auch auf viele niederdeutsche («plattdeutsche») Dialekte zu, die unter dem Einfluss der dominanten hochdeutschen Standard- und Schulsprache oft nicht mehr an die Kinder weitergegeben werden. So listet der UNESCO-Weltatlas der bedrohten Sprachen zum Beispiel das Niedersächsische Platt («Neddersassisch») als gefährdete Sprache auf, und selbst das Bairische, ein hochdeutscher Dialekt, ist trotz seiner noch verhältnismäßig vielen Sprecher/innen wegen der starken Dominanz des Standarddeutschen als gefährdet eingestuft.[8] Die Realität ist also genau umgekehrt: Das Standarddeutsche wird nicht durch Dialekte bedroht, sondern es bedroht im Gegenteil die Dialekte.

Wie kommt es also zu dieser verbreiteten Fehleinschätzung? Ein Grund ist sicher die, wie der britische Germanist Martin Durrell hervorhebt, in Deutschland «sehr puristische und defensive Einstellung zur Standardsprache».[9] Aus historischen Gründen, gerade auch durch die Identifizierung des Bildungsbürgertums mit der Standardsprache als gemeinsamer Prestigesprache (vgl. Abschnitt 5.3), ist die notorische «ideologische Allianz mit dem Standard» hier offenbar besonders stark ausgeprägt. Das Standarddeutsche wird meist als einzig korrekte Variante des Deutschen angesehen, als Maß vielleicht nicht aller Dinge, aber doch zumindest allen «guten» Sprechens. Ein solches Maß darf nach dieser Auffassung dann natürlich nicht einfach verändert werden, sonst verlöre es seinen Wert.

Das Standarddeutsche erscheint vor diesem Hintergrund dann oft als eine Art empfindliches Gewebe, das vor Veränderungen geschützt und von äußeren Einflüssen rein gehalten werden muss. In der Umfrage zum «guten Deutsch», die ich in Abschnitt 6.4 erwähnt habe, schienen die Befragten mitunter eine Art *Persilsicht von Sprache* im Hinterkopf zu haben: Sie beschrieben «gutes Deutsch» als etwas, das «sauber» oder «rein» sei, charakterisierten es als «saubere Sprache», «sauber formuliert», mit «sauberem Ausdruck». Ein Befragter ging noch weiter und erklärte, der Grund, warum in bestimmten Wohngebieten «schlechtes Deutsch» gesprochen werde, sei, dass dort «durch Vermischung mit den vielen Ausländern, die dort leben, ein unsauberes Deutsch entsteht».

Ein entspannter Umgang mit sprachlicher Variation und sprachlichen Varietäten ist bei einer solchen Ansicht von der vermeintlich «reinen» Standardsprache kaum möglich. In extremen Fällen können entsprechende Vorbehalte gegenüber einem Sprachgebrauch wie Kiezdeutsch, der vom vermeintlich «reinen Standard» abweicht, sogar in aggressive Empörung umschlagen, bis hin zu etwas, das man aus der Soziologie als «Moral Panic» kennt. Im folgenden Abschnitt ein Beispiel dazu aus typischen Zuschriften, die ich zu Kiezdeutsch erhalte.

8.3 Wenn die Wellen der Empörung hoch schlagen: Vom Bedrohungsgefühl zur «Moral Panic»

Medienberichte über unsere Forschung zu Kiezdeutsch lösten und lösen eine Fülle von Zuschriften an mich aus. Meine anfängliche Freude darüber, dass es so ein großes Interesse an Sprachwissenschaft gibt, wich sehr schnell einer Entgeisterung: Die negativen, häufig äußerst aggressiven Inhalte der Zuschriften sind nicht nur von einer massiven Feindseligkeit gegenüber Kiezdeutsch geprägt. Sie werden auch mit einer Vehemenz ausgedrückt, die sich oft in verbalen Entgleisungen äußert und bis hin zu bizarren, nicht zitierfähigen Beschimpfungen und auch Drohungen geht.

Zum Teil scheint es hier auch zu Projektionen zu kommen, die aus einer mythisierten Wahrnehmung von Kiezdeutsch als ausschließlich aggressivem Sprachgebrauch herrühren. Die Zusender verstehen das Thema «Kiezdeutsch» dann als Freibrief für sprachliche Tabubrüche, sie fühlen sich frei, vulgär zu werden, Schimpfwörter zu benutzen und als vermeintliche «Kiezdeutsch-Zitate» verkleidete Gewalt-Phantasien zu verbalisieren (häufig zum Beispiel «Ich figg deine Mudda» u. ä.).

Es gibt offensichtlich Menschen, die sich davon bedroht fühlen, dass Kiezdeutsch als deutscher Dialekt angesehen werden könnte, und die auf diese Befunde mit großer Aggression reagieren. Diese Zuschriften sind jedoch nicht nur ein Ärgernis, sondern liefern ganz wesentlich auch empirische Daten zur sozialen Abgrenzung von Kiezdeutsch: Sie liefern Evidenz für die Kollision unserer Forschungsergebnisse mit gängigen Wahrnehmungen und Einstellungen, die nicht nur tief verwurzelt zu sein scheinen, sondern auch als so wichtig empfunden werden, dass sie sich in regelrechten, sogenannten Moralpaniken entladen.

Unter «Moralpanik» versteht man allgemein überproportionale, intensiv feindselige Reaktionen auf etwas (auf Handlungen, Personen, Ansichten), das als Bedrohung der bestehenden sozialen Ordnung empfunden wird.[10] Ein extremes Beispiel aus der Geschichte sind etwa Hexenverfolgungen. Im Fall der Moralpaniken, die unsere Ergebnisse zu Kiezdeutsch zum Teil auslösen, ist der Aspekt der bestehenden sozialen Ordnung, der hier als bedroht empfunden wird, die Trennung von vermeintlich «gutem Deutsch» und Kiezdeutsch und die damit einhergehende Ab- und Ausgrenzung seiner Sprecher/innen.

Die Zuschriften liefern Evidenz für etwas, das man in der Soziologie als «wir/sie-Dichotomie» kennt: eine Trennung von Menschen in zwei Gruppen, zur Abgrenzung der eigenen Gruppe («wir») gegenüber den als außenstehend empfundenen, negativ besetzten Anderen («sie», in diesem Fall die Kiezdeutsch-Sprecher/innen). Eine sprachideologische Analyse der Zuschriften zeigte zwei zentrale Prozesse auf, die diese *wir/sie*-Dichotomie stützen und dabei jeweils auf sprachlicher und sozialer Ebene wirksam sind.[11]

Zum einen geht es ganz zentral um gesellschaftliche Abgrenzung und die Zuweisung eines niedrigeren Status. Sprachlich äußerte sich das gegenüber Kiezdeutsch in Etikettierungen wie «Gossensprache», «Kauderwelsch», «Primitivsprache», bis hin zu «analphabetisches Gestammel» und noch weiter gehenden, nicht zitierfähigen Abwertungen. Auf sozialer Ebene wurden Kiezdeutsch-Sprecher/innen als «Gesindel», «Gestalten», «Proleten» u. ä. verunglimpft; ganz deutlich auch hier das Bestreben der Schreiber, den vermeintlich höheren eigenen Status zu verteidigen.

Der zweite zentrale Prozess, den die Analyse der *Moralpanik*-Zuschriften aufdeckte, ist der Aufbau eines religiös-ethnischen Feindbildes, das sich gegen den Islam ebenso wie gegen

Menschen türkischer und arabischer Herkunft richtet. Sprachlich äußerte sich dies unter anderem durch die bereits erwähnten vorgeblichen Kiezdeutsch-»Zitate« mit ausschließlich aggressiven und vulgären Inhalten (zum Beispiel «Hast Probblem – Scheissdeutscher?»). Auf sozialer Ebene offenbarte sich ein regelrecht naiv-darwinistisch anmutendes Bedrohungsszenario vom angeblichen «Überleben des Stärkeren» und «Überlebensstrategien im Kiez», bis hin zur angeblich drohenden «Zerstörung Deutschlands» und der «Kapitulation» vor vermeintlichen «islamischen Gewalttätern». Dieses weit über den Bereich der Sprache hinausgehende Gewaltszenario deutet darauf hin, dass sprachliche Ablehnung hier stellvertretend für viel umfassendere Vorbehalte und Ressentiments steht.

Dass solche Ängste und Aggressionen allein durch sprachwissenschaftliche Forschungsergebnisse zu einer Jugendsprache ausgelöst werden können, sollte uns zu denken geben. Die aggressive Ausgrenzung ganzer Bevölkerungsgruppen, die hier deutlich wird, ist etwas, das wir nicht hinnehmen sollten. Sie ist schädlich für uns als Gesellschaft insgesamt.

Moralpaniken dieses Ausmaßes treten gegenüber Kiezdeutsch zwar immer wieder einmal auf, sind aber natürlich nicht der Normalfall. Sie weisen aber auf verbreitete Tendenzen, die hier durch die extreme Überzeichnung besonders deutlich werden, und zeigen uns zugleich, wie sehr die öffentliche Diskussion um Kiezdeutsch emotional aufgeheizt ist und wie wichtig es daher ist, Sachargumente hineinzubringen. Dies war nicht zuletzt auch eine wesentliche Motivation für mich, dieses Buch zu schreiben.

---

1 Vgl. etwa Denkler et al. (Hg.) (2008) zu «Sprachverfalls»-Diskussionen in Deutschland.
2 Hoberg et al. (2008); vgl. auch die Ergebnisse zu Dialektbewertungen aus dieser Umfrage, die ich in Abschnitt 6.4 erwähnt habe.

3 Keller (2004:2). Einen unterhaltsamen Überblick über historische und aktuelle Sprachverfallsdiskussionen in Deutschland und anderen Ländern liefert Deutscher (2008: Kap. 3).
4 http://de.answers.yahoo.com/question/index?qid=20091204042703 AA5TQ4V; Diskussion vom Dezember 2009; letzter Zugriff am 28. 8. 2011; Kommasetzung aus dem Original übernommen.
5 http://news.bbc.co.uk/2/hi/uk_news/magazine/8 388 545.stm; meine Übersetzung (H.W.), letzter Zugriff 28. 8. 2011. Im Original: «We really ought to put a stop to this slang entering and ruining the English language, thereby becoming accepted as the norm; to do this, we should not be accepting these new words and terms into the Oxford English dictionary each year.» Internet-Zuschrift eines Lesers zum Artikel «Mind your Slanguage» von Vanessa Barford, zu Ergebnissen der Arbeitsgruppe um den britischen Soziolinguisten Paul Kerswill, BBC News Magazine, 8. 12. 2009.
6 *bild der wissenschaft*, Heft 2/2010.
7 Larkin et al. (2005).
8 Moseley (Hg.) (2010).
9 Durrell (1999: 298).
10 Vgl. Cohen (^{3}2002), Ben-Yehuda & Goode (1994).
11 Vgl. Androutsopoulos & Wiese (2010).

9 Fazit und Ausblick: Kiezdeutsch als sprachliche Bereicherung

An Kiezdeutsch erleben wir, wie ein neuer Dialekt entsteht – und dass die Welt dabei nicht untergeht. Sondern ganz im Gegenteil: Die sprachliche Landschaft des Deutschen wird durch diesen Zuwachs noch reicher und bunter, als sie es sowieso schon ist. Kiezdeutsch ist ein sprachlich interessanter Neuzugang zum Deutschen, der durch die vielen mehrsprachigen Sprecher/innen, die er auch – aber nicht nur – hat, er besonders dynamisch ist. Kiezdeutsch ist eine Art *Turbo-Dialekt*, der interessante neue Entwicklungen zeigt, die auch in anderen Dialekten vorkommen können, dort aber oft nicht so stark ausgeprägt oder nicht so systematisch entwickelt sind. Ich hoffe, ich konnte Ihnen in diesem Buch etwas von der Faszination dieses neuen Dialekts vermitteln.

Ein wichtiges Anliegen war und ist mir auch, zu zeigen, dass die zum Teil massiven Vorbehalte gegenüber Kiezdeutsch in der öffentlichen Diskussion keine sachliche Grundlage haben. Bei näherer Betrachtung entpuppen sie sich als Mythen, die nicht auf sprachlichen Fakten beruhen, sondern auf Fehleinschätzungen von Sprache, sprachlicher Variation und Grammatik, und häufig eben auch auf bewussten oder unbewussten sozialen Abwertungen. Kiezdeutsch ist, wie in diesem Buch, so hoffe ich, deutlich wurde, kein gebrochenes Deutsch, es ist kein Zeichen mangelnder Integration und ganz sicher auch keine Bedrohung für das Deutsche.

Kiezdeutsch ist schwierig. aber nicht so schwierig, dass Sie komplett abschalten müssten, wenn Sie es hören. Denn als deutscher Dialekt ist es für Sie zugänglich: Wenn Sie schon Standarddeutsch und/oder einen anderen Dialekt des Deutschen sprechen, dann können Sie auch Kiezdeutsch lernen. Und nachdem Sie dieses Buch gelesen haben, sind Sie ja bestens auf sprachliche Neuheiten in Kiezdeutsch vorbereitet! Im Anhang des Buches finden Sie ein kleines Quiz, an dem Sie einmal testen können, wie gut Sie sich schon in den grammatischen Besonderheiten von Kiezdeutsch auskennen.

Und wenn Sie demnächst hören sollten, wie Ihr Sohn mit seinen Freunden Kiezdeutsch spricht, dann sind Sie hoffentlich nicht in Sorge um seine Sprachkompetenz, sondern erkennen (vielleicht sogar mit elterlichem Stolz), dass er seinem sprachlichen Repertoire nun auch diesen neuen urbanen Dialekt hinzugefügt hat. Und Sie sind hoffentlich auch nicht in Sorge um «das Deutsche», sondern hören vielleicht interessiert zu und finden möglicherweise neue grammatische Muster, die Sie vorher noch nicht kannten. (Und wenn Sie so etwas finden, schicken Sie mir Ihre Beobachtungen! Neues aus Kiezdeutsch interessiert mich immer.)

Und wenn Ihre Familie mehrsprachig ist und Sie zum Beispiel bemerken, dass Ihre Tochter nicht dasselbe Türkisch spricht, wie es die Großeltern noch in der Türkei gesprochen haben, dann gehen Sie damit hoffentlich auch entspannt um und sehen das als Ausdruck neuer sprachlicher Entwicklungen und nicht als Beleg für «Halbsprachigkeit».

Sprachliche Vielfalt ist etwas, das wir wertschätzen sollten, sie gehört zu jeder Gesellschaft. Wie im zweiten Teil des Buches deutlich wurde, geht es bei der Abwertung von Kiezdeutsch meist um soziale Abwertung. Kiezdeutsch wird oft als Index für eine bestimmte ethnische und/oder soziale Gruppe verstanden, die generell und damit auch in ihrem sprachlichen Verhalten abgewertet wurde, nämlich meistens Jugendliche türkischer oder arabischer Herkunft. Ganz deutlich wurde dies in der «Moralpanik», die ich weiter vorne beschrieben habe, mit der massiven *wir/sie*-Spaltung der Gesellschaft in Menschen deutscher und anderer Herkunft. Eine solche Spaltung ist natürlich nicht gottgegeben; es gibt keinen Grund, unsere Gesellschaft primär in solchen ethnischen Grenzen zu denken und Herkunft als zentrales trennendes Merkmal zu verstehen.

Welche Grenzen ziehen wir?

In jeder normalen Gesellschaft finden sich viele unterschiedliche Gruppen, Gemeinschaften, Subgemeinschaften etc., die sich überschneiden, verändern und auf verschiedenen Ebenen (zum Beispiel durch regionale und soziale Identitäten) definiert sind. Man gehört nie nur einer Gruppe an, sondern identifiziert sich je nach Kontext über unterschiedliche Klassifizierungen. Auf dem Kindergartenfest meiner jüngeren Tochter bin ich in erster Linie als «Elternteil» identifiziert (es ist fast schon notorisch, dass sich Eltern in solchen Kontexten gegenseitig oft nur noch als «Mutter von Anna» oder «Vater von Mehmet» kennen).

Wenn es mein großer Traum wäre, Papst zu werden oder auch Olympiasiegerin im Ski-Weitsprung, würde ich plötzlich sehr deutlich zu spüren bekommen, dass ich zum weiblichen Teil der Menschheit gehöre – und mir beides deshalb verwehrt ist (noch auf den Olympischen Winterspielen 2010 waren Frauen nicht zum Skispringen zugelassen). Wenn ich in Berlin-Wilmersdorf das distanziert-förmliche Verhalten der Verkäuferin unhöflich finde, fällt mir auf, dass ich das als Kreuzbergerin anders gewöhnt bin, und als ich in Boston wohnte, fühlte ich mich stark als Europäerin – Beispiele dafür, dass man eine bestimmte Gruppenzugehörigkeit oft gerade dann besonders spürt, wenn man in einer anderen Umgebung ist.

Aus den vielen unterschiedlichen möglichen Identifizierungen, die durch diese Beispiele deutlich werden, wird jedoch häufig der ethnische Hintergrund als zentrales Merkmal herausgegriffen – und zwar als zentrales *trennendes* Merkmal in unserer Gesellschaft.[1] In dem Kurzfilm «zwischen welten» von Dorothea Carl (2009) beschreibt eine junge Frau in einem Interview ihre Erfahrungen mit solchen ethnischen Grenzziehungen folgendermaßen:

> «Eine gute Freundin von mir, die hat mich ständig zum Beispiel gefragt, ob ich ‹wieder in die Türkei gehen› möchte. Diese Frau, die kannte mich, die wusste, dass ich hier aufgewachsen bin, und die hat dann ständig gefragt: ‹Aysel, möchtest du irgendwann in die Türkei zurück?› Ich so: ‹Ja, möchtest du irgendwann nach China zurück?›› Das ist so die gleiche Frage. [...] Es ist für mich so, dass Deutschland meine Heimat ist. Etwas Anderes kenne ich nicht. [...] Ich träume von einer Gesellschaft, wo Herkunft absolut keine Rolle spielen sollte.»[2]

Es ist an der Zeit, dass wir lernen, unsere Gesellschaft nicht nur in ethnischen Kategorien zu denken. Diese Spaltung nützt niemandem. Und es wird Zeit, dass wir sprachliche ebenso wie ethnische Vielfalt als das wertschätzen, was sie ist, nämlich eine Bereicherung für uns alle. In einer multiethnischen Gesellschaft, wie wir sie in Deutschland glücklicherweise haben, ist Toleranz auch gegenüber sprachlicher Variation und neuen Dialekten wie Kiezdeutsch wichtig; nicht nur, weil sie die gegenseitige Wertschätzung fördert, sondern auch, weil sie es uns ermöglicht, die unterschiedlichen ein- und mehrsprachigen Ressourcen, die dieser Variation zu Grunde liegen, zu nutzen.

Sprache und Schulerfolg

Wie steht es aber mit dem Schulerfolg? Kiezdeutsch mag ja, so könnten Sie sagen, ein ganz wundervoller Dialekt sein und uns alle sprachlich bereichern, aber in der Schule hilft das meinem Sohn wenig, da kommt er mit Kiezdeutsch nicht weit. Man muss sich hier bewusst machen, dass Kiezdeutsch wie jede Sprechweise immer nur ein Teil des sprachlichen Repertoires eines Jugendlichen ist. Niemand spricht immer nur auf eine Weise, sondern nutzt unterschiedliche Stile und Varietäten in unterschiedlichen Situationen. Ein Problem stellt sich allerdings, wenn zum sprachlichen Repertoire eines Jugendlichen nicht das Standarddeutsche gehört, das an der Schule relevant wird.

Für die gesellschaftliche Teilhabe und den beruflichen Erfolg Jugendlicher ist es wichtig, dass sie auch das Standarddeutsche beherrschen. Dies ist aber unabhängig davon, ob sie im Freundeskreis Kiezdeutsch sprechen. Wovon hängt es dann ab, wie gut Kinder und Jugendliche die Standardsprache der Schule beherrschen? Wie in Abschnitt 6.6 deutlich wurde, ist ein wichtiger Faktor die soziale Herkunft. Die Schulsprache ist nah am Sprachgebrauch der Mittel- und Oberschicht, und Kinder aus diesen Schichten haben dadurch von vornehrein bessere Karten. Dieser Sprachgebrauch ist als Standardsprache in der Schule die alleinige Messlatte, und darüber könnte man natürlich diskutieren: Ein stärker gleichberechtigter Umgang mit unterschiedlichen Varietäten könnte erstrebenswerter sein, aber bislang werden Dialekte nicht als ebenbürtige sprachliche Option in Schule und Gesellschaft akzeptiert. Das gilt schon für herkömmliche Dialekte nicht, und noch viel weniger für einen Neuankömmling wie Kiezdeutsch.

Wenn aber das Standarddeutsch als alleiniges Maß, sozusagen als «Goldstandard» des Sprechens in der Schule gelten soll, dann müssen wir sinnvollerweise auch dafür sorgen, dass alle Kinder die Chance bekommen, diese Varietät gleichermaßen zu erwerben. Der Erwerb dieser Standardsprache muss durch ein angemessenes frühkindliches Bildungssystem in Krippen, Kindergärten und Horten gesichert sein. In einem guten Bildungssystem darf der Schulerfolg nicht abhängig sein von den Sprachkenntnissen der Eltern (sei es Türkisch, Deutsch, beides oder etwas ganz anderes), nicht von ihrer sozialen Schicht und auch nicht von ihrem Sprachgebrauch (sei es «Mittelschichtdeutsch» oder andere Sprechweisen und Dialekte).

Von einer solchen Chancengleichheit in der Bildung sind wir in Deutschland aber leider noch weit entfernt, gerade auch im internationalen Vergleich. So bemängelt die OECD in einer länderübergreifenden Studie zu *Mehr Ungleichheit trotz Wachstum?* für Deutschland: «Der berufliche Status der Eltern determiniert Bildungserfolge der Kinder» und fordert, die Bildungschancen in Deutschland gleichmäßiger zu verteilen, um die soziale Mobilität zu erhöhen.[3] Der im Auftrag der Kultusministerkonferenz und des Bildungsministeriums erstellte Bildungsbericht 2010 stellt fest:

> «Die in unterschiedlichen Abschnitten einer Bildungsbiografie eingeschlagenen Wege unterscheiden sich insbesondere nach Geschlecht, sozialer Herkunft und Migrationsstatus. Sie führen zu Disparitäten der Bildungsbeteiligung und damit zu Unterschieden in den Bildungs- und Lebenschancen. Diese zunehmend segregativen Erscheinungen stehen im Gegensatz zu der Inklusions- und Integrationsaufgabe des Bildungswesens. Eine zentrale Herausforderung besteht daher darin, allen jungen Menschen über ein dem gesellschaftlichen Entwicklungsniveau angemessenes Bildungsniveau die soziale und gesellschaftliche Teilhabe zu ermöglichen.»[4]

Wenn Bildungserfolge nicht nur vom Potential der Schüler/innen, sondern von Faktoren wie sozialem Hintergrund und Migrationsstatus abhängen, dann ist das für uns als Gesellschaft insgesamt schädlich. Oder, wie Elsbeth Stern, eine der führenden Lernforscherinnen, treffend bemerkt:

> «Die größte Gefahr für eine gesellschaftliche Verdummung besteht darin, dass soziale Herkunft für Schul- und Berufserfolg wichtiger ist als Intelligenz und Begabung.»[5]

Es gibt jedoch eine positive Entwicklung. So hat die letzte PISA-Studie (PISA 2009) zwar weiterhin gezeigt, dass die Unterschiede in den Schulleistungen in Deutschland nach wie vor stark geprägt sind durch den sozioökonomischen Hintergrund der Familien und des schulischen Umfelds. Im Bereich der Lesekompetenzen hat Deutschland sich jedoch soweit verbessern können, dass wir nun nur noch knapp unter dem Durchschnitt liegen (was nach den vorigen PISA-Ergebnissen für uns ja schon ein Erfolg ist). Ein wichtiger Grund für diesen Aufstieg waren die Verbesserungen bei Kindern mit Migrationshintergrund.[6]

Dies sind positive Anzeichen. Um uns weiter zu verbessern, müssen wir die Chancengleichheit gerade auch im sprachlichen Bereich verbessern. Eine Voraussetzung dafür ist, dass wir erstens unterschiedliche Dialekte, Jugendsprachen und Stile als das erkennen und wertschätzen, was sie sind, nämlich grammatisch vollwertige Varianten des Deutschen, und ihre Sprecher/innen nicht als sprachlich inkompetent abqualifizieren.

Wenn wir ein Standarddeutsch, das sehr nah am Sprachgebrauch der Mittelschicht ist, zur Grundlage des Schulunterrichts machen, dann müssen wir zweitens, wie oben bemerkt, den Erwerb dieser Variante auch allen Kindern gleichermaßen ermöglichen. Hierfür ist es ganz wesentlich, dass wir mehr in die Bildung unserer Kinder investieren, und ganz entscheidend auch in die frühkindliche Bildung *vor* Eintritt in die Schule.

Deutschland leistet sich im internationalen Bereich sehr niedrige Bildungsausgaben: Wir geben, gemessen an unserer Wirtschaftskraft, weniger für Bildung aus als andere Industrieländer und liegen weiterhin unter dem Durchschnitt der OECD-Länder.[7] Es ist eine Milchmädchenrechnung, zu glauben, dass dadurch Geld gespart würde – Einsparungen hier führen später einfach zu höheren gesellschaftlichen Folgekosten.

An den Bildungskosten weiter so zu sparen, wie wir das im Moment tun, ist daher Sparen am falschen Ende. Es ist nicht nur hoch problematisch wegen der ungleichen Verteilung von Bildungschancen, die dies nach sich zieht, sondern kommt uns mittelfristig auch teuer zu stehen. Wir können es uns einfach nicht leisten, bei der Bildung weiterhin so sehr Kinder mit – sprachlichem und sozialem – Mittelschichtshintergrund zu bevorzugen, wie wir das im Moment tun. Dabei geht uns viel zu viel Potential verloren: Wir verlieren viel zu viele Schüler/innen, die mindestens ebenso leistungsstark sein könnten, aber durch ihren familiären Hintergrund nicht in gleichem Maße auf die Standardsprache der Schule vorbereitet sind.

Wir verschenken durch einen solchen Tunnelblick nicht nur quantitativ viel (und riskieren damit, irgendwann händeringend nach Fachkräften und Akademiker/inne/n zu suchen), sondern auch qualitativ, nämlich durch den Verlust von sprachlicher und kultureller/sozialer Vielfalt im höheren Bildungsbereich, die für eine kreative und dynamische Gesellschaft unerlässlich ist.

Kiezdeutsch im Unterricht

Was kann man bereits jetzt tun, um Sprache im Unterricht so zu fördern, dass Kinder mit unterschiedlichem dialektalen, mehrsprachigen, einsprachigen, ... Hintergrund davon profitieren? Wie können Lehrer/innen zum Beispiel Kiezdeutsch für den Deutschunterricht nutzen?

Die Beschäftigung mit Kiezdeutsch kann hier zum einen als Anlass zur Reflexion über Sprache dienen. Wenn sprachliche Variation und die unterschiedliche gesellschaftliche Bewertung von Varietäten und Dialekten stärker zum Unterrichtsgegenstand gemacht wird, können Schüler/innen sprachliche Toleranz lernen und zugleich ein stärkeres Bewusstsein dafür erwerben, welche sprachliche Variante in welcher Situation angemessen ist. Nicht zuletzt können sie sich dadurch auch ihrer eigenen sprachlichen Ressourcen stärker bewusst werden und lernen, mehrsprachige Kompetenzen als Bildungsgut zu schätzen. Als Lehrer/in kann man die Beschäftigung mit Kiezdeutsch zugleich dazu nutzen, sich stärker für eigene sprachliche Vorurteile zu sensibilisieren und sich zu verdeutlichen, dass die eigenen intuitiven Reaktionen auf bestimmte sprachliche Varianten, auch in der Schule, immer auch das Ergebnis sozialer Wertungen und Vorurteile und persönlicher Assoziationen sind.

Um das Interesse Jugendlicher an Sprache und Grammatik zu wecken, kann Kiezdeutsch zum anderen als interessantes Untersuchungsobjekt dienen und so auch den Erwerb des Standarddeutschen fördern. Im Deutschunterricht können Schüler/innen verschiedene grammatische Aspekte von Kiezdeutsch untersuchen, beispielsweise die Wortstellung, den Gebrauch von Ausdrücken wie *lassma* oder *gibs* oder auch das Auftreten türkischer und arabischer Fremdwörter. Dadurch finden auch Schüler/innen, die mit dem Standarddeutschen noch nicht ausreichend vertraut sind, einen neuen Zugang zu grammatischen

Infoportal «Kiezdeutsch»: Handreichungen für Unterrichtsprojekte

Themen und entwickeln ein größeres Interesse an grammatischen Aspekten des Standarddeutschen. Wenn ihr Sprachgebrauch als Thema grammatischer Analysen im Deutschunterricht ernst genommen und nicht nur als «gebrochenes Deutsch» kritisiert wird, steuert dies zudem dem negativen sprachlichen Selbstbild entgegen, das sich bei vielen mehrsprachigen Jugendlichen über Jahre hinweg entwickelt hat, und kann so ihre Leistungsmotivation im Unterricht steigern.

In einem Internetportal zu Kiezdeutsch (www.kiezdeutsch.de) haben wir einige Vorschläge für Schulprojekte dieser Art zusammengestellt, die auf Erfahrungen aus Schüler-Projekttagen und anderen Veranstaltungen aufbauen, die wir an verschiedenen Schulen im Bundesgebiet durchgeführt haben.[8]

Zum Schluss: Wohin geht es mit Kiezdeutsch?

Wie wird sich Kiezdeutsch weiterentwickeln? Meine große Hoffnung ist, dass Kiezdeutsch stärker als das akzeptiert wird, was es ist, nämlich eine legitime Sprechweise mit eigenen, systematischen und komplexen grammatischen Regeln. Ein Beitrag zu einem solchen Einstellungswechsel soll dieses Buch sein. Im Bereich der Grammatik selbst sind, wie bei allen Dialekten, auch in Kiezdeutsch neue Entwicklungen zu erwarten, und grammatische Muster, die gerade im Entstehen sind, könnten sich konsolidieren und festigen. Insgesamt kann ich mir vorstellen, dass Kiezdeutsch sich stärker etabliert, dass es sich möglicherweise noch weiter verbreitet und zum Beispiel nicht nur auf den Status als Jugendsprache beschränkt bleibt. Dies kann der Fall sein, weil Sprecher/innen, die Kiezdeutsch sprechen, Neuerungen aus diesem Dialekt auf andere sprachliche Kontexte übertragen oder weil ihr Sprachgebrauch bei anderen Sprecher/inne/n solche Übertragungen motiviert. Es kann aber auch einfach sein, dass sich einiges, das wir in Kiezdeutsch finden, ganz parallel in anderen Dialekten ebenso entwickelt.

Einige Hinweise zu solchen Entwicklungen haben wir bereits bei unserer Forschung gesammelt. Oft finden wir etwas, das wir zunächst nur in Kiezdeutsch bemerkt haben, später auch in anderen Kontexten. Zum Teil gibt es vermeintliche Neuerungen aus Kiezdeutsch schon sehr lange im Deutschen, es ist dort bloß bisher noch nicht aufgefallen. Ein Beispiel hierfür ist der Gebrauch von *so* zur Markierung der zentralen neuen Information im Satz (das heißt als Fokusmarker), den ich, nachdem ich einmal durch Kiezdeutsch dafür sensibilisiert war, dann auch in ganz anderen Zusammenhängen gefunden habe, von Buchbesprechungen im ‹Literarischen Quartett› bis zu Lessings «Nathan der Weise».

Daneben gibt es auch Hinweise darauf, dass Neuerungen aus Kiezdeutsch Eingang in andere sprachliche Varianten finden. Wenn man darauf achtet, findet man manches im gesprochenen Deutsch, das die jeweiligen Sprecher/innen selbst vermutlich vehement ablehnen würden, wenn sie es geschrieben sähen. Meine Studierenden benutzen regelmäßig «lassma» in ihren Gesprächen, und ich selbst habe letztens bemerkt, wie ich zu meiner Tochter sagte «Lassma erst die Geschichte zu Ende lesen».

Ein entsprechendes Beispiel für die produktive Verwendung von Funktionsverbgefügen, wie ich sie für Kiezdeutsch beschrieben habe, steuerte mein Kollege Horst Simon bei. Er erzählte mir, wie er kürzlich mit seiner Frau nach Hause kam und sie vor der Haustür bat: «Machst du Schlüssel?» Auch in anderen Kontexten ist der Gebrauch bloßer Nomen ohne Artikel in Kiezdeutsch nichts Exotisches und spiegelt eine Entwicklung im Deutschen wider, die auch außerhalb von Kiezdeutsch schon recht weit gekommen sein kann. So erklärte eine 65-jährige Berlinerin, die in einem Friseursalon von ihrem Ostseeurlaub mit Freunden erzählte, warum sie mit dem Bus gefahren sind: «Also, wir waren ja Gruppe.» Und auch die Wortstellungsoptionen, die wir in Kiezdeutsch untersuchen («Danach ich gehe zu meinem Vater»), findet man nicht nur dort, sondern hört man mitunter auch in anderen Gesprächen, sei es auf der Straße, in Radiosendungen oder Talkshows.

Dies ist nicht so, weil Kiezdeutsch in sprachgefährdender Weise «um sich greifen» würde (wie manchmal in der öffentlichen Diskussion angenommen wird), sondern weil das, was wir in Kiezdeutsch finden, eben gut ins Deutsche passt und sich deshalb in anderen Bereichen genauso oder so ähnlich entwickeln kann. Kiezdeutsch ist ein faszinierender, junger und dynamischer Teil des Deutschen, aber es wird dadurch nicht exotisch oder fremd, sondern ist eben auch nur – ein deutscher Dialekt.

1 Vgl. hierzu auch Becker (2011), der als eingeladener Experte in einer Anhörung der Enquêtekommission «Migration und Integration in Hessen» Folgendes zu bedenken gab: «Wenn im Fragekatalog für diese Anhörung oft nach einem Vergleich von Migranten mit einheimischer (deutscher) Bevölkerung gefragt wird, unterstellt diese Frage, dass der ethnische Unterschied die wichtigste Variable in einem Vergleich sei. In vielen Fällen ist aber die wichtigste Variable für Unterschiede nicht die ethnische Zugehörigkeit, sondern zum Beispiel der Grad an formaler Bildung.»
2 *zwischen welten*, 2009, 16:47 Min. Regie, Kamera, Schnitt: Dorothea Carl, Ton: Nicole Graul, Julia Berg, Tonmischung: Jens Röhm, Herstellungsleitung: Nils Hartlef.
3 Siehe OECD, *Mehr Ungleichheit trotz Wachstum?* Fact Sheet Deutschland, S. 2; deutsche Fassung der im Oktober 2008 erschienenen OECD-Studie »Growing Unequal?«; sowie Michael Förster, Sozialpolitikreferat der OECD, Paris; Vortrag Pressekonferenz Berlin 2008. Vgl. auch Pollack (2010) zur mangelnden sozialen Mobilität in Deutschland (in einer Studie für die Heinrich-Böll-Stiftung).
4 Autorengruppe Bildungsberichterstattung (2010), S. 13.
5 Elsbeth Stern, ETH Zürich, Interview in der Frankfurter Allgemeinen Zeitung vom 2. 9. 2010.
6 OECD (2010).
7 Vgl. auch Autorengruppe Bildungsberichterstattung (2010).
8 Vgl. hierzu auch Paul et al. (2009).

Literaturnachweis

Aboh, Enoch Oladé; Hartmann, Katharina, & Zimmermann, Malte (Hg.) (2007). *Focus Strategies in African Languages. The Interaction of Focus and Grammar in Niger-Congo and Afro-Asiatic.* Berlin, New York: de Gruyter.

Ammon, Ulrich (1978). *Schulschwierigkeiten von Dialektsprechern. Empirische Untersuchungen sprachabhängiger Schulleistungen und des Schüler- und Lehrerbewußtseins – mit sprachdidaktischen Hinweisen.* Wernheim, Basel: Beltz.

Androutsopoulos, Jannis K. (1998). *Deutsche Jugendsprache: Untersuchungen zu ihren Strukturen und Funktionen.* Frankfurt a. M.: Lang.

Androutsopoulos, Jannis K. (2001 a). *From the streets to the screens and back again: On the mediated diffusion of ethnolectal patterns in contemporary German.* Essen: LAUD, Series A, No. 522.

Androutsopoulos, Jannis K. (2001 b). Ultra korregd Alder! Zur medialen Stilisierung und Aneignung von «Türkendeutsch». *Deutsche Sprache* 29: 321–339.

Androutsopoulos, Jannis K. (2007). Ethnolekte in der Mediengesellschaft: Stilisierung und Sprachideologie in Performance, Fiktion und Metasprachdiskurs. In: Christian Fandrych & Reinier Salverda (Hg.), *Standard, Variation und Sprachwandel in germanischen Sprachen.* Tübingen: Narr [= Studien zur deutschen Sprache 41]. S. 113–155.

Androutsopoulos, Jannis K., & Wiese, Heike (2010). «auch sehr abweichend benutzt»: SprachwissenschaftlerInnen als Normenkonstrukteure in öffentlichen Metasprachdiskursen. Tagung «Kommunikation und Öffentlichkeit: Sprachwissenschaftliche Potentiale zwischen Empirie und Norm», 9.–11. 6. 2010, Universität Münster.

Appel, René (1999). Straattaal. De mengtaal van jongeren in Amsterdam. *Toegepaste Taalwetenschap in Artikelen* 62: 39–55.

Auer, Peter (1993). Zur Verbspitzenstellung im gesprochenen Deutsch. *Deutsche Sprache* 21: 193–222.

Auer, Peter (1998). *Code-Switching in Conversation: Language, Interaction and Identity.* London: Routledge.

Auer, Peter (2003). ‹Türkenslang›: Ein jugendsprachlicher Ethnolekt des Deutschen und seine Transformationen. In: A. Häcki Buhofer (Hg.), *Spracherwerb und Lebensalter.* Tübingen: Francke. S. 255–264.

Auer, Peter (2006). Construction Grammar meets Conversation: Einige Überlegungen am Beispiel von «so»-Konstruktionen. In: Susanne Günthner & Wolfgang Imo (Hg.), *Konstruktion in der Interaktion.* Berlin: Walter de Gruyter. S. 291–314.

Autorengruppe Bildungsberichterstattung [Sprecher: Horst Weishaupt] (2010). *Bildung in Deutschland 2010. Ein indikatorengestützter Bericht mit einer Analyse zu Perspektiven des Bildungswesens im demografischen Wandel.* Im Auftrag der Ständigen Konferenz der Kultusminister der Länder in der Bundesrepublik Deutschland und des Bundesministeriums für Bildung und Forschung. Bielefeld: Bertelsmann.

Bahlo, Nils Uwe (2010). *uallah* und/oder ich *schwöre*. Jugendsprachliche expressive Marker auf dem Prüfstand. *Gesprächsforschung* 11: 101–122.

Bauer, Laurie, & Trudgill, Peter (1998). Introduction. In: dies. (Hg.), *Language Myths.* London: Penguin. S. xv-xviii.

Bearth, Thomas (1999). The contribution of African linguistics towards a general theory of focus: update and critical review. *Journal of African Languages and Linguistics* 20;2: 121–156.

Becker, Jörg (2011). Beantwortung der Fragen der Enquêtekommission «Migration und Integration in Hessen» zum Thema «Medien und Integration» im Hessischen Landtag am 13. Mai 2011. Manuskript, Marburg/Bozen.

Ben-Yehuda, Nachman, & Goode, Erich (1994). *Moral Panics: The Social Construction of Deviance.* Oxford: Blackwell.

Bhatt, Christa, & Lindlar, Markus (Hg.) (1998). *Alles Kölsch. Eine Dokumentation der aktuellen Stadtsprache in Köln.* Bonn.

Bialystok, Ellen (2001). *Bilingualism in Development: Language, Literacy, and Cognition.* Cambridge: Cambridge University Press.

Bialystok, Ellen; Craik, Fergus I. M., & Freedman, Morris (2007). Bilingualism as a protection against the onset of symptoms of dementia. *Neuropsychologia* 45: 459–464.

Bialystok, Ellen; Craik, Fergus I. M.; Klein, Raymond, & Viswanathan, Mythili (2004). Bilingualism, aging, and cognitive control: Evidence from the Simon task. *Psychology and Aging* 19: 290–303.

Bijvoet, Ellen (2003). Attitudes towards «Rinkeby Swedish», a group variety among adolescents in multilingual suburbs. In: Kari Fraurud & Kenneth Hyltenstam (Hg.), *Multilingualism in Global and Local Perspectives.* Stockholm: Centre for Research on Bilingualism & Rinkeby Institute of Multilingual Research. S. 307–316.

Bijvoet, Ellen, & Fraurud, Kari (2010). *Rinkeby Swedish* in the mind of the beholder. Studying listener perceptions of language variation in multilingual Stockholm. In: Pia Quist & Bente Ailin Svendsen (Hg.), *Multilingual Urban Scandinavia: New Linguistic Practices.* Clevedon: Multilingual Matters. S.170–188.

Blair, C., & Razza, R. P. (2007). Relating effortful control, executive function, and false-belief understanding to emerging math and literacy ability in kindergarten. *Child Development* 78: 647–663.

Blommaert, J. (Hg.) (1999). *Language Ideological Debates*. Berlin, New York: de Gruyter.

Boas, Hans C. (2002). «Rodeos; going to the market in San Antonio» [online; http://www.tgdp.org]. The Texas German Dialect Project. 1–51–1-16-a.

Boas, Hans C. (2003). Tracing dialect death: the Texas German Dialect Project. In: Julie Larson & Mary Paster (Hg.), *Proceedings of the 28th Annual Meeting of the Berkeley Linguistics Society*. Berkeley, Calif.: Berkeley Linguistics Society. S. 387–398.

Bodén, Petra (2011). Adolescents' pronunciation in multilingual Malmö, Gothenburg and Stockholm. In: Roger Källström & Inger Lindberg (Hg.), *Young Urban Swedish. Variation and change in multilingual settings*. Unversity of Gothenburg. S. 35–48.

Boehlert, Martha (2005). Self-fulfilling prophecy. In: Steven W. Lee (Hg.), *Encyclopedia of School Psychology*. Thousand Oaks, CA: Sage. S. 491–492.

Boeschoten, Hendrik (1990). Turkish in the Netherlands: patterns of change over gneration. In: Bernt Brendemoen (Hg.), *Altaica Osloensia. Proceedings from the 32nd Meeting of the Permanent International Altaistic Conference, Oslo 1989*. Oslo: Universitetsforlaget. S. 39–48.

Boeschoten, Hendrik (2000). Convergence and divergence in migrant Turkish. In: Klaus Mattheier (Hg.), *Dialect and Migration in a Changing Europe*. Frankfurt: Peter Lang [Variolingua 12]. S. 145–154.

Bommes, Michael, & Maas, Utz (2005). Interdisciplinarity in migration research: on the relation between sociology and linguistics. In: Michael Bommes & Ewa Morawska (Hg.), *International Migration Research. Constructions, Omissions and the Promises of Interdisciplinarity*. Utrecht: Ashgate. S. 179–202.

Bos, W., et al. (Hg.) (2007). IGLU 2006. *Lesekompetenzen von Grundschulkindern in Deutschland im internationalen Vergleich*. Münster: Waxmann.

Bourdieu, Pierre (1974). *Zur Soziologie der symbolischen Formen*. Frankfurt a. M.: Suhrkamp.

Bourdieu, Pierre (1991). *Language and Symbolic Power*. Cambridge, Mass.: Harvard University Press.

Boyd, Sally, & Fraurud, Kari (2010). Challenging the homogeneity assumption in language variation analysis: findings from a study of multilingual urban spaces. In: Peter Auer & Jürgen Erich Schmidt (Hg.), *Language and Space. An International Handbook of Linguistic Variation. Vol.1: Theories and Methods*. Berlin, New York: de Gruyter [Handbücher zur Sprach- und Kommunikationswissenschaft/HSK 30;1]. S. 686–706.

Braak, Jolanda van den (2002). Met andere woorden: straattaal in Amsterdam. In: J. B. Berns (Hg.), *Amsterdams*. Den Haag: Sdu [= Taal in stad en land 1]. S. 53–65.

Bradac, James J.; Cargile, Aaron Castelan, & Hallet, Jennifer S. (2001). Language attitudes: retrospect, conspect, and prospect. In: W. Peter Robinson & Howard Giles (Hg.), *The New Handbook of Language and Social Psychology*. Chichester: Wiley. S. 137–155.

Brenke, Karl (2008). Migranten in Berlin: schlechte Jobchancen, geringe Einkommen, hohe Transferabhängigkeit. *Wochenbericht des DIW Berlin* 35: 496–507.

Brizić, Katharina (2009). Ressource Familiensprache: Eine soziolinguistische Untersuchung zum Bildungserfolg von Migranten. In: Karen Schramm & Christoph Schroeder (Hg.), *Empirische Zugänge zu Spracherwerb und Sprachförderung in Deutsch als Zweitsprache*. Münster: Waxmann [= Mehrsprachigkeit 23]. S. 23–42.

Bull, R., & Scerif, G. (2001). Executive functioning as a predictor of children's mathematics ability: Inhibition, switching, and working memory. *Development Neuropsychology* 19: 273–293.

Carlson, Stephanie M., & Meltzoff, Andrew N. (2008). Bilingual experience and executive functioning in young children. *Developmental Science* 11;2: 282–298.

Cathomas, Rico (2005). *Schule und Zweisprachigkeit*. Waxmann: Münster.

Cecil, Nancy Lee (1988). Black dialect and academic success: a study of teacher expectations. *Reading Improvement* 25: 34–38.

Chafe, Wallace (1976). Givenness, contrastiveness, definiteness, subjects, topics, and point of view. In: Charles N. Li (Hg.), *Subject and Topic*. New York: Academic Press. S. 25–55.

Cheshire, Jenny; Fox, Sue; Kerswill, Paul, & Torgersen, Eivind (2008). Ethnicity, friendship network and social practices as the motor of dialect change: linguistic innovation in London. *Sociolinguistica* 22: 1–23 [Special issue on Dialect Sociology, hrsg. von Alexandra Lenz and Klaus J. Mattheier].

Cindark, Ibrahim, & Aslan, Sema (2004). *Deutschlandtürkisch?* Mannheim: Institut für Deutsche Sprache.

Clopper, Cynthia G., & Pisoni, David B. (2004). Perception of dialect variation. In: David B. Pisoni & Robert E Remez (Hg.), *The Handbook of Speech Perception*. Oxford: Blackwell. S. 313–337.

Clyne, Michael (2000). Lingua Franca and ethnolects in Europe and beyond. *Sociolinguistica* 14: 83–89.

Cohen, Stanley (^{3}2002). *Folk Devils and Moral Panics*. 3. Auflage. New York: Routledge [1. Auflage: 1972, London: McGibbon & Kee].

Cornips, Leonie (2002). Etnisch Nederlands in Lombok. In: Hans Bennis, Guus Extra, Pieter Muysken & Jacomine Nortier (Hg.), *Een buurt in beweging. Talen en Culturen in het Utrechtse Lombok en Transvaal.* Amsterdam: Aksant. S. 285–302.

Cornips, Leonie (2004). Straattaal: Sociale betekenis en morfo-syntactische verschijnselen. In: Johan De Caluwe et al. (Hg.), *Taeldeman, man van de taal, schatbewaarder van de taal.* Gent: Academia. S. 175–188.

Cornips, Leonie (2008). Loosing grammatical gender in Dutch: the result of bilingual acquisition and/or an act of identity? *International Journal of Bilingualism* 12;1–2: 105–124.

Cornips, Leonie, & Nortier, Jacomine (Hg.) (2008). Ethnolects? The emergence of new varieties among adolescents. *International Journal of Bilingualism, Special Issue* 12 (1 & 2).

Cornips, Leonie; de Rooij, Vincent A., & Reizevoort, Birgit (2006). Straattaal: processen van naamgeving en stereotypering. *Toegepaste Taalwetenschap in Artikelen 76. Thema's en trends in de Sociolinguistiek* 5;2: 123–136.

Cummins, Jim (1979). Cognitive-academic language proficiency. Linguistic interdependence, the optimum age question and some other matters. *Working Papers on Bilingualism:* 197–205.

Cummins, Jim (1994). Semilingualism. In: *Encyclopedia of Language and Linguistics.* Oxford: Elsevier. S. 3812–3814.

Denkler, Markus; Günthner, Susanne; Imo, Wolfgang; Macha, Jürgen; Meer, Dorothee; Stoltenburg, Benjamin, & Topalović, Elvira (Hg.) (2008), *frischwärts und unkaputtbar. Sprachverfall oder Sprachwandel im Deutschen.* Münster: Aschendorff Verlag.

Deppermann, Arnulf (2007). Playing with the voice of the other: stylized Kanaksprak in conversations among German adolescents. In: Peter Auer (Hg.), *Style and Social Identities. Alternative Approaches to Linguistic Heterogeneity.* Berlin, New York: Mouton de Gruyter [= Language, Power and Social Process 18]. S. 325–360.

Deutscher, Guy (2008). Du Jane, ich Goethe: *Eine Geschichte der Sprache.* München: C. H. Beck (übers. v. Martin Pfeiffer; Orig.: *The Unfolding of Language.* William Heinemann, London 2005).

Dirim, İnci, & Auer, Peter (2004). *Türkisch sprechen nicht nur die Türken. Über die Unschärfebeziehung zwischen Sprache und Ethnie in Deutschland.* Berlin, New York: de Gruyter.

Dirim, İnci, & Hieronymus, Andreas (2003). Cultural orientation and language use among multilingual youth groups: ‹For me it is like we all speak one language›. *Journal of Multilingual and Multicultural Development* 24;1–2: 42–55.

Dittmar, Norbert; Schlobinski, Peter, & Wachs, Inge (1986). *Berlinisch: Studium zum Lexikon, zur Spracheinstellung und zum Stilrepertoire*

[Forschungsprojekt Stadtsprache]. Berlin: Berlin Verlag Arno Spitz [Berlin Forschung; Bd. 14: Themenbereich kulturelle Entwicklung].

Dittmar, Norbert; Schlobinski, Peter, & Wachs, Inge (1988). The social significance of the Berlin Urban Vernacular. In: Norbert Dittmar & Peter Schlobinski (Hg.), *The Sociolinguistics of Urban Vernaculars: Case Studies and their Evaluation*. Berlin, New York: de Gruyter. S. 19–43.

Dollmann, Jörg (2010). *Türkischstämmige Kinder am ersten Bildungsübergang. Primäre und sekundäre Herkunftseffekte*. Wiesbaden: Verlag für Sozialwissenschaften.

Donhauser, Karin, & Hinterhölzl, Roland (2003). Die Rolle der Informationsstruktur bei der Herausbildung von Wortstellungsregularitäten im Germanischen. In: Carolin Féry et al. (Hg.), *Informationsstruktur. Die sprachlichen Mittel der Gliederung von Äußerung, Satz und Text*. Potsdam: Universitätsverlag. S. 173–193.

Duda, Sibylle (2010). *gibs* im Kiezdeutschen: Zur Interaktion von Morphosyntax und Informationsstruktur. Magisterarbeit, Universität Potsdam, Institut für Germanistik (Betreuerin: H. Wiese).

Duden. *Grammatik der deutschen Gegenwartssprache*. Hg. v. d. Dudenredaktion. 8., überarbeitete Aufl. Mannheim: Dudenverlag, 2009.

Durrel, Martin (1999). Standardsprache in England und Deutschland. *Zeitschrift für germanistische Linguistik* 27;3: 285–308.

Eckhardt, Andrea G. (2008). *Sprache als Barriere für den schulischen Erfolg. Potentielle Schwierigkeiten beim Erwerb schulbezogener Sprache für Kinder mit Migrationshintergrund*. Münster: Waxmann.

Edelsky, Carole; Hudelson, Sarah; Flores, Barbara; Barkin, Florence; Altwerger, Bess, & Jilbert, Kristina (1983). Semilingualism and language deficit. *Applied Linguistics* 4;1: 1–22.

Edwards, John R. (1994). Educational failure. In: Ron E. Asher & Seumas M. Y. Simpson (Hg.). *Encyclopedia of Language & Linguistics*. Oxford: Pergamon. S. 1094–1100.

Eichinger, Ludwig, et al. (Hg.) (2009). *Aktuelle Spracheinstellungen in Deutschland*. Ergebnisse einer bundesweiten Repräsentativumfrage. Projektgruppe «Spracheinstellungen». Institut für Deutsche Sprache: Mannheim.

Eksner, H. Julia (2006). *Ghetto Ideologies, Youth Identities and Stylized Turkish German. Turkish Youths in Berlin-Kreuzberg*. Berlin: Lit Verlag [= Spektrum 91].

Engel, Ulrich (2009). *Deutsche Grammatik*. 2., durchgesehene Auflage. München: Iudicium.

Engelen, Bernhard (1968). Zum System der Funktionsverbgefüge. *Wirkendes Wort* 18: 289–303.

Feilke, Helmuth (2010). «Bitte im ganzen Satz!» oder Wie Schule Sprache macht. Beitrag zur Tagung *Kommunikation und Öffentlichkeit:*

Sprachwissenschaftliche Potentiale zwischen Empirie und Norm, 9.–11.6. 2010, Universität Münster (Organisatoren: Susanne Günthner, Wolfgang Imo, Dorothee Meer, Jan Georg Schneider).

Feng, Xiaojia, Bialystok, Ellen, & Diamond, Adele (2010). Do bilingual children show an advantage in working memory? Ms., York University, Toronto.

Féry, Caroline; Fanselow, Gisbert, & Krifka, Manfred (Hg.) (2006). *The Notions of Information Structure*. Potsdam: Universitätsverlag [= Interdisziplinäre Studien zur Informationsstruktur (ISIS). Arbeitspapier 6 des SFB 632 «Informationsstruktur»].

Fischer, Annette (2001). Diachronie und Synchronie von auxiliarem *tun* im Deutschen. In: Sheila Watts, Jonathan West & Hans-Joachim Solms (Hg.), *Zur Verbmorphologie germanischer Sprachen*. Tübingen: Niemeyer [Linguistische Arbeiten 446]. S. 137–154.

Fleischer, Jürg (2002). *Die Syntax von Pronominaladverbien in den Dialekten des Deutschen: eine Untersuchung zu Preposition Stranding und verwandten Phänomenen*. Stuttgart, Wiesbaden: Steiner [Zeitschrift für Dialektologie und Linguistik, Beiheft 123].

Franceschini, Rita (2009). Die «mehrsprachigsten» Bürger Europas: Sprecher von historischen und neuen Minderheitensprachen und ihr Beitrag zur Multikompetenz. Beitrag zur Konferenz *Sprache und Integration* (Organisation: Goethe-Institut in Zusammenarbeit mit dem Institut für Deutsche Sprache Mannheim, IDS), Berlin 18.–19. 9. 2009.

Fraurud, Kari (2003). Svenskan i Rinkeby och andra flerspråkiga bostadsområden. In: Torbjørg Breivik (Hg.), *Språk i Norden 2003*. Oslo: Novus. S. 62–89.

Fraurud, Kari (2004). Några sociolingvistiska förutsättningar för språklig variation och mångfald i Rinkeby. In: Björn Melander Ulla Melander Marttala, Catharina Nyström, Mats Thelander & Carin Östman (Hg.), *Svenskans beskrivning* 26. Uppsala: Hallgren & Fallgren. S. 25–47.

Fraurud, Kari, & Bijvoet, Ellen (2004). Multietniska ungdomsspråk och andra varieteter av svenska i flerspråkiga miljöer. In: Kenneth Hyltenstam & Inger Lindberg (Hg.), *Svenska som andraspråk*. Lund: Studentlitteratur. S. 377–405.

Freywald, Ulrike (2010). «Obwohl vielleicht war es ganz anders.» Vorüberlegungen zum Alter der Verbzweitstellung nach subordinierenden Konjunktionen. In: Arne Ziegler (Hg.), *Historische Textgrammatik und Historische Syntax des Deutschen*. Berlin, New York: de Gruyter. S. 55–84.

Freywald, Ulrike; Mayr, Katharina; Özçelik, Tiner, & Wiese, Heike: Kiezdeutsch as a multiethnolect (2012). Erscheint in: Friederike Kern & Margret Selting (Hg.), *Pan-ethnic Styles of Speaking in European Metropolitan Cities*. Amsterdam: Benjamins.

Fries, Norbert (1988). Über das Null-Topik im Deutschen. *Sprache und Pragmatik* 3: 19–49.

Füglein, Rosemarie (2000). Kanak Sprak. Eine ethnolinguistische Untersuchung eines Sprachphänomens im Deutschen. Magisterarbeit, Universität Bamberg.

Ganuza, Natalie (2008). Syntactic variation in the Swedish of adolescents in multilingual urban settings. Subject-verb order in declaratives, questions and subordinate clauses. Dissertation, Stockholm: Centre for Research on Bilingualism, Universität Stockholm.

Garrett, Peter; Coupland, Nikolas, & Williams, Angie (2003). *Investigating Language Attitudes. Social Meanings of Dialect, Ethnicity and Performance*. Cardiff: University of Wales Press.

Giles, Howard, & Powesland, Peter F. (1975). *Speech Style and Social Evaluation*. London: Academic Press [European Monographs in Social Psychology].

Godin, Marie-Noëlle (2006). Urban youth language in multicultural Sweden. *Scandinavian-Canadian Studies/Études scandinaves au Canada* 16: 126–141.

Gogolin, Ingrid (1994). *Der monolinguale Habitus der multilingualen Schule*. Münster: Waxmann.

Gogolin, Ingrid (2003). Sprachenvielfalt – Ein verschenkter Reichtum. In: *Berufliche Qualifizierung von Jugendlichen mit Migrationshintergrund – Voraussetzung für Integration*. DGB Bildungswerk [Schriftenreihe «Migration und Arbeitswelt.» 8]. S. 11–19.

Gogolin, Ingrid (2005). Chancen und Risiken nach PISA – über die Bildungsbeteiligung von Migrantenkindern und Reformvorschläge. In: Georg Auernheimer (Hg.), *Schieflagen im Bildungssystem. Die Benachteiligung der Migrantenkinder*. 2., überarbeitete und erweiterte Auflage. Wiesbaden: VS Verlag für Sozialwissenschaften. S. 33–50.

Gogolin, Ingrid (2006). Bilingualität und die Bildungssprache der Schule. In: Paul Mecheril & Thomas Quehl (Hg.), *Die Macht der Sprachen*. Münster: Waxmann. S. 63–85.

Gohl, Christine, & Günthner, Susanne (1999). Grammatikalisierung von weil als Diskursmarker in der gesprochenen Sprache. *Zeitschrift für Sprachwissenschaft* 18: 39–75.

Golato, Andrea (2000). An innovative German quotative for reporting on embodied actions: Und ich so/und er so ‹and I'm like/and he's like›. *Journal of Pragmatics* 32: 29–54.

Göttert, Karl-Heinz (2010). *Deutsch. Biografie einer Sprache*. Berlin: Ullstein.

Gresch, Cornelia & Kristen, Cornelia (2011). Staatsbürgerschaft oder Migrationshintergrund? Ein Vergleich unterschiedlicher Operationali-

sierungsweisen am Beispiel der Bildungsbeteiligung. *Zeitschrift für Soziologie* 40;4: 208–227.
Grosjean, François (2010). *Bilingual. Life and Reality.* Cambridge, Mass.: Harvard University Press.
Güldemann, Tom (2008). *Quotative Indexes in African languages: A Synchronic and Diachronic Survey.* Berlin, New York: de Gruyter [Empirical Approaches to Language Typology 34].
Gumperz, John J. (1982). *Discourse Strategies.* Cambridge: Cambridge University Press.
Hansegård, Nils Erik (1968). *Tvåspråkighet eller halfspråkighet?* Stockholm: Aldus series 253.
Hay, Jennifer, & Drager, Katie (2010). Stuffed toys and speech perception. *Linguistics* 48;4: 865–892.
Heidolph, Karl Erich; Flämig, Walter; Motsch, Wolfgang, u. a. (1981). *Grundzüge einer deutschen Grammatik.* Berlin: Akademie-Verlag.
Herrgen, Joachim (1986). *Koronalisierung und Hyperkorrektion. Das palatale Allophon des /CH/-Phonems und seine Variation im Westmitteldeutschen.* Stuttgart: Steiner [Mainzer Studien zur Sprach- und Volksforschung 9].
Hinnenkamp, Volker (2005). «Zwei zu bir miydi?» – Mischsprachliche Varietäten von Migrantenjugendlichen im Hybriditätsdiskurs. In: Volker Hinnenkamp & Katharina Meng (Hg.), *Sprachgrenzen überspringen. Sprachliche Hybridität und polykulturelles Selbstverständnis.* Tübingen: Narr. S. 51–103.
Hinskens, Frans (2007). New types of non-standard Dutch. In: Christian Fandrych & Reinier Salverda (Hg.), *Standard, Variation und Sprachwandel in den germanischen Sprachen.* Tübingen: Narr [Studien zur deutschen Sprache 41]. S. 281–300.
Hinterhölzl, Roland, & Petrova, Svetlana (2010). From V1 to V2 in Older Germanic. *Lingua* 120: 315–328.
Hinterhölzl, Roland; Petrova, Svetlana, & Solf, Michael (2005). Diskurspragmatische Faktoren für Topikalität und Verbstellung in der althochdeutschen Tatianübersetzung (9. Jh.). In: Shinichiro Ishihara, Michaela Schmitz & Anne Schwarz (Hg.), *Approaches and Findings in Oral, Written and Gestural Language.* Potsdam: Universitätsverlag [= Interdisziplinäre Studien zur Informationsstruktur (ISIS). Arbeitspapier 3 des SFB 632 «Informationsstruktur»]. S. 143–182.
Hoberg, Rudolf; Eichhoff-Cyrus, Karin M., & Schulz, Rüdiger (Hg.) (2008). *Wie denken die Deutschen über ihre Muttersprache und Fremdsprachen?* Eine repräsentative Umfrage der Gesellschaft für deutsche Sprache in Zusammenarbeit mit dem Deutschen Sprachrat, durchgeführt vom Institut für Demoskopie Allensbach. Wiesbaden: Gesellschaft für deutsche Sprache.

Hoffmann, Ludger (2009). Determinativ. In: ders. (Hg.), *Handbuch der deutschen Wortarten*. Berlin, New York: de Gruyter. S. 293–356.

Hudson, Richard A. (1996): *Sociolinguistics*. 2nd Edition. Cambridge: Cambridge University Press.

Imo, Wolfgang (2006). ‹Da hat des kleine *glaub* irgendwas angestellt› – Ein construct ohne construction? In: Susanne Günthner & Wolfgang Imo (Hg.), *Konstruktionen in der Interaktion*. Berlin: de Gruyter. S. 263–290.

Imo, Wolfgang (2007). *Construction Grammar und Gesprochene-Sprach-Forschung*. Tübingen: Niemeyer.

Jannedy, Stefanie; Weirich, Melanie, & Brunner, Jana (2011). The effect of inferences on the perceptual categorization of Berlin German fricatives. In: *Proceedings of the International Congress of Phonetic Sciences* (ICPhS 2011) Hongkong.

Jaspers, Jürgen (2008). Problematizing ethnolects: naming linguistic practices in an Antwerp secondary school. *International Journal of Bilingualism* 12;1/2: 85–103.

Kaiser, Astrid (2010). Vornamen: Nomen est omen? Vorerwartungen und Vorurteile in der Grundschule. *Schulverwaltung. Zeitschrift für Schulleitung und Schulaufsicht* 21;2: 58–59.

Kallmeyer, Werner, & Keim, Inken (2002). Eigenschaften von sozialen Stilen der Kommunikation: Am Beispiel einer türkischen Migrantinnengruppe. *Osnabrücker Beiträge zur Sprachtheorie* 65: 35–56.

Kallmeyer, Werner, & Keim, Inken (2003). Linguistic variation and the construction of social identity in a German Turkish setting. In: Jannis K. Androutsopoulos (Hg.), *Discourse Constructions of Youth Identities*. Amsterdam, Philadelphia: Benjamins [= Pragmatics and Beyond, N. S. 110]. S. 29–46.

Katerbow, Matthias (2011). Roleplaying as an environment for the acquisition of the switching/shifting competence in children. Beitrag zu IC-LaVE 2011, 29.6.–1.7., Freiburg.

Keim, Inken (2002). Sozial-kulturelle Selbstdefinition und sozialer Stil: Junge Deutsch-Türkinnen im Gespräch. In: Inken Keim & Wilfried Schütte (Hg.), *Soziale Welten und kommunikative Stile. Festschrift für Werner Kallmeyer zum 60. Geburtstag*. Tübingen: Narr. S. 233–260.

Keim, Inken (2004). Kommunikative Praktiken in türkischstämmigen Kinder- und Jugendgruppen in Mannheim. *Deutsche Sprache* 32;3: 198–226.

Keim, Inken (2007 a). *Die «türkischen Powergirls». Lebenswelt und kommunikativer Stil einer Migrantinnengruppe in Mannheim*. Tübingen: Narr [Studien zur deutschen Sprache Bd. 39].

Keim, Inken (2007 b). Socio-cultural identity, communicative style, and their change over time: A case study of a group of German-Turkish girls in Mannheim/Germany. In: Peter Auer (Hg.), *Style and Social Identities. Alternative Approaches to Linguistice Heterogeneity*. Berlin, New York: de Gruyter. S. 155–186.

Keim, Inken, & Androutsopoulos, Jannis K. (2000). Hey Lan, isch geb dir konkret Handy. Deutsch-türkische Mischsprache und Deutsch mit ausländischem Akzent: Wie Sprechweisen der Straße durch die Medien populär werden. *Frankfurter Allgemeine Zeitung*, Nr. 21, 26. 1. 2000.

Keller, Rudi (1993). Das epistemische *weil*. Bedeutungswandel einer Konjunktion. In: Hans Jürgen Heringer & Georg Stötzel (Hg.), *Sprachgeschichte und Sprachkritik. Festschrift für Peter von Polenz zum 65. Geburtstag*. Berlin, New York: de Gruyter. S. 219–247.

Keller, Rudi (2004). Ist die deutsche Sprache vom Verfall bedroht? Universität Düsseldorf [online-Publikation: http://www.phil-fak.uni-duesseldorf.de/uploads/media/Sprachverfall.pdf].

Kern, Friederike, & Selting, Margret (2006 a). Einheitenkonstruktion im Türkendeutschen: Grammatische und prosodische Aspekte. *Zeitschrift für Sprachwissenschaft* 25: 239–272.

Kern, Friederike, & Selting, Margret (2006 b). Konstruktionen mit Nachstellungen im Türkendeutschen. In: Arnulf Deppermann, Reinhard Fiehler & Thomas Spranz-Fogasy (Hg.), *Grammatik und Interaktion*. Radolfzell: Verlag für Gesprächsforschung. S. 319–347.

Kerswill, Paul (2006). Migration and language. In: Ulrich Ammon, Norbert Dittmar, Klaus J. Mattheier & Peter Trudgill (Hg.), *Sociolinguistics/Soziolinguistik*. 2., vollständig neu bearbeitete und erweiterte Auflage. Berlin, New York: de Gruyter [Handbücher zur Sprach- und Kommunikationswissenschaft/HSK 3;3]. S. 2271–2285.

Kerswill, Paul (2010). Investigating new youth language varieties in Africa and in Europe: points of similarity and contrast. Vortrag, Department of Linguistics, University of Ghana, 5. 8. 2010.

Kidd, Celeste; White, Katherine S., & Aslin, Richard N. (2011). Toddlers use speech disfluencies to predict speakers' referential intentions. *Developmental Science* 14;4: 925–934.

Kießling, Roland, & Mous, Maarten (2004). Urban youth languages in Africa. *Anthropological Linguistics* 46;3: 303–341.

Knoop, Ulrich (1987). Beschreibungsprinzipien der neueren Sprachgeschichte. Eine kritische Sichtung der sprachwissenschaftlichen, soziologischen, sozialhistorischen und geschichtswissenschaftlichen Begrifflichkeit. In: ders. (Hg.), *Studien zur Dialektologie*. Hildesheim: Olms. S. 11–41.

Kotsinas, Ulla-Britt (1988). Immigrant children's Swedish – a new variety? *Journal of Multilingual and Multicultural Development* 9: 129–140.

Kotsinas, Ulla-Britt (1992). Immigrant adolescents' Swedish in multicultural areas. In: Cecilia Palmgren, Karin Lövgren & Goran Bolin (Hg.), *Ethnicity in Youth Culture*. Stockholm: Universität Stockholm. S. 43–62.

Kotsinas, Ulla-Britt (1998). Language contact in Rinkeby, an immigrant suburb. In: Jannis K. Androutsopoulos & Arno Scholz (Hg.), *Jugendsprache – langue des jeunes – youth language. Linguistische und soziolinguistische Perspektiven*. Frankfurt a. M.: Lang [= VarioLingua 7]. S. 125–148.

Kotsinas, Ulla-Britt (2001). Pidginization, creolization and creoloids in Stockholm, Sweden. In: N. Smith & Tonjes Veenstra (Hg.), *Creolization and Contact*. Amsterdam: Benjamins. S. 125–155.

Kotthoff, Helga (2004). Overdoing culture. Sketch-Komik, Typenstilisierung und Identitätsbildung bei Kaya Yanar. In: Karl H. Hörning & Julia Reuter (Hg.), *Doing Culture*. Bielefeld: transcript-Verlag. S. 184–201.

Kovács, Ágnes Melinda M. (2009). Early bilingualism enhances mechanisms of false-belief reasoning. *Developmental Science* 12;1: 48–54.

Kovács, Ágnes Melinda, & Mehler, Jacques (2009). Flexible learning of multiple speech structures in bilingual infants. *Science* 325;5940: 611–612.

Krifka, Manfred (2006). Basic notions of informations structure. In: Féry et al. (Hg.) (2006): S. 13–54.

Kroskrity, Paul V. (2004). Language ideologies. In: Alessandro Duranti (Hg.), *A Companion to Linguistic Anthropology*. Malden, Mass.: Blackwell. S. 496–517.

Labov, William (1966). *The Social Stratification of English in New York City*. Arlington: Center for Applied Linguistics.

Labov, William (1970). The logic of non-standard English. In: Frederick Williams (Hg.), *Language and Poverty. Perspectives on a Theme*. Chicago: Rand McNally. S. 225–261.

Labov, William (1996). When intuitions fail. *Papers from the 32nd Regional Meeting of the Chicago Linguistics Society* 32: 76–106.

Lambert, Wallace E. (1967): A social psychology of bilingualism. *Journal of Social Issues* 23;2: 91–108.

Lambrecht, Knud (1994). *Information Structure and Sentence Form: Topic, Focus, and the Mental Representation of Discourse Referents*. Cambridge: Cambridge University Press [Cambridge Studies in Linguistics 71].

Larkin, Steve, et al. (2005). *National Indigenous Languages Survey (NILS) Report 2005*. Report submitted to the Department of Communications, Information Technology and the Arts by the Australian Institute of Aboriginal and Tores Strait Islander Studies in association with the Federation of Aboriginal and Tores Strait Islander Languages.

Commonwealth of Australia: Department of Communications, Information Technology and the Arts.

Lawton, Denis (1968). *Social Class, Language and Education.* London: Routledge & Kegan Paul.

Lehmann, Christian (1991). Grammaticalization and related changes in contemporary German. In: Elizabeth Closs Traugott & Bernd Heine (Hg.), *Approaches to Grammaticalization.* Vol. II. Amsterdam: Benjamins [= Typological Studies in Language 19]. S. 493–535.

Leiss, Elisabeth (2010). Koverter Abbau des Artikels. In: Dagmar Bittner & Livio Gaeta (Hg.), *Kodierungstechniken im Wandel.* Berlin, New York: de Gruyter. S. 137–159.

Leung, Constant; Harris, Roxy, & Rampton, Ben (1997). The idealised native speaker, reified ethnicities, and classroom realities. *TESOL Quarterly* 31,3: 543–560.

Lewis, M. Paul (Hg.) (2009). *Ethnologue: Languages of the World.* 16. Auflage. Dallas: SIL International [Summer Institute of Linguistics].

Löffler, Heinrich (1980). Dialektfehler. Ansätze zu einer deutschen «Fehlergeographie». In: Dieter Cherubim (Hg.), *Fehlerlinguistik. Beiträge zum Problem der sprachlichen Abweichung.* Tübingen: Niemeyer. S. 94–105.

Long, Daniel, & Preston, Dennis R. (Hg.) (2002). *Handbook of Perceptual Dialectology,* Volume 2. Philadelphia: John Benjamins.

Macha, Jürgen (1991). *Der flexible Sprecher. Untersuchungen zu Sprache und Sprachbewußtsein rheinischer Handwerksmeister.* Köln: Böhlau.

MacLure, Maggie (1994). Home language and school language. *Encyclopedia of Language & Linguistics.* Oxford: Elsevier. S. 1593–1594.

MacSwann, Jeff (2000). The threshold hypothesis, semilingualism, and other contributions to a deficit view of linguistic minorities. *Hispanic Journal of Behavioral Sciences* 22;1: 3–45.

MacSwann, Jeff; Rolstad, Kellie, & Glass, Gene V. (2002). Do some school-age children have no language? Some problems of construct validity in the Pre-LAS Español. *Bilingual Research Journal* 26;2: 395–419.

Martin-Jones, Marily, & Romaine, Suzanne (1986). Semilingualism. A half-baked theory of communicative competence. *Applied Linguistics* 7;1: 26–38.

Mayr, Katharina; Mezger, Verena, & Paul, Kerstin (2010). Spracharbeit statt Strafarbeit. Zum Ausbau von Sprachkompetenz mit Kiezdeutsch im Unterricht. *IDV-Magazin* (Internationaler Deutschlehrerverband) 82: 159–187.

Mayr, Katharina; Schalowski, Sören, & Wiese, Heike (2011). Kiezdeutsch: Attitudes towards a German multiethnolect. Paper presented at

Mobility, Language, Literacy: An international conference examining transnational, translocal and global flows of people, language and literacy through the lens of social practice. AILA Research Networks on Language and Migration. Kapstadt, 18.–21. 1. 2011.

Meehan, Teresa (1991). It's like, ‹What's happening in the evolution of like?›: A theory of grammaticalization. *Kansas Working Papers in Linguistics* 16: 37–51.

Meinunger, André (2008). Sick of Sick? *Ein Streifzug durch die Sprache als Antwort auf den «Zwiebelfisch».* Berlin: Kadmos.

Meschko, Naimy (2009). Die Perzeption multiethnischer Jugendsprache. Staatsexamensarbeit, Universität Potsdam, Institut für Germanistik (Betreuerin: H. Wiese).

Milroy, James (1998). Language myth 8: «Children can't speak or write properly anymore». In: Laurie Bauer & Peter Trudgill (Hg.), *Language Myths.* London: Penguin. S. 58–65.

Milroy, Lesley, & Muysken, Pieter (Hg.) (1995). *One Speaker, Two Languages: Cross-disciplinary Perspectives on Code-switching.* Cambridge: Cambridge University Press.

Moseley, Christopher (Hg.) (2010). *Atlas of the World's Languages in Danger.* 3. Auflage. Paris: UNESCO Publishing.

Neuland, Eva (2008). *Jugendsprache. Eine Einführung.* Tübingen: Francke.

Neuland, Eva, & Volmert, Johannes (2009). «ächz – würg – grins»: Sprechen Jugendliche eine andere Sprache? *Der Deutschunterricht* 5: 53–61.

Niedzielski, Nancy A. (1999). The effect of social information on the perception of sociolinguistic variables. *Journal of Language and Social Psychology* 18;1· 1–18.

Niedzielski, Nancy A., & Preston, Dennis R. (2003). *Folk Linguistics.* Berlin, New York: Mouton de Gruyter [= Trends in Linguistics. Studies and Monographs 122].

Niedzielski, Nancy A., & Preston, Dennis R. (2009). Folk linguistics. In: Nikolas Coupland & Adam Jaworski (Hg.), *The New Sociolinguistics Reader.* Basingstoke: Palgrave Macmillan. S. 356–373.

Nistov, Ingvild; Opsahl, Toril, & Aarsæther, Finn (2007). Youth in multiethnic Oslo: their language practices and sense of belonging. Beitrag zu *International Symposium on Bilingualism* (ISB6), Universität Hamburg, 30. 5.–2. 6. 2007.

Nortier, Jacomine (2000). Street language in the Netherlands. In: Anna-Brita Stenström, Ulla-Britt Kotsinas, & Eli-Marie Drange (Hg.), *Ungdommers språkmøter.* Nord 20. Kopenhagen: Nordisk Ministerråd. S. 129–139.

Nortier, Jacomine (2001). «Fawaka, what's up?» Language use among adolescents in Dutch mono-ethnic and ethnically mixed groups. In: Anne Hvenekilde & Jacomine Nortier (Hg.), *Meetings at the Cross-*

roads. Studies of Multilingualism and Multiculturalism in Oslo and Utrecht. Oslo: Novus. S. 61–73.

Nortier, Jacomine (2008). Ethnolects? The emergence of new varieties among adolescents. *International Journal of Bilingualism* 12;1–2: 1–5.

OECD (2010). *PISA 2009 Ergebnisse: Was Schülerinnen und Schüler wissen und können: Schülerleistungen in Lesekompetenz, Mathematik und Naturwissenschaften* (Band 1). Bielefeld: Bertelsmann.

Oksaar, Els (1984). «Spracherwerb, Sprachkontakt, Sprachkonflikt» im Lichte individuumzentrierter Forschung. In: dies (Hg.), *Spracherwerb – Sprachkontakt – Sprachkonflikt.* Berlin, New York: de Gruyter. S. 243–266.

Önnerfors, Olaf (1997). *Verb-erst-Deklarativsätze. Grammatik und Pragmatik.* Stockholm: Almquist & Wiksell International [= Lunder germanistische Forschungen 60].

Pagliuca, William, & Mowrey, Richard (1979). The Buffalo vowel shuffle. Presentation to the New York State Council of Linguists at Cornell University, Ithaca, NY. [zitiert nach Wölck 2002].

Paul, Kerstin (2008). Grammatische Entwicklungen in multiethnischer Jugendsprache: Untersuchung zu Verwendungen und Funktionen von «so» in Kiezdeutsch. Staatsexamensarbeit, Universität Potsdam, Institut für Germanistik (Betreuerin: H. Wiese).

Paul, Kerstin; Freywald, Ulrike, & Wittenberg, Eva (2009). Kiezdeutsch goes school. A multi-ethnic variety of German from an educational perspective. *Journal of Linguistic and Intercultural Education* 2: 91–113.

Paul, Kerstin; Wittenberg, Eva, & Wiese, Heike (2010). «Da gibs so Billiardraum». The interaction of grammar and information structure in Kiezdeutsch. In: J. Normann Jørgensen (Hg.), *Vallah, Gurkensalat 4U & me! Current Perspectives in the Study of Youth Language.* Frankfurt: Peter Lang. S. 131–145.

Paulston, Christina Bratt (1983). *Swedish Research and Debate about Bilingualism.* Stockholm: National Swedish Board of Education.

Pfaff, Carol W. (1991). Turkish in contact with German: language maintenance and loss among immigrant children in Berlin (West). *International Journal of the Sociology of Language* 90: 97–129.

Pfaff, Carol W. (1994). Early bilingual development of Turkish children in Berlin. In: Guus Extra & Lodu T. Verhoeven (Hg.), *The Cross-linguistic Study of Bilingual Development.* North-Holland, Amsterdam: Koninklijke Nederlandse Akademie van Wetenschappen. S. 75–97.

Pinker, Steven (1994). *The Language Instinct.* New York: Morrow [deutsch: *Der Sprachinstinkt. Wie der Geist die Sprache bildet.* München: Kindler, 1996].

Polenz, Peter von (1963). *Funktionsverben im heutigen Deutsch. Sprache in der rationalisierten Welt.* Düsseldorf: Schwann [Beihefte zur Zeitschrift Wirkendes Wort 5].
Polenz, Peter von (1978). Funktionsverben, Funktionsverbgefüge und verwandte Vorschläge zur satzsemantischen Lexikographie. *Zeitschrift für germanistische Linguistik* 15: 169–189.
Polenz, Peter von (1983). Sozialgeschichtliche Aspekte der neueren deutschen Sprachgeschichte. In: Thomas Cramer (Hg.), *Literatur und Sprache im historischen Prozeß. Vorträge des Deutschen Germanistentages Aachen 1982. Band 2: Sprache.* Tübingen: Niemeyer. S. 3–21.
Polenz, Peter von (1994; 1999; 2000): Deutsche Sprachgeschichte vom Spätmittelalter bis zur Gegenwart. Band 1–3. Berlin, New York: de Gruyter.
Pollack, Reinhard (2010). *Kaum Bewegung, viel Ungleichheit. Eine Studie zu sozialem Auf- und Abstieg in Deutschland.* Herausgegeben von der Heinrich-Böll-Stiftung [Reihe Wirtschaft und Soziales, Band 5]. Berlin.
Poplack, Shana (2004). Code-Switching. In: Ulrich Ammon, Norbert Dittmar, Klaus J. Mattheier & Peter Trudgill (Hg.), *Sociolinguistics/Soziolinguistik.* 2., vollständig neu bearbeitete und erweiterte Auflage. Berlin, New York: de Gruyter [Handbücher zur Sprach- und Kommunikationswissenschaft/HSK 3;1]. S. 589–596.
Preston, Dennis R. (1989). *Perceptual Dialectology: Nonlinguists' Views of Areal Linguistics.* Dordrecht: Foris [Topics in Sociolinguistics 7].
Preston, Dennis R. (2002). Language with an attitude. In: Jack K. Chambers, Peter Trudgill & Natalie Schilling-Estes (Hg.), *The Handbook of Language Variation and Change.* Oxford: Blackwell. S. 40–66.
Preston, Dennis R. (Hg.) (1999). *Handbook of Perceptual Dialectology,* Volume 1. Philadelphia: John Benjamins.
Quist, Pia (2000). Ny københavnsk «multietnolekt». Om sprogbrug blandt unge i sprogligt og kulturelt heterogene miljøer. *Danske Talesprog* 1: 143–211.
Quist, Pia (2005). New speech varieties among immigrant youth in Copenhagen – a case study. In: Volker Hinnenkamp & Katharina Meng (Hg.), *Sprachgrenzen überspringen. Sprachliche Hybridität und polykulturelles Selbstverständnis.* Tübingen: Narr [= Studien zur deutschen Sprache 32]. S. 145–161.
Quist, Pia (2008). Sociolinguistic approaches to multiethnolect: language variety and stylistic practice. *International Journal of Bilingualism* 12: 43–61.
Quist, Pia (2010). Untying the language – body – place connection: a study on linguistic variation and social style in a Copenhagen community of practice. In: Peter Auer & Jürgen Erich Schmidt (Hg.), *Lan-*

guage and Space. An International Handbook of Linguistic Variation. Vol.1: Theories and Methods. Berlin, New York: de Gruyter [Handbücher zur Sprach- und Kommunikationswissenschaft/HSK 30;1]. S. 632–648.
Rampton, Ben (1995). *Crossing. Language and Ethnicity among Adolescents.* London: Longman.
Rampton, Ben (2006). *Language in Late Modernity: Interaction in an Urban School.* Cambridge: Cambridge University Press.
Rampton, Ben (2010a). Social class and sociolinguistics. *Applied Linguistics Review:* 1–22.
Rampton, Ben (2010b). From ‹multi-ethnic adolescent heteroglossia› to ‹contemporary urban vernaculars›. Beitrag zum Sociolinguistics Symposium 18, University of Southampton, 1.–4. 9. 2010.
Regel, Stefanie (2010). Spracheinstellungen von Jugendlichen in multiethnischen Wohngebieten. Bachelorarbeit, Universität Potsdam, Institut für Germanistik (Betreuerin: H. Wiese).
Rehbein, Jochen (2001). Turkish in European societies. *Lingua e Stile* 36: 317–334.
Reitmajer, Valentin (1966). Schlechte Chancen ohne Hochdeutsch. *Muttersprache* 85;5: 310–324
Robins, Kevin (2000). Interrupting Identities: Turkey/Europe. In: Stuart Hall & Paul du Gay (Hg.), *Questions of Cultural Identity.* 5. Auflage. London: Sage. S. 61–68.
Rosenthal, Robert, & Jacobson, Leonore (1966). Teachers' expectancies: determinants of pupils' IQ gains. *Psychological Reports* 19: 115–118.
Rosenthal, Robert, & Jacobson, Lenore (1968). Pygmalion in the classroom. *Urban Review* 3;1: 16–20.
Ryan, Ellen Bouchard, & Giles, Howard (Hg.) (1982). *Attitudes Towards Language Variation.* London: Edward Arnold.
Ryan, Ellen Bouchard; Giles, Howard, & Sebastian, Richard J. (1982). An integrated perspective for the study of attitudes toward language variation. In: Ryan & Giles (Hg.) (1982): S. 1–19.
Sailaja, Pingali (2009). *Indian English.* Edinburgh University Press.
Schalowski, Sören; Freywald, Ulrike, & Wiese, Heike (2010). The ‹Vorfeld› in Kiezdeutsch: Analyses of the interplay between syntax and information structure. Vortrag auf der DGFS-Jahrestagung 2010 (Deutsche Gesellschaft für Sprachwissenschaft), AG 2 «Quirky Vorfeld Phenomena. Empirically-Driven Approaches to Theoretical Challenges» (Leitung: Philippa Cook und Felix Bildhauer), Humboldt-Universität zu Berlin, 23.–26. 2. 2010.
Schieffelin, Bambi B.; Woolard, Kathryn A., & Kroskrity, Paul V. (Hg.) (1998). *Language Ideologies: Practice and Theory.* Oxford University Press.

Schlobinski, Peter (1988). Berlin. In: Ulrich Ammon, Norbert Dittmar & Klaus J. Mattheier (Hg.), *Soziolinguistik/Sociolinguistics*. 2. Halbband. Berlin, New York: de Gruyter [= Handbücher zur Sprach- und Kommunikationswissenschaft/HSK 3.2]. S. 1258–1263.

Schlobinski, Peter; Kohl, Gaby, & Ludewigt, Irmgard (1993). *Jugendsprache: Fiktion und Wirklichkeit*. Opladen: Westdeutscher Verlag.

Schmidt, Thomas (2001). The transcription system EXMARaLDA: an application of the annotation graph formalism as the basis of a database of multilingual spoken discourse. In: Steven Bird, Peter Buneman & Mark Liberman (Hg.), *Proceedings of the IRCS Workshop on Linguistic Databases, Philadelphia*. S. 219–227.

Schmidt, Thomas, & Wörner, Kai (2005). Erstellen und Analysieren von Gesprächskorpora mit EXMARaLDA. *Gesprächsforschung* 6: 171–195.

Schneider, Jan Georg (2005). Was ist ein sprachlicher Fehler? Anmerkungen zu populärer Sprachkritik am Beispiel der Kolumnensammlung von Bastian Sick. *Aptum. Zeitschrift für Sprachkritik und Sprachkultur* 2: 154–177.

Schönfeld, Helmut (1992). Die Umgangssprache im 19. und 20. Jahrhundert. In: Joachim Schildt & Hartmut Schmidt (Hg.), *Berlinisch. Geschichtliche Einführung in die Sprache einer Stadt*. 2., bearbeitete Auflage. Berlin: Akademieverlag. Kap. 6.

Schroeder, Christoph (2007). Integration und Sprache. *APuZ* 22.23: 6–12.

Schroeder, Christoph, & Şimşeck, Yazgül (2010). Kontrastive Analyse Türkisch-Deutsch. In: Hans-Jürgen Krumm, Christian Fandrych, Britta Hufeisen & Claudia Riemer (Hg.), *Handbuch Deutsch als Fremd- und Zweitsprache* (Neubearbeitung). Berlin: Mouton de Gruyter [Handbücher zur Sprach- und Kommunikationswissenschaft/HSK 35]. S. 718–724.

Schroeder, Christoph, & Stölting, Wilfried (2005). Mehrsprachig orientierte Sprachstandsfeststellungen für Kinder mit Migrationshintergrund. In: Ingrid Gogolin, Ursula Neumann & Hans-Joachim Roth (Hg.), *Sprachstandsdiagnostik bei Kindern und Jugendlichen mit Migrationshintergrund*. Münster: Waxmann. S. 59–74.

Selting, Margret (1999). Kontinuität und Wandel der Verbstellung von ahd. *wanta* bis gwd. *weil*. Zur historischen und vergleichenden Syntax der weil-Konstruktionen. *Zeitschrift für germanistische Linguistik* 27: 167–204.

Selting, Margret; Auer, Peter; Barden, Birgit; Bergmann, Jörg; Couper-Kuhlen, Elizabeth; Günthner, Susanne; Meier, Christoph; Quasthoff, Uta; Schlobinski, Peter, & Uhmann, Susanne (1998). Gesprächsanalytisches Transkriptionssystem (GAT). *Linguistische Berichte* 173: 91–122.

Silverstein, Michael (1998). The uses and utility of ideology. A commentary. In: Schieffelin et al. (Hg.) (1998): S. 123–145.

Silverstein, Michael (2003). Indexical order and the dialectics of sociolinguistic life. *Language and Communication* 23: 193–229.

Simon, Horst J. (1998). «KinnanS Eahna fei heid gfrein.» – Über einen Typ von Verb-Erst-Aussagesätzen im Bairischen. In: Karin Donhauser & Ludwig M. Eichinger (Hg.), *Deutsche Grammatik – Thema in Variationen. Festschrift für Hans-Werner Eroms zum 60. Geburtstag.* Heidelberg: Winter [= Germanistische Bibliothek 1]. S. 137–153.

Simon, Horst J. (2008). Methodische Grundfragen zu einer Vergleichenden Syntax deutscher Dialekte. In: Karin Donhauser & Jean-Marie Valentin (Hg.), *Akten des XI. Internationalen Germanistenkongresses Paris 2005.* Bern u. a.: Lang. S. 59–70.

So, Man-Seob (1991). *Die deutschen Funktionsverbgefüge in ihrer Entwicklung vom 17. Jahrhundert bis zur Gegenwart. Eine sprachhistorische Untersuchung anhand von populärwissenschaftlichen Texten.* Trier: Wissenschaftlicher Verlag.

Speyer, Augustin (2008). Doppelte Vorfeldbesetzung im heutigen Deutsch und im Frühneuhochdeutschen. *Linguistische Berichte* 216: 455–485.

Steinig, Wolfgang (1980). Zur sozialen Bewertung sprachlicher Variation. In: Dieter Cherubim (Hg.), *Fehlerlinguistik. Beiträge zum Problem der sprachlichen Abweichung.* Tübingen: Niemeyer. S. 106–123.

Svendsen, Bente Ailin, & Røyneland, Unn (2008). Multiethnolectal facts and functions in Oslo, Norway. *International Journal of Bilingualism* 12;1–2: 63–83.

Szemerényi, Oswald (1989). *Einführung in die vergleichende Sprachwissenschaft.* 3.Auflage. Darmstadt: Wissenschaftliche Buchgesellschaft.

Tao, Jingning (1997). *Mittelhochdeutsche Funktionsverbgefüge. Materialsammlung, Abgrenzung und Darstellung ausgewählter Aspekte.* Tübingen: Niemeyer [Germanistische Linguistik 183].

Tertilt, Hermann (1996). *Turkish Power Boys. Ethnographie einer Jugendbande.* Frankfurt a. M.: Suhrkamp.

Torgersen, Eivind; Kerswill, Paul, & Fox, Sue (2006). Ethnicity as a source of changes in the London vowel system. In: Frans Hinskens (Hg.), *Language Variation – European Perspectives.* Amsterdam: Benjamins. S. 249–263.

Tracy, Rosemary (2006). Sprachmischung: Herausforderungen und Chancen für die Sprachwissenschaft. *Deutsche Sprache* 34: 44–58.

Tracy, Rosemary (2007). Wie viele Sprachen passen in einen Kopf? Mehrsprachigkeit als Herausforderung für Gesellschaft und Forschung. In:

Tanja Anstatt (Hg.), *Mehrsprachigkeit bei Kindern und Erwachsenen. Erwerb, Formen, Förderung.* Tübingen: Narr. S. 69–92.
Tracy, Rosemary (2009). Mehrsprachigkeit von Anfang an: Ergebnisse der Spracherwerbsforschung. Beitrag zur Konferenz *Sprache und Integration* (Organisation: Goethe-Institut in Zusammenarbeit mit dem Institut für Deutsche Sprache Mannheim, IDS), Berlin 18.–19. 9. 2009.
Trudgill, Peter (1992). *Introducing Language and Society.* London: Penguin.
Tsiplakides, Iakovos, & Keramida, Areti (2010). The relationship between teacher expectations and student achievement in the teaching of English as a foreign language. *English Language Teaching* 3;2: 22–26.
Uhmann, Susanne (1998). Verbstellungsvariation in weil-Sätzen: Lexikalische Differenzierung mit grammatischen Folgen. *Zeitschrift für Sprachwissenschaft* 17: 92–139.
Underhill, Robert (1988). Like is, like, focus. *American Speech* 63: 234–246.
Voeste, Anja (1999). *Varianz und Vertikalisierung: Zur Normierung der Adjektivdeklination in der ersten Hälfte des 18. Jahrhunderts.* Amsterdam: Rodopi [Amsterdamer Publikationen zur Sprache und Literatur].
Wegener, Heide (1993). «weil – das hat schon seinen Grund.» Zur Verbstellung in Kausalsätzen mit weil im gegenwärtigen Deutsch. *Deutsche Sprache* 21: 289–305.
Wehler, Hans-Ulrich (^{2}1989). *Deutsche Gesellschaftsgeschichte. Band 1: Vom Feudalismus des Alten Reiches bis zur Defensiven Modernisierung der Reformära: 1700–1815.* 2. Auflage. München: C. H. Beck.
Wells, John Christopher (1982). *Accents of English 3: Beyond the British Isles.* Cambridge: Cambridge University Press.
Wiese, Heike (2006). «Ich mach dich Messer»: Grammatische Produktivität in Kiez-Sprache. *Linguistische Berichte* 207: 245–273.
Wiese, Heike (2009). Grammatical innovation in multiethnic urban Europe: new linguistic practices among adolescents. *Lingua* 119: 782–806.
Wiese, Heike (2010). Kiezdeutsch. APuZ – *Aus Politik und Zeitgeschichte* 8: 33–38 [Themenband: «Sprache»]. Bundeszentrale für politische Bildung. [Außerdem als genehmigter Zweitabdruck im Rundbrief der Ontario Association of Teachers of German 2010,13;2: 11–16.]
Wiese, Heike (2011 a). The role of information structure in linguistic variation: Evidence from a German multiethnolect. In: Gregersen, Frans; Parrott; Jeffrey, & Quist, Pia (Hg.), *Language Variation – European Perspectives III.* Amsterdam: John Benjamins. S. 83–95.
Wiese, Heike (2011 b). Führt Mehrsprachigkeit zum Sprachverfall? Populäre Mythen vom «gebrochenen Deutsch» bis zur «doppelten Halb-

sprachigkeit» türkischstämmiger Jugendlicher in Deutschland. In: Şeyda Ozil, Michael Hofmann & Yasemin Dayıoğlu-Yücel (Hg.), *Türkisch-deutscher Kulturkontakt und Kulturtransfer. Kontroversen und Lernprozesse*. Göttingen: V & R unipress. S. 73–84.

Wiese, Heike (2011 c). *so* as a focus marker in German. *Linguistics* 49; 6: 782–806.

Wiese, Heike (2011 d). Ein neuer urbaner Dialekt im multiethnischen Raum: Kiezdeutsch. In: Dieter Läpple, Markus Messling & Jürgen Trabant (Hg.), *Stadt und Urbanität im 21. Jahrhundert*. Berlin: Kadmos.

Wiese, Heike (ersch.). «Funktionsverbgefüge». Erscheint in: Stefan Schierholz & Herbert Ernst Wiegand (Hg.), *Wörterbücher zur Sprach- und Kommunikationswissenschaft* (WSK). Berlin, New York: de Gruyter.

Wiese, Heike, & Duda, Sibylle (2012). A new German particle ‹gib(t)s›: The dynamics of a successful cooperation. In: Katharina Spalek, Juliane Domke & Patrick Grommes (Hg.), *Erwerb und Kontext: Beiträge zu sprachlichen Vergleichen, Varietäten, Variationen*. Tübingen: Stauffenburg.

Wiese, Heike; Freywald, Ulrike, & Mayr, Katharina (2009). *Kiezdeutsch as a Test Case for the Interaction Between Grammar and Information Structure*. Potsdam: Universitätsverlag [= Interdisziplinäre Studien zur Informationsstruktur (ISIS). Arbeitspapier 12 des SFB 632 «Informationsstruktur»].

Wiese, Heike; Freywald, Ulrike; Schalowski, Sören, & Mayr, Katharina (2012). Das KiezDeutsch-Korpus. Spontansprachliche Daten Jugendlicher aus urbanen Wohngebieten. Universität Potsdam (*eingereicht*).

Wilburn Robinson, Deborah (1998). The cognitive, academic, and attitudinal benefits of early language learning. In: Myriam Met (Hg.), *Critical Issues in Early Language Learning*. Reading, MA: Scott Foresman-Addison Wesley. S. 37–43.

Wittenberg, Eva, & Paul, Kerstin (2009). «Aşkım, Baby, Schatz …». Anglizismen in einer multiethnischen Jugendsprache. In: Falco Pfalzgraf (Hg.), *Englischer Sprachkontakt in den Varietäten des Deutschen*. Frankfurt a. M.: Peter Lang. S. 95–122.

Wölck, Wolfgang (2002). Ethnolects – between bilingualism and urban dialect. In: Li Wei, Jean-Marc Dewaele & Alex Housen (Hg.), *Opportunities and Challenges of Bilingualism*. Berlin, New York: Mouton de Gruyter [Contributions to the Sociology of Language]. S. 157–170.

Woolard, Kathryn A. (1998). Introduction. Language ideology as a field of inquiry. In: Bambi B. Schieffelin, Kathryn A. Woolard & Paul V. Kroskrity (Hg.), *Language Ideologies. Practice and Theory*. New

York, Oxford: Oxford University Press [Oxford Studies in Anthropological Linguistics 16]. S. 3–47.

Zaimoğlu, Feridun (1995). *Kanak Sprak. 24 Mißtöne vom Rande der Gesellschaft.* Berlin: Rotbuch.

Zifonun, Gisela (2003). *Dem Vater sein Hut.* Der Charme des Substandards und wie wir ihm gerecht werden können. *Deutsche Sprache* 31: 97–126.

Zifonun, Gisela; Hoffmann, Ludger, & Strecker, Bruno (1997). *Grammatik der deutschen Sprache.* Berlin, New York: de Gruyter.

Bildnachweis

Sofern nicht anders angegeben, entstammen die Abbildungen dem Archiv der Verfasserin.

S. 91: Evangelienharmonie des Tatian, Stiftsbibliothek St. Gallen, Cod. Sang. 56, S. 365.
S. 162/163: Monitoring Soziale Stadtentwicklung Berlin 2010, Senatsverwaltung für Stadtentwicklung Berlin.
S. 166: © Spiegel-Verlag Rudolf Augstein GmbH & Co. KG.
S. 216: «Tiger Kreuzberg» Serkan Cetinkaya, Fotografie © Murat Ünal, Desire Media

Glossar zu einigen Fachbegriffen im Buch

Akzeptanztest: Test, bei dem Sprachbenutzer/innen Sätze oder Phrasen danach beurteilen, wie akzeptabel sie sie finden («Wie gut klingt der Satz für dich?»/«Könntest du so etwas auch sagen?»/«Hast du so etwas schon einmal gehört?»). So können auch umgangssprachliche Beispiele getestet werden, die bei einer Beurteilung als «richtig/grammatisch» vs. «falsch/ungrammatisch» abgelehnt würden.
Code-Switching: Wechsel zwischen Sprachen oder Sprachvarietäten; folgt systematischen grammatischen und diskursrelevanten Regeln und wird von bilingualen Sprecher/inne/n gezielt in mehrsprachigen Gesprächssituationen eingesetzt (vgl. Auer 1998, Poplack 2004). [→ Abschnitt 6.6]
Dialekt: Varietät einer Sprache mit Eigenheiten in Grammatik, Wortschatz und Aussprache, die sie von anderen Varietäten unterscheiden; kann mit einem bestimmten geographischen Gebiet («Regiolekt») und/oder einer bestimmten sozialen Klasse oder Statusgruppe («Soziolekt») assoziiert sein (vgl. Trudgill 1992:23). [→ Abschnitt 5.1]
epistemisches «weil»: Verwendung von «weil», die den Grund anzeigt, aus dem der Sprecher von etwas überzeugt ist; wird mit Verb-zweit-Stellung verwendet. Z. B. «Der Hausmeister ist schon gegangen, weil sein Anorak hängt da nicht mehr am Haken», bedeutet in etwa: «Ich bin davon überzeugt, dass der Hausmeister schon gegangen ist, weil ich sehe, dass sein Anorak nicht mehr am Haken hängt.» [→ Abschnitt 2.1]
Ethnolekt: Sprechweisen, die typisch für Sprecher/innen einer bestimmten Herkunft sind, die ursprünglich eine andere Sprache oder Varietät gesprochen haben (Clyne 2000:86), zum Beispiel Ethnolekte deutscher und polnischer Einwanderer in den USA oder türkische und arabische Ethnolekte in Deutschland. [→ Abschnitt 2.3]
Fokus: wichtige, neue Information, die man in einem Satz besonders hervorheben will; kann durch die Anzeige von Alternativen charakterisiert werden. Z. B. «Ich fahre mit Karen *nach Baltrum* (nicht nach Island)»: Fokus auf «nach Baltrum»; vs. «Ich fahre *mit Karen* (nicht mit Kai) nach Baltrum»: Fokus auf «mit Karen» (vgl. etwa Krifka 2006, Lambrecht 1994). [→ Abschnitt 3.7]
Fokusausdruck: Teil eines Satzes, der das bezeichnet, was im Fokus ist; zum Beispiel der Ausdruck «Karen» in «Ich besuche *Karen*» (im Gegensatz zu der Person selbst). [→ Abschnitt 3.8]
Fokusmarker: Wort, das die Funktion hat, den Fokusausdruck eines Satzes anzuzeigen, zum Beispiel «so» in «Das sind so *Scheinkämpfe*.» [→ Abschnitt 3.8]

Funktionsverbgefüge: Verbindungen wie «Angst haben», «Schluss machen» oder «zur Aufführung bringen», aus Verben mit Nominalgruppen (z.T. mit Präposition), in denen das Nomen die Hauptbedeutung beiträgt und grammatisch reduziert ist (fester oder kein Artikel, fester Numerus), während das Verb in erster Linie für die grammatische Einbettung zuständig ist und semantisch gebleicht ist, das heißt kaum noch Bedeutung beiträgt (vgl. von Polenz 1963, 1978; Wiese ersch.). [→ Abschnitt 3.6]

Funktionswort: Ausdruck, der anders als ein Inhaltswort keine lexikalische Bedeutung beiträgt, sondern in erster Linie eine grammatische Funktion erfüllt, zum Beispiel *zu* in «Sie glaubt zu träumen» (= Anzeige eines Infinitivs) oder *dass* in «Ich weiß, dass sie träumt» (= Anzeige eines Nebensatzes). [→ Abschnitt 3.8]

Hochdeutsch: Bezeichnung für hochdeutsche Dialekte (zum Beispiel Bairisch, Schwäbisch, Sächsisch), die in den geographisch höher gelegenen Regionen gesprochen werden; im Gegensatz zu den niederdeutschen/plattdeutschen Dialekten (zum Beispiel Westfälisch, Niedersächsisch, Mecklenburgisch-Vorpommersch); im allgemeinen Sprachgebrauch oft als Bezeichnung für das Standarddeutsche verwendet [→ Abschnitte 2.1, 3.2].

ideologische Verbundenheit mit dem Standard: Umstand, dass Sprecher/innen die Standardsprache als «bessere» Varietät ansehen gegenüber Dialekten, umgangssprachlichen Registern und Stilen etc. (vgl. Silverstein 1998). [→ Abschnitt 5.3]

Informationsstruktur: Art und Weise, wie die Information in einer Äußerung verpackt wird, zum Beispiel durch unterschiedliche Wortstellung in einem Satz, unterschiedliche Wahl der Betonung etc. (vgl. Chafe 1976, Lambrecht 1994, Féry et al. 2006). [→ Abschnitt 3.7]

Klitisierung: Vorgang, bei dem ein Ausdruck verkürzt und mit dem vorhergehenden oder nachfolgenden Wort verbunden wird («Anlehnung»), zum Beispiel «gehst du» zu «gehste» oder «es war» zu «s war». [→ Kapitel 3.4]

Koronalisierung: Ersetzung des weichen *ch*, des sogenannten ich-Lautes [ç], durch *sch* [ʃ] bzw. durch einen Laut zwischen *ch* und *sch* [ç], so dass der Zungenkranz («Corona») stärker an der Aussprache beteiligt ist (vgl. Herrgen 1986). [→ Abschnitt 2.2]

Linguistic Insecurity: Umstand, dass Sprecher/innen von Dialekten mit niedrigem Sozialprestige dazu tendieren, ihren eigenen Sprachgebrauch für schlecht oder falsch zu halten, unabhängig von seiner grammatischen Systematik (vgl. Labov 1966). [→ Abschnitt 5.3]

Moralpanik (von engl. *Moral Panic*): überproportionale, intensiv feindselige Reaktionen auf etwas (Handlungen, Personen, Ansichten), das als Bedrohung der bestehenden sozialen Ordnung empfunden wird, mit intensivem öffentlichen Interesse. Beispiele aus der Geschichte sind etwa Hexenverfolgungen, neuere Beispiele sind bestimmte Moralpaniken gegenüber männlichen Jugendlichen aus niedrigen sozialen Schichten (vgl. Cohen ³2002). [→ Abschnitt 8.3]

Multiethnolekt: sprachliche Varietät, die von Sprecher/inne/n unterschiedlicher Herkunft, das heißt über einzelne Ethnien hinweg, gesprochen wird (Quist 2000). [→ Abschnitt 4.2]

Nominalphrase, Nominalgruppe: Nomen mit seinen möglichen Erweiterungen.

Nordwesteuropäisches Türkisch: Varietät des Türkischen, die sich in Folge von Migration unter Sprecher/inne/n türkischer Herkunft in Nordwesteuropa entwickelt hat (vgl. Boeschoten 1990). [→Abschnitt 6.6]

Partikel: in der Sprachwissenschaft Ausdruck für ein festes, nicht veränderliches/unflektiertes Wort: *die Partikel*, Plural *Partikeln* (im Gegensatz zu *das/der Partikel*, Plural *die Partikel*, in der Physik Bezeichnung für kleine Festkörper) [→Abschnitt 3.5]

Quotativmarker: Ausdruck zur Markierung von Zitaten; im Deutschen zum Beispiel *so*, kann vor oder nach dem Zitat stehen («Ich dann so: ‹Was ist denn hier los?›»/«‹Wir müssen das auf die Agenda setzen›, so die Kanzlerin.») (vgl. Golato 2000, Wiese 2011c). [→ Abschnitt 3.8]

«restringierter Code»: eingeschränkte Sprechweise; in den 1960/70ern wurde dies z. T. Sprecher/inne/n schwächerer sozialer Schichten zugeordnet (eine Auffassung, die dann in zahlreichen Studien widerlegt wurde), damals Gegenüberstellung zum angeblich «elaborierten» Sprachgebrauch bildungsnaher Schichten. [→ Abschnitt 6.6]

Schulsprache: Sprachgebrauch in der Schule, auch «Bildungssprache» oder «Cognitive-academic language proficiency» (Cummins 1979); besondere Sprachform, die relativ nah am Sprachgebrauch der Mittelschicht ist, jedoch in charakteristischer Weise verwendet wird, die alltagssprachlich unpassend wäre und konzeptionell eher schriftlich ist (vgl. Cathomas 2005; Schroeder 2007). [→ Abschnitt 6.6]

semantische Bleichung: Verlust an Bedeutung, zum Beispiel bei Verben in Funktionsverbgefügen gegenüber ihrer Verwendung als Vollverb (zum Beispiel *haben* als Vollverb mit der Bedeutung «besitzen» in «Ich habe einen neuen Hut» vs. *haben* als Funktionsverb in «Ich habe Angst»).

Sprachkorpus: linguistisch aufbereitete Sammlung mündlicher oder schriftlicher Sprachdaten (Sätze, Texte, Dialoge).

sprachlicher Mythos: gesellschaftlich etablierte, aber sachlich nicht begründete Ansichten, die nicht auf sprachlichen Fakten (Erkenntnissen zu Sprachsystem, Sprachverwendung, Sprachentwicklung, Sprachvariation, Sprachrepertoire etc.) beruhen.

Sprachrepertoire: unterschiedliche Sprachen, Dialekte, Register, Stile, die einem Sprecher/einer Sprecherin zur Verfügung stehen und aus denen er/sie je nach kommunikativer Situation auswählt.

SVO-Abfolge: Wortstellung, bei der die Reihenfolge «Subjekt – Verb – Objekt» eingehalten wird (zum Beispiel im Englischen, etwa «She$_{SUBJEKT}$ likes$_{VERB}$ him$_{OBJEKT}$»/«Now she$_{SUBJEKT}$ likes$_{VERB}$ him$_{OBJEKT}$»/«I know that she$_{SUBJEKT}$ likes$_{VERB}$ him$_{OBJEKT}$»).

Topik: das, um das es in einer Unterhaltung aktuell geht; die Adresse, unter der die jeweilige Information abgespeichert werden soll. Zum Beispiel ist nach einem Kontext «Kai mag ich sehr gerne» in dem weiterführenden Satz «Er kommt morgen zu uns» das Topik Kai (identifiziert durch «er») (vgl. etwa Krifka 2006, Lambrecht 1994). [→ Abschnitt 3.7]

Verb-erst-Stellung: Wortstellung, bei der das finite Verb an erster Position im Satz steht, zum Beispiel «Singt er morgens in der Dusche?», «Ärger dich doch nicht!» oder «Kommt ein Mann zum Arzt.» [→ Abschnitte 3.6, 3.7]

Verb-letzt-Stellung: Wortstellung, bei der das finite Verb an letzter Position im Satz steht, zum Beispiel «(Ich weiß nicht,) ob er in der Dusche singt.» oder «Dass du mir aber nicht so laut singst!» [→ Abschnitt 3.7]

Verb-zweit Stellung: Wortstellung, bei der genau eine Konstituente vor dem finiten Verb steht, zum Beispiel «Er singt morgens in der Dusche», «Morgens singt er in der Dusche» oder «(Ich kann ihn fragen,) denn er kommt gleich vorbei.» [→ Abschnitt 3.7]

Verschriftlichung: schriftliche Wiedergabe, die vom Standard-Schriftdeutschen abweichen und zum Beispiel Merkmale gesprochener Sprache wiedergeben kann (zum Beispiel «Ich sags ihm, ähm, morgn.»).

Vorfeld: Position am Satzanfang vor dem finiten Verb in Verb-zweit-Sätzen, zum Beispiel die Position von «er» in «Er singt morgens in der Dusche.» Im Deutschen häufig genutzt für Topikausdrücke und für Rahmensetzer (= z. B. Adverbiale wie *morgen*, *danach*, die den Rahmen für das Satzgeschehen angeben). [→ Abschnitt 3.7]

«wir/sie»-Dichotomie: Trennung von Menschen in zwei Gruppen, zur Abgrenzung der eigenen Gruppe («wir») gegenüber den als außenstehend empfundenen, negativ besetzten Anderen («sie»). [→ Abschnitt 8.3]

Anhang 1: Der Kiezdeutsch-Test

Wie gut ist Ihr Kiezdeutsch schon? 7 Fragen zum Selbsttest!
Überlegen Sie immer, welcher Satz besser passt: a oder b?
Die Antworten finden Sie am Ende.

1.
Zwei Jugendliche sind auf dem Ku'damm unterwegs, um einzukaufen. Sie beschließen, zuerst in einen CD-Laden zu gehen.
   Einer von beiden sagt:
a. «'Ne Hose ich will danach noch kaufen.»
b. «Danach ich will noch 'ne Hose kaufen.»

2.
Martin berichtet seinem Kumpel von einem Gespräch mit einem anderen Freund, der eine Lüge über ihn verbreitet hat. Der kann das nicht glauben.
   Martin bestätigt:
a. «Wallah – das hat er gesagt!»
b. «Das hat er wallah gesagt!»

3.
Melisa ist mit ihrer Freundin beim Einkaufsbummel und will noch in ein Schuhgeschäft gehen.
   Sie erklärt:
a. «Ich such so schwarze Sneakers.»
b. «Ich so such schwarze Sneakers.»

4.
Zwei Freundinnen laufen durch Kreuzberg und treffen eine dritte Freundin, die sich ihnen später anschließen will und deshalb fragt, wo sie noch hingehen.

Sie antworten:
a. «Wir gehen nachher noch Sarah.»
b. «Wir gehen nachher noch Görlitzer Park.»

5.
Auf dem Schulhof sieht Mehmet seinen Kumpel vorbeilaufen und will ihn zu sich rufen, um mit ihm zu reden.
Er ruft:
a. «Ey, komm mal her, lan!»
b. «Ey, komm mal, lan, her!»

6.
Lena will mit ihren beiden Freundinnen auf ein Konzert gehen und wartet auf sie am Eingang zum Stadion. Als die beiden ankommen, sagen sie, dass sie noch keine Eintrittskarten haben, und überlegen, wo die Kasse ist.
Lena hat schon eine Karte gekauft und sagt:
a. «Ich weiß, wo die Karten gibs.»
b. «Ich weiß, wer euch die Karten gibs.»

7.
Devins Mutter hat ihre Brille verlegt. Devin hat sie grade noch im Wohnzimmer gesehen, aber dort ist sie nicht mehr.
Er sagt:
a. «Die lag eben noch auf dem kleinen Tisch. Ischwör, lan!»
b. «Die lag eben noch auf dem kleinen Tisch. Wirklich!»

Auflösung zum Kiezdeutsch-Test

Wie gut ist Ihr Kiezdeutsch schon? Hier finden Sie die Lösungen!

1.
Zwei Jugendliche sind auf dem Ku'Damm unterwegs, um einzukaufen. Sie beschließen, zuerst in einen CD-Laden zu gehen.
  Einer von beiden sagt:
   a. «'Ne Hose ich will danach noch kaufen.»
→ b. «Danach ich will noch 'ne Hose kaufen.»
1 b ist besser: In Kiezdeutsch können in Aussagesätzen am Satzanfang noch Adverbiale des Ortes oder der Zeit (– in dem Beispiel: «danach») vor dem Subjekt stehen, nicht aber Objekte («'ne Hose»). Sätze können also die Form haben: *Adverbial – Subjekt – Verb – (Objekte)*. Das Adverbial gibt dabei typischerweise Ort oder Zeit des Geschehens an, es ist ein sogenannter Rahmensetzer. Das Subjekt liefert typischerweise das «Topik» des Geschehens, das heißt das, um das es in der Aussage geht.

2.
Martin berichtet seinem Kumpel von einem Gespräch mit einem anderen Freund, der eine Lüge über ihn verbreitet hat. Der kann das nicht glauben.
  Martin bestätigt:
→ a. «Wallah – das hat er gesagt!»
   b. «Das hat er wallah gesagt!»

2 a ist besser: In Kiezdeutsch ist *wallah* (aus arabisch «bei Allah») ein neues Fremdwort, das eine ähnliche Bedeutung hat wie das jugendsprachliche *echt* und ebenso zur Bekräftigung dient. Anders als *echt* steht *wallah* als reguläre Bekräftigungspartikel immer vor oder nach einem Satz, aber nicht im Mittelfeld des Satzes.

3.
Melisa ist mit ihrer Freundin beim Einkaufsbummel und will noch in ein Schuhgeschäft gehen.
  Sie erklärt:
  → a. «Ich such so schwarze Sneakers.»
   b. «Ich so such schwarze Sneakers.»

3 a ist besser: Die Partikel *so* kann in Kiezdeutsch (und auch in anderen Varianten informeller Sprache) als Fokusmarker verwendet werden, das heißt sie markiert den Teil des Satzes, in dem die besonders hervorgehobene, neue Information steht. In dem Beispiel ist das «schwarze Sneakers», nicht «suchen»; daher muss *so* bei «schwarze Sneakers» stehen.

4.
Zwei Freundinnen laufen durch Kreuzberg und treffen eine dritte Freundin, die sich ihnen später anschließen will und deshalb fragt, wo sie noch hingehen.
  Sie antworten:
   a. «Wir gehen nachher noch Sarah.»
  → b. «Wir gehen nachher noch Görlitzer Park.»

4 b ist besser: In Kiezdeutsch können Orts- und Zeitangaben als bloße Nominalphrasen, ohne Präposition und Artikel, stehen («Görlitzer Park» statt «zum Görlitzer Park»). Dies gilt aber nicht für Eigennamen, die sich auf Personen beziehen («Sarah»).

5.
Auf dem Schulhof sieht Mehmet seinen Kumpel vorbeilaufen und will ihn zu sich rufen, um mit ihm zu reden.
Er ruft:
→ **a.** «Ey, komm mal her, lan!»
  b. «Ey, komm mal, lan, her!»

5 a ist besser: In Kiezdeutsch ist *lan* (aus türkisch «Mann»/«Typ») ein neues Fremdwort, das so ähnlich gebraucht wird wie das jugendsprachliche «Alter», das heißt als Anredeform, die auch Äußerungsgrenzen markiert. Entsprechend kann es vor oder nach einem Satz stehen, aber nicht im Mittelfeld des Satzes (= nicht vor «her»).

6.
Lena will mit ihren beiden Freundinnen auf ein Konzert gehen und wartet auf sie am Eingang zum Stadion. Als die beiden ankommen, sagen sie, dass sie noch keine Eintrittskarten haben, und überlegen, wo die Kasse ist.
Lena hat schon eine Karte gekauft und sagt:
→ **a.** «Ich weiß, wo die Karten gibs.»
  b. «Ich weiß, wer euch die Karten gibs.»

6 a ist besser: In Kiezdeutsch kann man die Form *gibs* (aus «gibt's») als Existenzpartikel verwenden, das heißt als festen Ausdruck, der anzeigt, dass etwas existiert. Das gilt aber nur für *gibs* aus «gibt's» in der Bedeutung von «existieren», nicht aus «geben» im Sinne von «überreichen». Deshalb kann es im zweiten Satz nur heißen «Ich weiß, wer euch die Karten gibt.»

7.
Devins Mutter hat ihre Brille verlegt. Devin hat sie grade noch im Wohnzimmer gesehen, aber dort ist sie nicht mehr.
Er sagt:

    a. «Die lag eben noch auf dem kleinen Tisch. Ischwör, lan!»

→ **b.** «Die lag eben noch auf dem kleinen Tisch. Wirklich!»

7 b ist besser: Kiezdeutsch verwenden Jugendliche, wenn sie untereinander sind, aber nicht gegenüber Außenstehenden wie zum Beispiel ihren Eltern. Zur Bekräftigung würde man deshalb gegenüber seiner Mutter so etwas wie «Wirklich!» sagen, aber nicht «Ischwör, lan!»

Anhang 2:

Gemeinsame Stellungnahme von Wissenschaftler/inne/n sprachwissenschaftlicher Forschungseinrichtungen zum Mythos der «doppelten Halbsprachigkeit» (Pressemitteilung von 2011)

Die sogenannte Doppelte Halbsprachigkeit: eine sprachwissenschaftliche Stellungnahme

In der öffentlichen Diskussion, gerade auch in bildungspolitischen Kontexten, findet man in letzter Zeit häufig die Aussage, Kinder, die mit zwei Sprachen aufwüchsen, entwickelten oft eine «doppelte Halbsprachigkeit», das heißt sie könnten keine der beiden Sprachen «richtig» sprechen.

Für eine solche Annahme gibt es keine sachliche Grundlage: Die sogenannte doppelte Halbsprachigkeit ist ein populärer Mythos, der auf einer Fehleinschätzung von Sprache und sprachlicher Vielfalt beruht. Er gibt eher die soziale Bewertung – genauer: Abwertung – eines bestimmten Sprachgebrauchs wieder als sprachliche oder grammatische Fakten.

Aus der sprachwissenschaftlichen Forschung wissen wir:

- Das Aufwachsen mit zwei oder auch mehr Sprachen stellt kein Problem für Kinder dar. Mehrsprachigkeit von Kindesbeinen an ist der Normalfall in menschlichen Gesellschaften: Die Mehrheit der Menschen ist heute mehrsprachig. Ein Aufwachsen mit nur einer Sprache ist die Ausnahme, nicht die Norm.
- Mehrsprachige Kinder verhalten sich nicht wie «doppelt einsprachige» Kinder. Sie haben ein besonderes Sprachprofil, bei dem die beiden Sprachen unterschiedliche Speziali-

sierungen haben können – etwa eine Sprache für den informellen und familiären Bereich, eine für den stärker formellen öffentlichen Bereich. Sie zeigen oft einen innovativeren Umgang mit Sprache, zum Beispiel durch Sprachspiele, den Wechsel von einer Sprache in die andere, neue Fremdwörter oder grammatische Neuerungen. Die mehrsprachige Situation macht Kinder kommunikativ versierter und flexibler und kann ihnen das Lernen von Fremdsprachen erleichtern.

– Sprache tritt in vielen Varianten auf (zum Beispiel informelle Umgangssprache, Jugendsprachen, Dialekte, Sprechen in formellen Kontexten, Schriftsprache). Wir alle beherrschen nicht nur eine Variante, sondern besitzen ein sprachliches Repertoire, aus dem wir je nach Situation gezielt auswählen (zum Beispiel Umgangssprache oder SMS mit Freunden, formelleres Sprechen in einer Behörde, Schriftsprache in einem förmlichen Brief). Der Sprachgebrauch unterscheidet sich auch nach sozialen Schichten, das heißt in unterschiedlichen sozialen Schichten können sich auch unterschiedliche sprachliche Varianten entwickeln.

– Grammatische Eigenheiten von Dialekten und anderen sprachlichen Varianten werden in der öffentlichen Wahrnehmung oft als «Fehler» missverstanden. Dies ist besonders dann der Fall, wenn eine Variante typisch für Sprecher niedriger sozialer Schichten ist. Das Standarddeutsche (das sogenannte Hochdeutsch) ist aber nur eine von vielen Varianten des Deutschen. Es besitzt zwar ein besonderes *soziales* Prestige, ist jedoch nicht grammatisch «besser» als andere Varianten. Eine Konstruktion wie «meiner Mutter ihr Hut», die in vielen deutschen Dialekten möglich ist, ist grammatisch gesehen eher komplexer als die Standardform «der Hut meiner Mutter». In der Umgangssprache kann ich in Sätzen wie «Sie will so mit Paul telefonieren» durch «so» die wichtige, neue Information im Satz kennzeichnen; etwas, das ich im Standarddeutschen nur durch Betonung verdeutlichen kann. In Kiezdeutsch eröffnen Sätze wie «Danach ich fahre zu meinem Vater» eine zusätzliche Möglichkeit, Informationen zu verpacken, die wir im Standarddeutschen nicht haben – die Zeitangabe («danach»), die den Rahmen für das Geschehen liefert, kann hier gemeinsam mit dem Subjekt («ich») am Anfang stehen. Diese grammatische Möglichkeit ist dem Deutschen nicht fremd, es gab sie schon einmal auf früheren Sprachstufen. Im Laufe der Sprachgeschichte ist sie verloren gegangen und lebt nun in Kiezdeutsch wieder auf.

– Die Kompetenz in der Standardsprache soll nach wie vor ein schulisches Ziel bleiben. Dies zwingt aber keineswegs, gegen neue urbane Dialekte und Jugendsprachen vorzugehen, die so reich und bunt sind wie andere deutsche Dialekte auch. In vielen Gegenden Deutschlands, in denen der Dialektgebrauch noch stark ausgeprägt ist, kann man mit dieser Situation gut leben. Baden-Württemberg wirbt sogar damit, dass man «alles außer Hochdeutsch kann». Dialektgebrauch muss keineswegs in eine wirtschaftliche Benachteiligung münden.

– Die Sprache der Schule, die auf dem Standarddeutschen aufbaut, ist besonders nah am Sprachgebrauch der Mittelschicht. Kinder aus anderen sozialen Schichten, und zwar einsprachige ebenso wie mehrsprachige Kinder, schneiden daher zum Beispiel im «Deutsch»-Test regelmäßig schlechter ab: Sie sind mit dem Standarddeutschen der Mittelschicht weniger vertraut. Zu ihren sprachlichen Kompetenzen gehören jedoch auch Kompetenzen in anderen Varianten als dem Standarddeutschen (und ebenso zum Beispiel im Standardtürkischen). Dies bedeutet daher nicht, dass diese Kinder «halbsprachig» sind oder «keine Sprache richtig» sprechen können. Es bedeutet, dass ihre Kompetenzen *in der Standardsprache der Schule* noch gefördert werden müssen. Eine solche Förderung kann aber nur dann erfolgreich sein, wenn wir die sprachlichen Kompetenzen von Kindern objektiv würdigen und uns nicht den Blick durch Fehleinschätzungen wie der der «doppelten Halbsprachigkeit» verstellen lassen.

Prof. Dr. Heike Wiese, Prof. Dr. Christoph Schroeder,
Zentrum für Sprache, Variation und Migration, Universität Potsdam

Prof. Dr. Malte Zimmermann,
Sonderforschungsbereich «Informationsstruktur», Universität Potsdam und Humboldt-Universität zu Berlin

Prof. Dr. Manfred Krifka,
Zentrum für Allgemeine Sprachwissenschaft, Berlin

Prof. Dr. Christoph Gabriel,
Sonderforschungsbereich «Mehrsprachigkeit», Universität Hamburg

Prof. Dr. Ingrid Gogolin,
Kompetenzzentrum Förderung von Kindern und Jugendlichen mit Migrationshintergrund und Landesexzellenzcluster «Linguistic Diversity Management in Urban Areas», Universität Hamburg

Prof. Dr. Wolfgang Klein,
Max-Planck-Institut für Psycholinguistik, Nijmegen

Prof. Dr. Bernard Comrie, Prof. Dr. Michael Tomasello,
Max-Planck-Institut für Evolutionäre Anthropologie, Leipzig; Abteilungen für Sprachwissenschaft und für vergleichende und Entwicklungspsychologie

Deutsch ist vielseitig (Foto: S. Zandi)

Aus dem Verlagsprogramm

Guy Deutscher
Im Spiegel der Sprache
Warum die Welt in anderen Sprachen anders aussieht
4. Auflage 2011. 320 Seiten. Gebunden

«Ich spreche Spanisch zu Gott, Italienisch zu den Frauen, Französisch zu den Männern und Deutsch zu meinem Pferd.» Die scherzhafte Vermutung Karls V., dass verschiedene Sprachen nicht in allen Situationen gleich gut zu gebrauchen sind, findet wohl auch heute noch breite Zustimmung. Doch ist sie aus sprachwissenschaftlicher Sicht haltbar?

Sind alle Sprachen gleich komplex, oder ist Sprache ein Spiegel ihrer kulturellen Umgebung – sprechen «primitive» Völker «primitive» Sprachen? Und inwieweit sieht die Welt, wenn sie «durch die Brille» einer anderen Sprache gesehen wird, anders aus? Das neue Buch des renommierten Linguisten Guy Deutscher ist eine sagenhafte Reise durch Länder, Zeiten und Sprachen.

Mitreisende werden nicht nur mit einer glänzend unterhaltsamen Übersicht der Sprachforschung, mit humorvollen Highlights, unerwarteten Wendungen und klugen Antworten belohnt. Sie vermeiden auch einen Kardinalfehler, dem Philologen, Anthropologen und – wer hätte das gedacht – auch Naturwissenschaftler allzu lange aufgesessen sind: die Macht der Kultur zu unterschätzen.

Guy Deutscher ist in Tel Aviv aufgewachsen und hat Mathematik und Linguistik in Cambridge studiert. Er ist Professor für Linguistik an der Universität Manchester.

«Guy Deutscher erfindet die Sprachwissenschaft neu.»
Thomas Steinfeld, Süddeutsche Zeitung

«… nicht nur verständlich, sondern auch äußerst amüsant»
Ulrich Greiner, Die Zeit

Sprache bei C.H.Beck

Sven Siedenberg
Lost in Laberland
Neuer Unsinn in der deutschen Sprache
2010. 160 Seiten. Paperback
Beck'sche Reihe Band 1969

Hans Ulrich Schmid
Die 101 wichtigsten Fragen: Deutsche Sprache
2010. 159 Seiten mit 5 Abbildungen. Paperback
Beck'sche Reihe Band 7030

Thorsten Roelcke
Geschichte der deutschen Sprache
2009. 128 Seiten. Paperback
C.H.Beck Wissen in der Beck'schen Reihe Band 2480

Klaus Mackowiak
Die 101 häufigsten Fehler im Deutschen
und wie man sie vermeidet
3., aktualisierte, neu bearbeitete und erweiterte Auflage.
2008. 224 Seiten. Paperback
Beck'sche Reihe Band 1667

Nabil Osman
Kleines Lexikon untergegangener Wörter
Wortuntergang seit dem Ende des 18. Jahrhunderts
16. unveränderte Auflage. 2007. 263 Seiten. Paperback
Beck'sche Reihe Band 487

Verlag C.H.Beck München

Modernes Leben bei C.H.Beck

Christian Heller
Post-Privacy
Prima leben ohne Privatsphäre
2011. 174 Seiten. Paperback
Beck'sche Reihe Band 6000

Wolfgang Sofsky
Verteidigung des Privaten
Eine Streitschrift
2009. 169 Seiten. Paperback
Beck'sche Reihe Band 1903

Claus Murken
Der kleine Rechthaber. Folge 2
Haften Eltern für ihre Kinder? und andere juristische Überraschungen
2009. 192 Seiten. Paperback
Beck'sche Reihe Band 1894

Ernst Elitz
Ich bleib dann mal hier
Eine deutsche Heimatkunde
2009. 220 Seiten. Paperback
Beck'sche Reihe Band 1922

Hermann Ehmann
Mein Leben als Mutti
Wahre Geschichten eines Elternzeit-Papas
2009. 159 Seiten. Paperback
Beck'sche Reihe Band 1921

Verlag C.H.Beck München